大学生职业生涯
规划与就业指导

杨炜苗 编著

清华大学出版社
北 京

内 容 简 介

本教材根据当代大学生的特点,充分考虑大学生成才与发展的需要,围绕宏观就业形势、用人单位关注重点及大学生在职业生涯规划和求职就业过程中暴露出的问题,结合"职业生涯发展基本理论"的应用,参照高校大学生职业规划与就业指导课程的要求而编写。本教材内容充实,理论联系实际,旨在指导大学生摆正大学学业生活与未来职业生涯的关系,激发大学生关注自身的职业发展,了解职业生涯规划的基本理论和基本概念,掌握职业生涯规划撰写和求职就业技巧,为毕业后的人生发展做好充分的准备。

本教材除了可作为高等院校开展大学生职业生涯规划与就业指导的专用教材外,也可为从事职业生涯规划与就业教育研究的教师提供参考。

图书在版编目(CIP)数据

大学生职业生涯规划与就业指导/杨炜苗编著.—北京:清华大学出版社,2020.5(2025.7重印)
ISBN 978-7-302-55353-3

Ⅰ.①大… Ⅱ.①杨… Ⅲ.①大学生-职业选择-高等学校-教材 Ⅳ.①G647.38

中国版本图书馆 CIP 数据核字(2020)第 062068 号

责任编辑:张　莹
封面设计:傅瑞学
责任校对:宋玉莲
责任印制:丛怀宇

出版发行:清华大学出版社
　　　　　网　　　址:https://www.tup.com.cn,https://www.wqxuetang.com
　　　　　地　　　址:北京清华大学学研大厦 A 座　　　　　邮　　编:100084
　　　　　社 总 机:010-83470000　　　　　邮　　购:010-62786544
　　　　　投稿与读者服务:010-62776969,c-service@tup.tsinghua.edu.cn
　　　　　质量反馈:010-62772015,zhiliang@tup.tsinghua.edu.cn
印 装 者:保定市中画美凯印刷有限公司
经　　销:全国新华书店
开　　本:185mm×260mm　　　　印　张:15.25　　　　字　数:352 千字
版　　次:2020 年 7 月第 1 版　　　　印　次:2025 年 7 月第 22 次印刷
定　　价:46.00 元

产品编号:086503-01

前 言

　　《大学生职业生涯规划与就业指导》是教育部要求高校列入教学计划的课程，在不少高校已被作为全日制本科学生的必修课，本书即为开设该课程专门编著的配套教材。

　　近年来，教育部公布的数据显示高校毕业生人数一直呈上升趋势。2019年应届高校毕业生高达834万人，这与2018年创历史新高的820万毕业生相比，又增加了14万人。与此形成鲜明对比的是，大学毕业生的就业率却在持续下降。一方面是不少用人单位难以找到合适的大学生求职者；另一方面是每年数以万计的大学生满怀抱负和梦想走上社会，却发现要找到一份心仪的工作越来越困难。问题的症结究竟在哪里？笔者认为，作为将要进入就业市场的大学生，需要在全面认清严峻就业形势的同时，对自身有正确的认知，认真思考自己的职业生涯应当如何展开。具体来说，就是在思想上树立竞争意识，在行动上加强专业知识的学习和职业能力的提升，使自己的履历更加丰满，提升自己在未来职场上的竞争力。

　　作为北方国际大学联盟总校副校长及下属两所高校董事长，笔者十分关注高校大学生的成长与发展，深感为社会培养合格人才的使命光荣、责任重大。为了配合相关课程的教学，指导大学生明确大学学业生活与未来职业生涯的关系，引导大学生关注自身的职业发展，了解职业生涯规划的基本理论和基本概念，为大学生毕业后的职业发展做好充分的准备，笔者在汲取其他同类优秀教材特色和长处的基础上，结合所属高校实际，投入大量精力编著了本教材。

　　本教材是以2007年《教育部办公厅关于印发〈大学生职业发展与就业指导课程教学要求〉的通知》精神为指导，根据当代大学生的特点，围绕宏观就业形势、用人单位关注重点及大学生在职业生涯规划和求职就业过程中暴露出的问题，并结合"职业生涯发展基本理论"的应用，按照高校大学生职业规划与就业指导课程的需要编写而成。教材内容分为上、下两篇：上篇是与大学生职业生涯规划相关的内容，包括概论、职业生涯发展基本理论、大学学业生活与职业生涯发展、大学毕业后的发展路径选择、大学生自我认知、大学生职业生涯规划书的撰写；下篇是与大学生就业创业指导相关的内容，包括求职就业前期准备、大学生求职陷阱的防范、求职应聘、求职面试、就业角色转换与职业适应、大学生就业权益保护、大学生创业等。

　　本教材内容充实，理论联系实际，兼具知识性和实用性，相关章节所引用的一些案例对学习和理解课程内容会有很大的帮助。在体例结构安排上，本教材按照大学生从努力完成学业任务、规划个人职业生涯、参与社会招聘求职，到正式得到单位录用、实现角色转换和适应、再到依法维护自身权益等环节循序渐进。各章节的脉络十分清晰,指导详细具体,可读性强,基本涵盖了大学生在制订自己的职业生涯规划和求职就业方面所需要掌握的知识与技能。本教材除了可作为高等院校开展大学生职业生涯规划与就业教育课程的专用教材外,也可为从事职业生涯规划与就业教育研究的教师提供参考。

本教材在编写和出版过程中,得到了不少高校领导和教师的大力支持和帮助。中国社会科学院研究生院原院长、博士生导师刘迎秋教授,中国社会科学院美国研究所原所长、博士生导师郑秉文教授,北华大学原党委书记孙德彪教授,北京建筑大学原副校长宋国华教授,首都师范大学原副校长王万良教授,北京工商大学赵学凯教授等都给予了悉心指导和热情帮助,并提出了不少建设性的修改意见,并为本教材的撰写提供了很多有价值的参考素材。在此,谨对所有支持本教材编写、出版、发行的各界人士表示由衷地感谢!

笔者真诚期待在校大学生通过学习本教材能受到新的启发,获得更多有价值的收益。同时,笔者在编著这部教材过程中也深感,大学生职业生涯规划与就业指导这门课程,无论是从理论上,还是从实践上,仍然有许多值得探索与研究的空间,需要不断丰富和发展。

杨炜苗

2020.04.21

目　录

上篇

大学生职业生涯规划篇

第一章

概　论

一位哲人说过："走好每一步，这就是你的人生。"人生的意义需要你用一生来诠释。是碌碌无为、虚度此生，还是有所作为、活出精彩，这是每个同学必须要回答的问题。要想无愧人生，最好从现在开始给自己的职业生涯设计一个方案，立下远大志向，作为人生的目标，沿着生涯规划的发展路径，不断超越自我，让自己的每一天都真正充实起来。

第一节　职业生涯规划的基本概念

一、职业的概念

从词义学的角度看，"职业"一词是由"职"与"业"二字构成。所谓"职"，包含着社会职责、天职、权利与义务；所谓"业"，包含从事业务、事业、任务、独特性工作（有的学者用"职是责任、业是业务"来反映"职业"一词的内涵）。可以说，"职业"反映着个人与社会两个方面的内容，既是个人与社会互动的范畴，也是人的社会角色一个极为重要的方面。从其科学含义看，职业的属性是社会劳动，"职业"是指人们从事的相对稳定的、有报酬的、分专门类别的社会工作。

职业是社会分工的产物，同时又对社会的发展起着促进作用。由于科学、技术和经济的发展，人们对世界的认识更加深化，对物质生活有了更加丰富的向往和追求，微观经济组织提供的相应服务也日趋多样化，从而导致社会分工更加细化，由此也形成了社会所需要的、能为社会提供服务的各种职业。对个人来讲，职业发展有三种境界。

第一种境界，把职业作为谋生的手段。从事一份职业是绝大多数人为了谋生而做出的选择。大学生从学校毕业走入社会，最初可能并不太清楚自己到底想要什么，喜欢什么，擅长什么，甚至可能还会有冲动想要改变什么。但作为一个对自己负责的人，至少会希望通过找到一份工作，获得一定的收入，靠自己的辛勤劳动养活自己，这是个人在社会生存发展的基本手段之一。

第二种境界，把职业作为向社会做贡献的事业。当人们真正融入自己所从事的职业后，他们将不会过多地去考虑自己能从这份工作中索取什么，关注的也不再是具体的实际利益。他们更多想到的是，自己能在这个工作岗位上为社会创造什么，贡献什么，留下什么。在这个阶段，他们可能会发现自己已经深深爱上了这份工作，离不开它了。这份工作对他们来说，也许就是一个愿意付出一生的事业。美国社会学家怀兹（Rose Weitz）曾经做过这样一项调查，他设计了一个问题：当你拥有一笔不必工作也能维持生计的遗产时，你会不会脱离职业人的行列？结果发现，竟然有80％的人认为，即使生活富裕，仍然愿意继续工作。其理由包括：工作是一种乐趣，希望自己的内心经常保持充实感，工作可维持自己的健康，通过工作可以促进人际交往，通过工作可证明自己是活生生的人，工作可以证明自己，能创造社会所需要的价值，等等。

第三种境界，将职业作为实现人生价值的平台。人的一辈子年轻时光没有多少年，如果你愿意多年坚持在做好一类事情上投入自己的青春，不仅说明你愿意在这个岗位上为社会作贡献，还说明你很喜欢这个岗位，从中能获得乐趣和成就感。工作状态越投入，就会得到越多的社会认可，社会需要你这样的人来从事该职业所提供的工作。比如很多公司的CEO，经过多年在职场上的打拼，坚持做好一件事，把一个领域的工作做得风生水起，成了专家，当功成名就时，也正是最能体现其人生价值的时候，其所在的工作单位也已经很难离开他了。

以上是职业的三种境界，它们之间相互联系、相辅相成、密不可分。其中谋生是基础，贡献是灵魂，价值实现是升华。

职业是个体进入社会生活，实现自身价值的重要条件之一，而职业本身也是生活的一部分。对于即将步入社会的大学毕业生，职业选择的正确与否，关系着个人所追求事业的成功与失败。因此，正确选择目标职业在职业生涯规划中占据着重要的地位。

二、职业生涯的概念

1. 定义

职业生涯又称职业发展或事业生涯，是指一个人一生连续担负的工作职业和工作职务的发展道路。较为严谨的定义是：职业生涯是指个体职业生活的历程，包括职业的延续与变更、职务升迁与职位的变动等。一般可以认为，人们的职业生涯开始于任职前的职业学习和培训，终止于退休。职业生涯是满足人生需求的重要手段，也是促进个人全面发展的必经之路。因此，人们选择何种职业作为自己所要从事的工作，对于每个人的重要性都是不言而喻的。

与职业不同，职业生涯是个发展的概念，是一个动态的过程。它不仅包括一个人连续从事职业的发展过程，还包括个人对职业生涯发展的认知和期望。具体地讲，职业生涯是以心理开发、生理开发、智力开发、技能开发、伦理开发等人的潜能开发为基础，以工作内容的确定和变化，工作业绩的评价，工资待遇、职称、职务等的变动为标志，以满足个人多种需求为目标的工作经历和内心体验的经历。职业生涯的动态过程主要表现为以下两种形式。

① 职务的调整,是在同一单位中,一个人职位的晋升和下降。

② 职业的改变,是指一个人所从事工作内容的改变。这种改变,并不一定是工作单位的变动,也可以是在一个单位中从事不同的工作,这都属于职业生涯的良性发展。

2. 内职业生涯与外职业生涯

美国心理学家施恩将职业生涯分为内职业生涯与外职业生涯。

所谓内职业生涯包括:观念、技能、经验、知识等,这些职业要素的形成取决于个人。

所谓外职业生涯包括:工作单位、地址、工资、职务、职称等,某种意义上讲,这些职业要素的形成取决于外部力量。

两者的关系如下。

① 内职业生涯发展是外职业生涯发展的前提和基础,内职业生涯带动外职业生涯的发展。

② 外职业生涯的因素通常由别人决定、给予,也容易被别人否定、剥夺;内职业生涯的因素由自己探索、获得,并且不随外职业生涯因素的改变而改变。

③ 外职业生涯略超前时有动力,超前较多时有压力,超前太大时有毁灭力;内职业生涯略超前时舒心,超前较多时烦心,超前太大时要变心。

由上可知,内职业生涯在人的职业生涯成功乃至人生成功中都具有关键性作用。因而,在职业生涯的各个阶段,大学生应该重视内职业生涯的发展,尤其是在职业生涯的前期和中前期阶段,同学们一定要把对内职业生涯各因素的追求看得比外职业生涯更重要。

3. 职业生涯发展的不同阶段

从职业生涯发展过程来看,一般可分为以下五个阶段。

① 职业准备期:职业准备期是人们在形成了较为明确的职业意向后,做好职业的心理、知识、技能等方面的准备以及寻找就业机会的过程。每个择业者都有选择一份理想职业的愿望与要求,准备充分的择业者往往能够很快地找到自己理想的职业,顺利地进入职业角色。大学生要对个人职业发展做好充分的准备,还要根据各种影响因素分析自己以习得为基础所形成的职业锚,合理客观地对未来的目标职业作出选择。

② 职业选择期:就是在职场选择自己目标职业的时期,也是求职者从潜在的劳动者变为现实劳动者的关键时期。职业选择不仅仅是个人挑选职业的过程,也是社会挑选求职者的过程,只有个人的专长、能力及素质与社会需求成功结合,用人单位与求职者相互认可,职业选择才会成功。

③ 职业适应期:择业者刚刚踏上工作岗位,存在一个适应过程,需要完成从一个择业者到一个职业工作者的角色转换。择业者要尽快适应新的角色、新的工作环境、新的工作方式以及人际关系等。即将踏入职场参与职业活动的毕业生要在心理上有一定的合理预期,在行动上调整好状态,包括在工作性质、劳动强度、工作时间、工作方式、同事关系以及上下级关系等方面都要快速适应,使自己迅速成为一名合格的职业工作者。

④ 职业稳定期:这一时期,个人的职业活动能力处于最旺盛的阶段,是创造业绩、成就事业的黄金时期。当然职业稳定期是相对的,在科学技术发展迅速、人才流动加快的今天,就业单位与职业岗位发生变化是很正常的。因此,要想在竞争激烈的职场

保持工作稳定,需要在多方面下功夫,包括不断学习并完善自己,提高执行力,处理好人际关系等。

⑤ 职业结束期:由于年龄增大、身体状况不佳,不思进取、知识老化陈旧、不能适应职场新的发展要求等原因,导致一些人逐渐丧失相关职业活动能力,或被单位淘汰,或因主动失去职业兴趣而辞职,最终导致职业生涯的结束。

由此可见,职业生涯与人的一生有着密切联系,是人安身立命之所在。在人的一生中,职业生涯是个人一生的主体之一,是人生旅途中最关键、最辉煌的阶段。

【莱文森职业生涯发展五阶段模型】

丹尼尔·莱文森通过对 40 位男性、10 名组织管理人员、10 名大学生物学家、10 名小说家、10 名工厂工人和 45 位女性、15 名家庭主妇、15 名金融组织工作者、15 名学术工作者进行类似于传记体的面谈,每人面谈 5~10 次,每人谈话记录平均为 300 页,试图重现这些人由孩童到后来各个阶段的生活。

莱文森将人的生命周期分为 4 个时期,包括成年前、青年期、中年期、老年期,每个时期都由稳定期和转型期交替组成。稳定期通常持续 6~7 年;转型期一般持续 4~5 年。人的生命周期与人的职业生涯有着密切的关系。丹尼尔·莱文森在此基础上进一步概括出人的职业生涯发展五阶段模型。

第一阶段 职前准备

典型的年龄段,大多数人是 0~25 岁,少数人不定。主要使命:建立职业方面的自我形象,对可选择的职业进行评价、初选职业、继续接受必要的教育。

第二阶段 职业选择

典型的年龄段,大多数人是 18~25 岁,少数人不定。主要使命:获得所向往组织的工作,根据准确的信息选择合适的工作。

第三阶段 职业生涯早期

典型的年龄段,25~40 岁,主要使命:学会工作,学习组织规则和标准,适应所选职业和组织,提高能力,实现梦想。

第四阶段 职业生涯中期

典型的年龄段,40~55 岁,主要使命:再次评价早期职业和青年时的使命,再次肯定或修正梦想,为中年时期做出适当的选择保持工作能力。

第五阶段,职业生涯晚期

典型的年龄段,55 岁至退休。主要使命:保持工作能力,维持他人对自己的尊重,为正式退休做准备。

【莱文森模型给我们的启示】

首先,各个时期及转型期与年龄有紧密的联系,年龄和生命发展阶段之间有着相当高的相关性。每一个阶段都有其需要做的重要之事。

其次,任何人都一定会按相对固定的顺序经历每个阶段。人生的使命和事件的发生是有一定顺序的。时间不可逆转,应该珍惜生命中的每一天。

最后,不同性别的人所经历的发展阶段相同。但有研究表明,性别差异会影响到职业发展进程,如男性在青年期更多关心的是事业有成,女性则倾向于兼顾职业和家庭,更多考虑的是"行为平衡"。到了中年，男性开始减少工作内容时，女性的独立性却增加了。女性追求的事业结构有很大的个体差异，一些女性的职业发展是有先后顺序的，求职后再做母亲，或求职后做母亲再重新求职，或先做母亲再求职；另一些女性却在求职的同时做母亲。

三、大学生职业生涯规划的概念

大学生职业生涯规划是指大学生结合自身情况，以及眼前的机遇和制约因素等，针对自己的条件和外在环境条件，进行综合评估、分析，根据自己的职业倾向，确定其最佳的职业奋斗目标，选择职业道路，实施教育、培训和发展计划等，并对自己实现职业生涯目标而确定的行动方向、发展步骤、行动时间和具体行动方案作出行之有效、合理的安排。简单讲，就是大学生打算选择什么样的行业，什么样的职业，什么样的组织，想达到什么样的人生境界，想过一种什么样的生活，如何通过自己的努力学习与工作实现自己的目标。大学生职业生涯规划不仅包括了大学生的学习与成长目标，如在大学期间的学习规划、职业规划、生活规划等，同时也包括对献身于某项职业并取得成就的期望。职业生涯规划的有与无、好与坏，在一定程度上都将直接影响到大学期间的学业生活质量，更直接影响到求职就业的质量，甚至影响到未来职业生涯的成败。

每个大学生在心里都会或多或少思考过自己的职业生涯。面对日益激烈的职场竞争，大学生不得不经常问自己：我未来的路在哪儿？如何找到与自己综合素质和能力相匹配的工作？如何才能成为社会的栋梁之材？虽然大学生有年轻作为资本，可以经常改变自己的生涯目标，但如果有一个相对稳定的人生追求目标，将非常有利于减少大学生在个人发展上的盲目性和徒劳性，让自己在学校各方面能力的培养更具有针对性和高效性。

制订职业生涯规划会影响大学生一生的发展。职业生涯规划作为大学生对个人一生职业目标追求的预期和计划，可以很好地帮助大学生在自我认知的基础上，将个人的学习和能力培养与未来职业的发展目标有机结合起来，通过具体实施提升自我的计划，减少个人素质与实际职场要求的差距。从下文提及的哈佛大学研究报告中我们可以看到，有职业规划的人，会有目的地按照规划去完成一件件早就规划好的事情，并能在职场中实现更好的发展，同时也会得到更好的回报，人生也会越过越精彩，职业道路也会越走越清晰。我们常常提到的成功与失败，很大程度上是指所设定目标的实现与否，目标是决定成败的关键。个体的人生目标是多样的，包括：生活质量目标、职业发展目标、对外界影响力目标、人际环境等社会目标。整个目标体系中的各个子目标之间相互交织影响，而职业发展目标在整个目标体系中居于中心位置，一个正确的职业生涯规划所确定的目标将会引领个人走向事业的巅峰。

【来自哈佛的研究报告】

一群意气风发的天之骄子从哈佛大学毕业了，即将开始各自的职业生涯。他们的智力、学历、环境条件都相差无几。临出校门时，哈佛学者对他们进行了一次关于人生目标的调查。结果显示：

27% 没有目标;

60% 目标模糊;

10% 有清晰的短期目标;

3% 有清晰而长远的目标。

25 年后,哈佛研究人员再次对这群学生进行了调查。结果显示:3% 有清晰而长远目标的人,25 年来一直朝着一个方向不懈努力,后来几乎都成为所在领域的成功人士,其中还不乏行业领袖、社会精英;10% 有着清晰短期目标的人,能够不断实现自己的短期目标,成为各个领域中的专业人士,大都生活在社会的中上层;60% 目标模糊的人,他们安稳地生活工作,但都没有什么特别成就,几乎都生活在社会的中下层;剩下的 27% 没有目标的人,由于他们的生活没有目标,常常抱怨他人、抱怨社会、抱怨这个"不肯给他们机会"的世界,结果过得很不如意,一事无成。

【结论】 丢失了目标,意味着丢失了未来。他们之间的差别不在于学历、能力、环境,而在于是否有明确的目标和详细的规划。

第二节　职业生涯规划的目的

职业生涯规划的目的不是简单地为了找到工作,而是为了明确人生事业的发展方向,个人今后奋斗的事业设定目标,并确定达成目标所需采取的行动,包括进一步确立大学期间的学习目标,有目的地构建知识、素质、能力结构等,为今后精彩的人生打下坚实的基础。古人说:"有志不在年高而无志空活百年。"每个人都在用行动设计自己的人生,在当下人才竞争激烈的时代,越来越多的大学生开始意识到,大学期间就应当认真思考和制订自己的职业生涯规划。对每个人来说,职业生命都是有限的,尽早立志并作出整体规划,将自己的未来进行合理的设计,才有可能在未来的竞争中立于不败之地。

职业生涯活动将伴随人们的大半生,具有成功的职业生涯才能构建完美人生。用职业生涯规划这座灯塔引导自己寻找前行的方向通常涉及两个方面的内容:第一,个人对于人生理想、职业价值观、兴趣爱好、个性特征、能力状况等主体方面的认识;第二,个人对其一生中职业发展、职位变迁及工作理想实现过程的设计。制订职业生涯规划虽然包含了与求职相关的内容,如做好求职准备、合理安排时间、对目标职业进行分析等,但规划最为重要的目的是帮助个人真正了解自己,为自己设计事业大计、筹划未来、拟订一生的方向。只有做好一份适合自己的职业规划,合理准确地评价个人的特点和优势,定准职业方向,才能做到正确审视自己的价值,为自己提供前进的动力,并在职业中充分发挥个人优势。

现在有很多大学生不了解如何去规划自己的职业生涯,包括不少读过职业生涯方面书籍的同学。一些刚刚毕业的学生对这样的问题也是全然没有概念,甚至有的人到了 30 多岁还对自己的职业生涯感到迷茫,而且还有持续迷茫下去的趋势。究其关键原因还是对职业生涯规划的重要性和目的性认识不够,仅仅囿于找工作来制订职业生涯规划,没有能够从更高的层次来考虑人生发展问题。也许,最初你对职业生涯的构想只是一个很模糊的概念,甚至不知道自己到底喜欢什么,擅长什么。但是,一旦沉下心来,结合自己的实际能力和潜力,认真梳理一下自己未来发展的思路,你一定会发现,职业生涯规划会给你提供一个奋斗的方向,有了这个方向,就可以使自己不再迷茫、少走弯路,就会主动利用自身的条件和对机会的把握,通过行动和付出,最终实现自己的理想。当大学生认识到职业生涯规划的重要性之后,正确的做法应该是花更多的时间去有目的地改善自己的知识储备和能力结构,实现学习成绩和能力的提高。

职业生涯规划质量的高低直接影响着大学生学习的积极性和主动性。在对学习成绩与职业生涯的相关性分析中,往往会发现这样的现象:越是认真做好职业生涯规划的学生,学习的目的性就越强,学习的积极性和主动性就越高,成绩就越好。一个学习成绩优异的学生不仅很容易得到老师的信任和喜欢,也很容易受到用人单位的青睐和重视,当机会来临时,学习成绩优异的学生往往更有可能率先获得。现实中就有很多这样的例子,有些同学因为成绩好,在还没有毕业的时候就被一些优质单位相中,于是,他们就比其他的同学率先高起点地开始了自己的职业生涯。而一个人如果没有目标,往往会缺乏学习和进步的动力,即使你很聪明,也会由于缺少追求目标逐渐丧失学习的积极性和主动性,导致自己能力的退化,也无法带着自信走向社会。因此,对于任何一个充满理想和朝气的年轻人来说,只要能为自己的理想和志向做好准备,脚踏实地付诸行动,就一定会赢得未来。

有目标的人才能抗拒短期的诱惑,有目标的人才会坚定地朝着自己的方向前进,有目标的人才会感觉充实。每个人只有找准自己的目标和奋斗方向才能取得最大的成功,做自己喜欢的事情,做到极致,最容易成功。很多时候失败不代表没有能力,而是由于目标设置的失败所导致。个人职业生涯规划正是对个人发展目标的有效设定方式。调查发现,国内高校中相当一部分大学生对于自己未来的职业没有一个非常明确的目标定位,不知道自己将来适合做什么。他们对待职业生涯规划的态度,一直浑浑噩噩,漫无目标,从一开始就根本没有考虑清楚自己的事业将如何发展。面对当今快速发展和充满竞争的社会,如果缺乏正确的职业生涯规划引领,单纯为找工作而制订规划,很可能就会陷入求职就业的误区,难免掉入迷失自我的泥潭。比如不顾个人实际情况,盲目追求哪家单位的名气大,哪家单位能提供出国机会,哪家单位待遇高等。结果,由于没有清晰的事业追求目标,在自己的人生经历中往往容易处处碰壁,甚至导致失败。

第三节　影响大学生职业生涯的因素

大学生的职业生涯会受到大学生自身因素、家庭因素以及社会环境等诸多因素的深刻影响。

一、大学生自身因素对职业生涯的影响

1. 职业价值观对职业生涯的影响

一个人生活在社会环境中，必然会受到社会价值观念的影响，大多数人的价值取向，也很大程度上被社会主体价值取向所左右。一个人的思想发展、成熟的过程，其实就是认可、接受社会主体价值观念的过程。价值观反过来又对个人的行为动机起到导向作用，人们行为的动机受价值观的支配和约束，在同样的客观条件下，具有不同价值观的人，其行为动机不同，产生的行为结果也不同。

由价值观引申到对个人职场目标定位的价值取向构成了职业价值观。职业价值观是人们对职业理想、职业评价、职业成功等方面的综合评价，它是一个人职业生涯的方向标，是人们对社会职业的需求所表现出来的评价。正确的职业价值观能从整体上反映出人们的需要和社会职业属性之间的协调关系。通常情况下，职业价值观不仅影响着个人将来职业的选择与人生定位，还影响其职业发展和职业成就。比如当代大学生在求职就业过程中，部分学生往往把收入多少作为职业成功的重要标志；有的大学生贪图安逸，不愿意从事辛苦的工作；也有的大学生以超越自我为乐，喜欢接受更具挑战性的工作；还有的大学生注重工作与生活的平衡，不接受过多牺牲个人利益的工作等。这些都是大学生不同职业价值观的反映。

在职业生涯中，负面或正面的职业价值观在职业选择中有着不同的作用。

① 负面的职业价值观会阻碍构建健康的职业生涯。有些学生受负面职业价值观影响较大，在规划个人的职业生涯过程中，不能正确认知自己，缺乏事业心，好高骛远。在现实中，如果制订的职业生涯规划脱离实际，往往容易产生失望、彷徨、不知所措等消极的心理状态和负面情绪，进一步影响个人职业的规划与发展。因此，如何培养自己形成正确的职业价值观成了个人应重视的问题。

② 正面的职业价值观促进职业生涯健康发展。正面的职业价值观可以使学生形成积极健康的心态，正确看待自我，正确看待成功与失败，正确看待得与失，从而促进学生较早确定适合自己的人生定位，在制订职业生涯规划时，也更加认真、理性。比如，具有积极向上人生态度的同学，往往看重的是职场中有利发展的因素，看重的是事业发展的平台。这些学生往往在平时就注意养成自己较好的习惯，在成功与失败中不断总结经验教训，具有较强的进取心，不畏困难，善于学习。因此，每位大学生都应重视发展自己积极向上的人生态度。

2. 个人职业兴趣对职业生涯的影响

个人职业兴趣是职业选择的基础。从最早的弗兰克·帕森斯开始，职业指导专家就把职业兴趣当作职业选择的一个重要因素。著名心理学家、职业指导专家约翰·霍兰德也提出，人格在职业选择过程中起着非常重要的作用。人格是兴趣、价值观、需要、技能、信念、态度和学习风格的综合体。

就职业选择来说，兴趣是人格中最重要的组成部分，是匹配人与职业的依据。兴趣与职业目标、社会责任感融合起来逐渐转化形成了职业兴趣。所有成功的人，无一例外，都

在做他们感兴趣的事。如果从心里不喜欢某专业，但又觉得这个专业将来可能更容易就业，就硬着头皮去读这个专业，那么在大学几年的学习生活将会度日如年，工作之后也会觉得压力特别大，生活质量也不会很高。但如果你是真心热爱某专业，你就可能会不知疲倦地研究与该专业相关的知识和技能，当谈到与这个专业相关的话题时，你甚至会眉飞色舞地讲个不停。

在今天这个强调个性的时代，选择自己感兴趣的职业是获得个人职业生涯成功的必要条件。哈佛大学校长福斯特曾经在毕业典礼上说："你可以选择你的退路，但人生之路很长，先去做你最热爱的事情，不要一开始就选择退路。"有研究表明：如果你从事自己感兴趣的职业，那么在工作中能发挥你全部才能的 80%～90%，而且可以长时间保持高效率却不会感到疲劳；而如果对所从事的工作没有兴趣，通常就只能发挥你全部才能的 20%～30%。人们循着自己的兴趣选择职业，可以说是一种生活的本能。因此，大学生要主动培养自己良好的职业兴趣，明确自己的专业方向和目标要求，认真学习，刻苦钻研，掌握扎实的文化知识和熟练的专业技能。学生还要培养广泛的兴趣，掌握更多不同类型的职业技能和专业知识，力求一专多能。只有这样才能适应现代社会知识技术的不断更新和职业结构不断变革所带来的挑战，才能在职业选择中具有更大的回旋余地、更强的竞争力。

3. 技能对职业生涯的影响

技能是个人职业决策的基础之一，也是大学生求职时向招聘人员展示的主要素质。技能是经过后天学习和练习而获得的能力，是个人在从事活动时有效地运用自己的天资和知识的力量，通常表现为某种动作系统与动作方式。一般将技能分为专业知识技能、可迁移技能和自我管理技能三种。其中专业知识技能主要是指与专业学习或工作内容直接相关的技能，它是需要通过教育、学习或培训才能获得的特别的知识和能力。可迁移技能也称通用技能，是指工作内外、工作之间通用的技能。它适用于各种职业，不受岗位变化限制，是伴随人终身的可持续发展能力，如沟通能力、表达能力、组织能力等，这也是用人单位最为看重的技能。自我管理技能经常被看作个性品质，而不是技能，通常被用来描述或说明人具有的某些性格特征，如诚实、正直、细致、认真、有责任感等。自我管理技能有助于人们更好地适应环境。

4. 个人性格特征对职业生涯的影响

人的性格特征与职业的适应性有着密切的联系，各种职业需要有相应性格的人来工作，而某种性格的人又比较适宜从事某些职业。有一句话叫作"性格决定命运"，每个人都有自己独特的性格特征，在做职业规划的时候，必须充分认识自己的性格优势及适用性。当个人的性格特征与职业需求相符时，就容易调动工作热情和激发其潜力，并能提高工作满意度。因此，大学生需要认真分析自己的性格特征和职业需求的关系，重视择业所匹配的性格特征，从而进一步提高择业的针对性和有效性。

5. 个人特质对职业生涯的影响

个人特质包括心理特质和生理特质两方面：心理特质主要包括个性，如智商、情商、性格、潜能、价值观、兴趣、动机等；生理特质包括性别、身体状况、身高、体重以及外貌等。

11

每个人都有其独特的心理特质和生理特质。个人特质包括气质和性格。气质是不以人的活动的动机、目的和内容为转移的、稳定的心理活动的动力特征。它不仅能影响一个人活动的能力,而且也影响活动的效率。心理学者们将人的气质分成了多血质、胆汁质、黏液质、抑郁质四种类型。职业性格是指人们在长期的职业活动中所表现出来的与职业相联系的比较稳定的心理特征。不同职业要求从业者具有不同的职业性格。认识不同职业对从业者的不同性格要求,并按照要求培养自己的职业性格,对未来就业以及对职业工作的适应具有十分重要的作用。关于个人特质对职业生涯影响的具体内容,请参看本书第二章的特质理论。

二、影响职业生涯发展的家庭因素

家庭是社会的基本生活单位。家庭作为大学生的后盾力量,对其职业选择有一定的影响。不少独生子女在家里集万千宠爱于一身,被看作是父母希望的延续或家庭的代表,他们的使命是实现父母的理想。家庭对子女职业生涯的影响因素主要有:家庭经济情况;父母受教育水平;家庭成员组成;家庭成员所从事的工作;家庭成员之间的关系;家庭的稳定性;家庭对子女的教养方式;家长对子女的期望等。

1. 家庭经济情况

现实中,那些社会阶层高、收入高,且拥有更多社会资源的家庭大都能够在职业价值观和职业决策上给予孩子更多的引导和帮助,这些家庭的孩子见识较广,社交能力较强,自我认知和对职业的认知也更清晰和更有自信。而那些家庭经济条件不好、父母收入较低、缺乏社会资源的家庭,对子女教育方面的投入比较有限,容易影响到子女知识和能力的培养,导致他们见识面较窄,自我认知较模糊,对自身未来的职业规划和定位也容易感到迷惘。

2. 父母受教育水平

父母的文化修养主要是以其所接受的学校教育水平为指标的,它是影响子女学习成绩、品德面貌及抱负水平的重要因素之一。国内外大量研究表明,相对于受教育水平低的家长来说,受教育程度越高的家长,普遍对子女的教育也更加重视。从实际情况看,父母受过高等教育的学生,其学习成绩普遍比父母受教育水平较低的学生优秀。另外,文化修养高的父母比较注重家庭的民主和谐气氛,倾向于使用赞许、表扬、温情、引导、鼓励、探索等教育方式对待子女,这都有助于培养孩子的自信心及其在同伴群体中的适当行为,并促进他们形成追求较高学历的动机。受过良好教育的家长通过对子女的教育方式影响子女分析、解决问题的能力,最终影响其职业品德。而受教育层次较低的家长,由于他们受教育程度有限,对相关专业情况不了解,难以在专业选择方面给子女太多的建议,只能靠学生自己做出选择和决定。

3. 父母所从事的职业

父母的职业背景往往会影响到子女的职业抱负。父母所从事的职业,因其有不同的特点,会带来不同的家庭环境、学习条件、学习氛围等,所以就会对子女的心理发展产生不同影响。父母的职业体验或生活经历往往是子女认识职场的依据,影响着他们的职业价值观。父母经常会与孩子分享职业经验,传授自己的职业技能,直接影响着子女的职业选择。有调查显示,根据父母的职业与大学生未来希望从事的职业的分析可得出,当父母的职业是公务员或事业单位人员且收入中等时,80％以上的大学生将公务员或事业单位人员作为他们的职业目标。当父母的职业是农民或工人,且收入不高,无论子女自己,还是他们的父母普遍都不希望子女继续从事这些职业。当父母的职业是创业者,且经济收入较高时,大学生更愿意向父辈那样选择风险大、收入高的冒险性职业,如成为创业者或到企业做管理者。

4. 家庭对子女的教养方式

家庭教养方式是指家长,尤其是父母在与子女交往的过程中形成和发展的教养观念、教养行为及其对子女的情感表达的一种组合方式。这种组合方式是相对稳定的,它反映了亲子交往的实质,是个体社会化的重要因素。根据美国著名心理学家鲍姆林德的研究,父母的教养方式大体分为以下三种。

① 民主型。这类教养方式下的父母会表现出对子女成长的关注和爱,注重沟通,培养孩子的独立意识,会耐心地倾听子女的观点,并鼓励子女参与家庭决策。在这类家庭中长大的孩子由于家长的鼓励往往敢于大胆发挥,在社会适应能力和认知能力方面都较为出色,也更容易有较清晰的职业生涯规划。

② 专制型。这类教养方式下的父母对子女行为有较高的要求和标准,经常任意干涉子女的活动,限制子女的自由,要求子女顺从、听话,家长崇尚权威和传统,不允许子女违反家长的意愿。在这样的家庭长大的孩子在面对职场困境时往往会表现出较多的焦虑、退缩及逆反等负面情绪和行为。由于家长的专制作风,导致学生缺乏自主性意识,对家长的依赖性较高,反而容易使自己的职业生涯规划模糊不清。

③ 溺爱型。这类教养方式下的父母对待子女过分放纵、娇惯,对子女的教育过分迁就、百依百顺,导致孩子在今后的职业决策中缺乏信心和责任感,认知能力和社会适应能力过低。这类孩子独立性最差,一旦遇到挫折就没有了主见,暴露出缺乏心理准备和应变能力的问题,总是脱离不开对家庭的依赖。

5. 家长对子女的期望

家长对子女的职业期望综合反映了家长自身的职业偏好和对子女从事该职业现实可能性的判断,因此职业生涯规划也必将受到这两方面因素的共同影响。大学生选择什么样的职业主要应当由自己决定,但决策的过程难免会受到父母意见的影响,这种影响在有的时候甚至会起主导作用。

网上有一篇某银行人力资源经理撰写的面试大学实习生的感悟,文中对准备应聘银行的四类大学生进行了分析,这四类大学生特征明显,他们分别是:机关子弟、商人子弟、知识分子子弟和农民子弟。父母是公务员或者国企职工的,擅长人际关系,做事油滑;生意人的孩子显得自信而且做事认真;父母是知识分子的孩子总显得有点傲气、不合群;农民的孩子不太爱说话,情商不高,但是做事勤快。人力资源经理根据他的经历总结说,最受欢迎的商人子弟一般都能留下,机关子弟因为有关系,也可以留下,但知识分子子弟和农民子弟一般都很难留在银行。

现实中,不少学生长期处在父母所设计的人生规划之下,从去哪所小学开始就是父母决定的,选什么专业、上什么大学也是父母决定的,大学毕业马上读研究生或者考公务员还是父母决定的。

对于父母的建议,很多当然都是宝贵的人生经验,但大学生不应在自己进行独立思考判断之前就全盘照收,除非你只想复制你父辈的人生轨迹。父母永远都是为你好,但是父母未必知道什么样的选择对你才是最好的。

三、影响职业生涯发展的职业因素

职业因素主要是指对个人具体目标职业的影响因素,如组织文化、组织制度、组织领导素质、组织实力等。对大学生而言,在进行个人职业生涯规划时,不得不考虑与自己目标职业直接相关的影响因素。这是因为职业生涯将贯穿人的一生,个体的发展与用人单位的状况息息相关。为谨慎起见,大学生要主动通过一些信息渠道,对用人单位的组织文化、管理特点、社会影响等实际状况和前景做进一步的了解,明确哪些条件有利于自己在职场的发展和成长,哪些因素将阻碍个人能力的发挥,哪些因素是自己所陌生或不熟悉的,需要自己尽快弄明白。搞清这些问题,有利于个人对目标职业的了解,有利于做出有针对性的职业生涯规划,有利于把个体的发展与目标职业有机联系在一起。职业因素主要包括以下四个方面:

1. 组织文化因素

组织文化是指组织全体成员共同接受的价值观念、行为准则、团队意识、工作作风、心理预期和团体归属感等群体意识的总称,它使组织独具特色,区别于其他组织。大学生就业后工作在组织环境中,必然会受到组织共同价值观念的影响。一个人的组织认同过程,其实就是认可、接受组织文化所倡导的价值观念的过程。优秀的组织文化具有引导功能,组织会从实际出发,以科学的态度去制订组织的发展目标;优秀的组织文化也具有约束与规范功能,通过有效的规章制度对单位领导者和员工形成约束力,约束并规范单位领导者和职工的行为;优秀的组织文化还具有凝聚功能,这样的文化以人为本,尊重人的感情,能够在单位形成一种团结友爱、相互信任的和睦气氛,使单位员工之间形成强大的凝聚力、向心力和归属感;优秀的组织文化还具有激励功能,在良好融洽的文化氛围中,领导与员工、员工与员工之间互相关心、互相支持,特别是领导对员工的关心,会让员工感到受人尊重、振奋精神,从而更加努力工作,工作效率也越来越高。当然,如果一个人的价值观与组织文化有冲突,难以适应组织文化,这将妨碍他在组织中的发展。

2. 组织规章制度

单位员工的职业发展,归根到底要靠单位的管理制度来保障,其中包含合理的培训制度、晋升制度、绩效考核制度、奖惩制度、薪酬制度等。组织价值观、组织管理理念也只有渗透到制度中,才能使制度得到切实的贯彻执行,没有制度或者制度定得不合理、不到位的组织,单位员工的职业发展就难以实现。

3. 领导层的素质和价值观

组织的文化和管理风格与其领导层的素质和价值观有直接的关系,组织管理理念往往就是管理层的价值观。单位主要领导人的抱负及能力是组织发展的决定因素。由于领导层在单位的进步与发展中始终处于主导地位,他们直接以决策、组织和领导的形式,引领单位各方面任务管理、资源利用等,决定着单位的基本价值取向,规定着单位的行为规范模式,也会对单位的发展带来深刻影响。个别用人单位的领导层,由于价值观的局限性,在素质上难以适应社会发展。比较典型的是一些单位领导层习惯用经验式管理思维、家族式管理风格、功利性管理价值定位、行政化管理意识管理单位,社会责任意识淡薄,创新能力不足,决策能力不强,导致对单位发展的趋势与前景把握不准确,结果不仅会影响单位的可持续健康发展,也直接影响到单位对求职者的吸引力。

4. 单位的实力

看一家单位的实力,不仅要看规模大小,更重要的是关注单位的软实力系统,包括团队系统、绩效系统、执行系统、增长系统、激励系统(驱动系统)等。用人单位的软实力一般是指单位以直接诉诸心灵的方式,对外占领利益相关方的心灵,对内依靠运用员工心智能量以达到单位发展目标的能力。在单位内部,组织文化、管理制度、组织模式、领导能力和创新能力等都是其软实力资源;而在单位外部,品牌和服务、社会责任和单位知名度三个方面则是其软实力的资源基础。

软实力虽然是一个难以衡量的变量,但还是可以通过观察看出一些端倪。比如目标用人单位在本行业中是否具备了很强的竞争力,是否处于很快就会被并吞的地位? 发展前景是否健康稳定? 面对竞争和不断变化的形势,市场相信"适者生存",只有那些能适应环境、适应发展趋势的单位才可能健康发展下去。

实力强的单位不仅可以为个人提供进步和成长的平台,待遇好、风险小,也让员工不必为职场上的不确定性担心,而且这类单位良好的前景,更有利于员工安心投入工作,通过不断学习充实自己,实现与单位的共同稳定成长。

四、影响职业生涯发展的社会环境因素

所谓社会环境,就是指我们所处的社会政治环境、经济环境、法制环境、科技环境、文化环境等宏观因素的综合。社会环境对我们职业生涯乃至人生发展都有重大影响。通过对社会大环境的分析,了解所在国家或地区的政治、经济、法制建设的发展方向,以便寻找各种发展机会。

1. 社会政治环境

政治制度和经济是相互影响的,政治不仅影响到一国的经济体制,而且影响着用人单位的组织体制,从而直接影响到个人的职业发展;政治制度和氛围还会潜移默化地影响个人的追求,从而对个人的职业生涯产生影响。社会政治环境因素主要包括社会政治制度和政治状况,以及社会法制的完备程度。中国政治稳定,法制化进程不断深化,市场经济体制已初步形成并步入正轨,这为各种人才成长发展提供了前所未有的机遇。但同时人才竞争日趋激烈,大学生就业环境不容乐观,这些因素都需要在制订个人职业生涯规划时加以考虑。

2. 社会经济发展状况

社会经济的发展对大学生就业具有决定性作用,制约着就业的数量和质量。社会经济环境的改变,会使不同行业、不同用人单位大起大落,影响到大学生职业方向的发展与

选择。经济发展水平高的地区,用人单位相对集中,优秀企业也较多,个人职业选择的机会也就比较多,因而有利于个人职业发展;反之,在经济相对落后地区,个人职业发展也会受到不同程度的制约。

3. 行业发展环境

行业环境将直接影响着用人单位的发展状况,进而也影响到个人的职业生涯发展。行业环境又包含以下内容。

① 行业发展现状。对行业发展现状进行分析,首先应了解自己现在所从事的是什么行业,这个行业目前是怎样一种发展趋势,是一个逐渐萎缩的行业,还是一个朝阳产业。

② 国际国内重大事件对该行业的影响。有些行业的发展容易受到国际、国内重大事件的影响,比如2008年的北京奥运会就给建筑业、旅游业和服务业提供了较多的发展机会。

③ 行业发展前景预测。发展前景预测可以从两个方面进行:一方面是行业自身的生命力,是否有技术、资金支持等;另一方面也要考虑和研究国家对相关行业的政策支持。

4. 社会文化环境

社会文化是影响人们行为、欲望的基本因素。它主要包括教育水平、教育条件和社会文化设施等。在良好的社会文化环境中,个人修养、言行举止、知识结构、能力等都能受到良好的熏陶,从而有利于为今后的职业发展打下基础。

第四节　大学生制订职业生涯规划的意义

【小试验】　请同学们闭上眼睛,猜猜身边有没有人穿红色的衣服,有多少人穿了红色衣服。

提问:红颜色在人群中一般会很显眼,为什么大家都没有注意到呢?

【解释】　这是因为社会上存在着选择性注意的现象。当人们在同时面对两种或两种以上的刺激信息时,很容易发生随机选择,对其中一种信息进行选择性注意,而忽略其他的信息刺激。所以,当没有人特别提示你要注意红色信息时,红色很容易被忽略,因为它不是唯一的关注目标。当红色衣服成为关注的目标时,也许不仅在今天你会格外注意谁穿了红色衣服,在今后几天你都会关注身边穿红色衣服的人。这种现象表明:如果我们把注意力看成是一种能量的话,那么很明显,目标性帮助我们集中了能量。所以,当一个人通过职业生涯发展确定了今后的努力目标后,他就更容易集中所有的能量和资源去设法实现目标,其成功的可能性也会更大。所以,职业生涯规划的功能在于为职业生涯设定目标,以生涯规划作为自己的人生统领,同时找出达成规划目标所需采取的行动。

拥有成功的职业生涯才能实现完美人生。虽然大学生对于职业生涯规划是否有必要这一问题的回答往往因人而异,但规划至少可以减轻焦虑与情绪波动(高涨与低落),可使个人发展的目标更加明确,工作的针对性更强、效率更高,更易获得成就;而且,自己实现目标的行为还不易受到别人的干扰,甚至还能给他人以积极的影响。因此,制订职业生涯规划的意义是在正确认识自我的基础上,突破个人发展障碍,寻找理想目标和方向,采取切实可行的措施不断提升和完善自我。具体讲,制订职业生涯规划有以下积极意义。

1. 有利于突破个人发展障碍

一份行之有效的职业生涯规划有以下几点积极意义。

① 引导你正确认识自身的个性特质、现有与潜在的资源优势,帮助你以一种前瞻性的眼光正确理性进行职业定位,不断完善自己,使自身的价值持续增值。

② 引导你建立起明确的职业发展目标与职业理想。

③ 引导你主动寻找或发现新的或有潜力的职业机会;结合自己的优势和劣势,与现实职场的要求进行对比分析。

④ 引导你评估个人目标与现实之间的差距。

⑤ 引导你学会如何运用科学的方法、采取可行的步骤与措施,不断增强你的职业竞争力,实现自己的职业目标与理想。

大学生从入学起就应该对自己未来的职业生涯如何设计加以重视。随着在大学学业不断深入,个人也在不断成长,大学生自己的想法、职业兴趣、职业价值观、性格逐步形成并趋于稳定。大学期间通过制订自己的职业生涯规划,可以有效推进个人的学业成就和素质养成,提前确立个人的人生发展方向,突破眼界和认识的局限,明确今后奋斗的策略,塑造优秀充实的自我。同时,大学生在制订职业生涯过程中,也在不断认知自我,逐步确定职业偏好并根据所选定的目标设计发展路径,在不断变化的环境中适时地调整自己的坐标,努力排除自己可能会遇到的发展障碍,确保自己在未来的职场上发展顺利。

2. 有利于确定职业发展的目标和方向

一些高校学生反映,找工作不难,但找到自己喜欢的工作却不容易。出现这种情况的一个重要原因,就是个人没有明确的职业目标与方向。大学生对社会、对职业了解不多,择业观尚未定型,在今后职业生涯发展中的不确定因素较多,要制订长期具体的职业规划确实较难。另外,随着知识经济的到来,导致产业结构调整、技术更新加快,市场上新的岗位不断出现,大学生正在攻读的专业可能在未来会遇到发展瓶颈,可能会导致找到自己心仪工作的机会不断减少。业内人士认为,当职业与个人追求不相符时,就业后往往容易遇到满意度低、频繁跳槽等问题,从而影响就业稳定性。为了弥补这一遗憾,大学生通过制订职业生涯规划,从前瞻性视角引导自己确立与实际相结合的职业定位,从而增强自己职业发展的目标性与计划性。在确定职业发展的目标和方向的基础上,主动关注相关行业发展趋势和职业需求变化对职业生涯的影响,寻找或发现新的更有发展潜力的职业平台,利用在校期间选修课多的机会,不断扩大自己的专业知识面,正确规划自己今后的职业生涯,提高自己的职业可塑性,为提高职场竞争的成功率奠定良好基础。当然,在制订职业规划时还要根据个人需要和现实变化,不断调整职业发展目标与计划。职场上常说,计划赶不上变化。根据自己碰到的问题和所处的环境,需要及时调整发展规划,一成不变的发展规划反而会耽误自己的前程。

3. 有利于激发个人潜能

潜能是人类的一种存在但尚未被开发与利用的能力。这种能力既有智能上的，又有体力上的，它们长期默默地沉睡在我们的身体深处。人都是有惰性的，而我们若是不加以注意，任惰性在自由的氛围中肆意生长，后果是难以想象的。大学生要想在未来激烈的竞争中脱颖而出并立于不败之地，设计好自己的职业生涯规划是很重要的一环，只有这样才能做到心中有数，不打无准备之仗。制订和实施职业生涯规划将会促使大学生保持一种适度的紧张状态，减少惰性的影响，通过重新认识自身的价值，深入挖掘自身的各种潜能，并不断完善之，促使自己在准确定位职业生涯发展方向的同时，提升自己的综合素质和竞争力。实施职业生涯规划就好比一场比赛，随着时间的推移，一步一步地建立自信，培养实力，增强勇气，突破个人的局限，塑造清新充实的自我，使得自己的现实能力和潜在能力不断得到发展和完善。要知道，能在大学期间学到本领的人，大多数是在内心默默地为自己定下目标的人，他们知现状、明事理，暗暗地为自己施以压力，只有这样才能真正不枉四年的大学时光。

4. 有利于提升个人职业发展成功率

古语讲，"凡事预则立，不预则废"。很多时候大学生的职业生涯受挫就是由于职业生涯规划没有做好。现代社会，规划决定命运，有什么样的规划，就有什么样的人生。一些学生对未来没有规划，没有目标和方向。很多大学生认为职业生涯规划离自己很远，其实不然，从大一开始进行职业规划已经不算早了。我们必须知道，好的计划是成功的开始，生涯规划越早越好。虽然现在大学生找工作很难，但社会从来不缺乏机会，机会也总是留给有准备的人。所以，从你刚刚进入校园那一刻起就应该开始重视运用科学的方法，做好自己的人生规划。为避免未来在职场盲目地"撞大运"，职业生涯规划要做到有计划性和目的性，制订规划可以先将大目标分解为比较小的目标，然后从小目标开始，并以此作为前进的动力，采取可行的步骤与措施逐个去实现。渐渐你就会发现，自己在各方面的能力都会得到很大提升，这对于将来的职业生涯成功非常有帮助。

第五节　制订职业生涯规划对大学生的促进作用

制订职业生涯规划对大学生的促进作用主要体现在以下四个方面。

1. 促进自我认知

古语云：知人者智，自知者明。大学生做职业规划，最重要的一步就是对自我的认知。无论你以后要走怎样的路，无论你现在状态如何，都应该先知道：我是谁？因为认识自己是走向成功的金钥匙。在职场上如果我们不能正确认识自己，就没有办法正常发挥自己的能力，就不能获取本来能够取得的成果，更不能受到他人的青睐与敬重。虽然自己的未来是不可预测的，但是对过去是可以进行总结分析的。一个人的性格特点、心理素质，以及对世界、对人生的看法，很多都是来源于自己的人生阅历。在职业生涯规划制订过程中,可以让自己冷静、认真梳理自己过去在学业、各种实习实践活动中所取得的经验,了解这些以往经验对自我完善和职业生涯发展的影响,在关注社会职业需要的同时,也是在感悟自己生命的意义和生活的价值。通过认真分析自我,促使自己更积极、客观地认识自我。正是有了正确的自我认知作为职业生涯发展的基础,才可以明确自己在能力、兴趣、经验、人格与价值观的优势和劣势所在,才可以清楚地知道这些优势和劣势对自己职业生涯将产生哪些决定性的影响,促使自己找出个人综合素质与职场的差距,认真规划自己未来职业发展路径,挖掘、完善并不断构建自己的知识和能力结构,提升自身的综合素质,塑造自己的风貌,最终实现个人的全面发展。

2. 促进理性定位目标职业

现实中的每项工作都有其长处和短处,每个人也都有自己的优势和劣势。找工作最重要的就是要做到人—职匹配,只有当目标职业适合自己的综合条件时,一个人才有可能在岗位上发挥重要作用。大学生在制订职业生涯规划过程中,应在自我认知的基础上逐渐明确自己在职场中的定位,弄清楚自己想要干什么、能干什么。特别是通过认真梳理自己的兴趣、特长、性格、才能、学识等个性化特征,搞清自己适合干什么。个人的内在、外在优势是什么,综合考虑这些因素并据此找到与职业岗位的匹配点,或称职位切入点,从而为实现个人追求的事业目标奠定基础。

当然,大学生还要把个人职业选择建立在社会需求的基础上,将个人的兴趣爱好和特长等主观因素与国家和社会的需求结合起来,确立一个目标,并为实现这一目标而奋斗,这样才会更有利于找到适合自己的目标工作岗位。

每个人只有找准自己的角色定位,奋发努力,才能取得最大的成功。而找准角色定位的基础是从事自己所热爱的工作,这才是最幸福和最快乐的。因此,通过制订职业生涯规划,激发大学生为自己的未来负责的动机,唤醒自我规划、展望人生的意识,设计应对未来职业发展的有效措施。通过制订出今后各个阶段的职业发展计划,对职位切入点的所在市场状况、行业前景、职位要求、入行条件、培训考证、工作业务、薪酬提升等进行分析。如选择哪个平台,需要多长时间,需要补充哪些知识,积累哪些人脉等方面切入,从而可提高求职准确度和成功率,为未来的职业发展奠定良好的基础。

3. 促进个人完善知识和能力结构

一份行之有效的职业生涯规划将会引导和帮助大学生重新对自己的价值进行定位并使其持续增值。制订职业生涯规划可以促进大学生准确评价个人特点和强项,评估个人目标和职业要求的差距,促使个人努力去缩小这些差距,不断完善自己的知识和能力结构。虽然职业生涯不等于工作,职业生涯规划与职业成功没有必然的因果关系。但是制订科学、合理、务实的职业生涯规划会使目标更明确,有利于引导大学生评估和明确个人目标与现实之间的差距,以便采取行动弥补差距。制订职业规划的过程,本身会促使大学生对自己的综合优势与劣势进行认真对比分析,通过自我评估,全面了解自己,然后通过反思和学习,不断完善自己的知识和能力结构,使个人价值不断得到增值,为将来成为社会有用之人奠定良好基础。

4. 促进个人提前做好求职就业准备

择业、就业是人生的一个重要组成部分,是人生道路上一个关键性的转折点。大学生虽然还在学校里读书，但就业的压力与紧迫感已经渐渐逼近。在电视、报纸或者互联网上，到处充斥着大学生就业难的消息，在一些就业的学长口中，或是大四的学长口中，已经切身体会到就业的艰难。作为大学生，能做什么来应对这种严峻而又残酷的现实呢？凡事预则立，不预则废，机遇偏爱那些有准备的人。在踏上求职找工作的征程前，大学生需要提早做好求职的各种准备，包括心理准备、专业素质和能力准备，不断完善自己，充实自己，提高自己，这样才可能在充满荆棘的道路上找到自己的目标和方向。

一个人的事业究竟应向哪个方向发展，可以通过制订职业生涯规划来明确。刚跨入大学校门的学生尽管在填报志愿时考虑过一些关于职业的问题，但多数人对于未来要从事什么职业是非常迷茫的。部分学生甚至没有目标追求，喜欢过安逸的小日子，习惯于不求进取、随波逐流。但是，社会永远都只有绝对的上游和绝对的下游，和一个正在缩小的中游，中国社会经济一直在快速发展，社会阶层也在不断固化，不进则退的河流里，是容不下一条小船舒适地游弋的。面对就业的多元化、多样化，大学生的就业有了更多的选择余地。如果大学生缺乏职业生涯规划，就不可能清楚自己应该进入哪些行业，从事什么工作，也无法确定自己所学的专业能做什么，到找工作时肯定会非常迷茫，如同在大海捞针一样地到处撒简历，结果必然收效甚微。

根据 Boss 直聘研究院发布的《2019 应届生求职趋势报告》显示：2019 年应届生在求职过程中对行业的定位意识普遍较弱，仅有 36% 的毕业生明确了行业方向，超过六成的人处于行业选择摸索期，没有明确的期望从事行业或频繁更改期望从事行业。一些高校毕业生当初考大学时由于抱有"先考上有个学历再说"的观念，对于所学专业是不是自己真正喜欢的，或者说是否适合自己，都没有考虑周全，导致就业时非常盲目。在一些高校毕业生专场招聘会上，经常会见到这样的景象：一些准毕业生抱着一摞自己的简历，一个展位、一个展位地向招聘人员询问，即使看到与自己所学专业不搭边的单位，也要递上一份简历并前去咨询。这种漫无目标地大撒网式的求职方式，反映出这些同学根本没有职业生涯规划的意识，根本不知道自己究竟适合干什么，也不知道自己的目标职业是什么，可想而知，这样的学生怎么可能在激烈职场竞争中脱颖而出呢？

综上，大学生制订有效的职业规划，有利于明确人生未来的奋斗目标。一个人只有建立起明确的目标，才能激励自己去奋斗，并积极创造条件去实现这一目标，从而避免漫无目标地随波逐流。

【本章思考与研讨】

1. 谈谈你对职业、职业生涯、职业生涯规划的理解。
2. 影响你个人职业生涯规划的因素有哪些？该如何克服这些因素中不利方面对你的影响？
3. 及早制订职业生涯规划的意义是什么？
4. 你对自己的职业生涯有哪些规划？
5. 大学生职业生涯规划心理误区有哪些？如何澄清这些心理误区？

第二章

职业生涯发展基本理论

职业生涯发展基本理论最初兴起于欧美,到了 20 世纪 90 年代中期传入中国。国外学者对职业生涯规划问题有着长期且比较成熟的理论研究和实践经验积累,出现了一系列有很大影响的职业生涯发展理论。学习和借鉴国外职业生涯发展理论研究成果,对于扩大职业生涯发展理论的应用领域,指导高校大学生职业生涯规划实践,不仅具有理论指导意义,而且具有非常紧迫的现实意义。

第一节 特质—因素理论（人—职匹配理论）

一、特质—因素理论简介

特质—因素理论是最早的职业辅导理论,1909 年由美国波士顿大学教授弗兰克·帕森斯首先提出。他在其著作《选择一个职业》中提出了人与职业相匹配是职业选择的焦点的观点。帕森斯特质—因素论的核心是人格特性与职业因素的匹配,其前提是:每个人都有一系列独特的特性,并且可以客观而有效地进行测量;每一种职业都有其特定的因素,不同职业需要具备不同特性的人员。他认为,每个人都有自己独特的人格模式,每种人格模式的个人都有其相适应的职业类型,选择一种职业是一个相当易行的过程,而且,人—职匹配是可能的;个人特质与工作要求之间配合越紧密,职业成功的可能性就越大。

所谓"特质"就是指个人的人格特征,包括能力倾向、兴趣、价值观和人格等,这些都可以通过心理测量工具来加以测评衡量。

所谓"因素"则是指在工作上要取得成功所必需具备的条件或资格,这些条件或资格可以通过对工作的分析而了解。

1908 年,弗兰克·帕森斯在美国波士顿设立职业局,在职业指导过程中,他提出了帮助求职者选择职业的三大步骤。这三大步骤后来在不少高校的大学生就业指导中心和市场上的职业生涯规划培训机构得到了广泛应用,对包括大学生在内的求职者进行职业规划指导。可以说,运用特质—因素理论进行职业指导是以对人的特质测评为基本前提。三大步骤具体内容如下:

第一步是评价求职者的生理和心理特点(特质)。通过心理测量及其他测评手段,获得有关求职者的身体状况、能力倾向、兴趣爱好、气质与性格等方面的个人资料,并通过会谈、调查等方式获得有关求职者的家庭背景、学业成绩、工作经历等情况,并对这些资料进行评价。

第二步是分析各种职业对人的要求(因素),并向求职者提供有关的职业信息,包括以下几点。

① 职业的性质、工资待遇、工作条件以及晋升的可能性。

② 求职的最低条件,诸如学历要求、所需的专业训练、身体要求、年龄、各种能力以及其他心理特点的要求。

③ 为准备就业而设置的教育课程计划,以及提供这种训练的教育机构、学习年限、入学资格和费用等。

④ 就业机会。

第三步是人—职匹配。指导人员在了解求职者的特性和职业的各项指标基础上,帮助求职者进行比较分析,以便选择一种既适合其个人特质、又有可能获得、同时还有利于在事业上取得成功的职业。

被誉为职业指导之父的美国职业指导专家弗兰克·帕森斯的特质—因素论是建立在差异心理学的基础上,认为所有人在发展与成长方面都存在着差异。每一个人都具有不同于别人的个性特点,即特性,这种特性与某种职业因素存在着关联。人的特性又是可以运用科学手段客观地测量的,职业因素也是可以分析的,职业指导就是要解决人的特性与职业因素相适应的问题,达到一种合理的匹配。这种理论通过职业指导者的测量与评价,了解被指导者的生理、心理特性以及分析职业对人的要求,帮助被指导者进行分析比较,使之在清楚地了解自己和职业因素的基础上做出明智的职业选择。

根据帕森斯的特质—因素理论,大学生在职业选择方面也可以参考以下三个步骤:

首先,对自己的个体特性有充分的了解和掌握。要做到对自己充分认识,就需要分析个人的特质,即评价个人的生理和心理特征,包括对自己的性格倾向、能力、兴趣、自身局限等特质进行了解。通常对于组织和个人来说,人才测评是了解个体特征的最有效方法。

其次,尽可能多地获得有关职业的相关信息和知识,分析各种职业对人的要求。为了确定适合自己的职业,需要了解目标职业的条件及所需的知识。包括职业描述、工作条件、薪水、职业分类系统、职业所要求的特质和因素,以及在不同工作岗位上所占有的优势、不足和补偿、机会、前途等。

最后,实现人—职匹配。个人在了解自己的特点和职业要求的基础上,整合有关自我特质与职场的信息,选择一个既符合自身特质、自身又具备相应的条件或资格的工作岗位,并以此为目标,努力创造条件去争取实现。

二、人与职业匹配分类

帕森斯认为人与职业的匹配分为以下两种类型：

第一，条件匹配（也称因素匹配）。即需要专门技术和专业知识的职业与掌握该种特殊技能和专业知识的择业者相匹配。简单讲就是根据工作要求找与之匹配的人。例如工作条件属于脏、累、苦的职业，需要有吃苦耐劳精神和体格健壮的劳动者与之匹配。设计类职业就要找相关专业的技术人员与之相配。

第二，特长匹配（或称特性匹配）。即根据人的能力、性格、专长等找与之相适应的工作。如具有敏感、易动感情、不守常规、个性强、理想主义等人格特性的人，宜从事审美性、自我情感表达的艺术创作类型的职业。善于交际和公关能力强的人适宜做市场开拓、组织大型活动等类型的工作。

三、特质—因素理论的意义

社会人力资源的研究成果表明，个性与职业的匹配度往往决定着个人事业的成功与否。弗兰克·帕森斯认为：人的个性影响职业行为习惯。每个人都有自己独特的能力模式和人格特征，每种人格模式又都有与之相适应的职业，人们要想在职业生活中充分地施展自己的个性特点，实现自己的个性要求，获得尽可能大的自由感、满足感和适应感，就应该在择业前了解自己所属的个性类型及其职业适应性。根据帕森斯特质—因素理论，人的特质如果与岗位匹配得好，则个人的特征与职业环境协调一致，工作效率和职业成功的可能性就大为提高。反之，工作效率和职业成功的可能性就很低。帕森斯特质—因素理论的内涵就是在清楚认识、了解个人的主观条件和社会职业岗位需求条件的基础上，将主客观条件与社会职业岗位相对照和匹配，最后选择一个与个人相匹配的职业。

帕森斯特质—因素论强调个人必须对职业有正确的态度与认知，才能作出正确的职业选择。该理论向世人展现的是科学理性、符合逻辑推理的方法，指导方法十分具体，便于学习和操作。特质—因素理论也注重职业资料的重要性，个人获得有关职业资料，有利于增进职业生涯规划的针对性和有效性。

帕森斯特质—因素理论强调个人所具有的特性与职业所需要的素质与技能（因素）之间的协调和匹配。由于不同个体有不同的个性特征，因此每一种职业由于其工作性质、工作环境、工作条件、工作方式不同，对工作者的能力、知识、技能、性格、气质、心理素质等也有不同的要求。因此，特质—因素理论在求职者进行职业决策时，为其提供了一种选择与自己的个性特征相适应职业的有效手段。

为了对个体的特性进行深入详细地了解与掌握，特质—因素理论十分重视人才测评的作用。可以说，特质—因素理论进行职业指导是以对人的特性测评为基本前提。它首先提出了在职业决策中进行人—职匹配的思想。这一理论奠定了人才测评理论的理论基础，推动了人才测评在职业选拔与指导中的运用和发展。

第二节　弗鲁姆的择业动机理论

一、弗鲁姆的择业动机理论的具体内容

美国心理学家弗鲁姆在对个体择业行为进行研究的基础上，得出结论认为，个体行为动机的强度取决于效价的大小和期望值的高低，动机强度与效价及期望值成正比。1964年，在其《工作和激励》一书中，弗鲁姆提出了解释员工行为动机激发程度的期望理论，期望理论的公式表示为

$$F = V \cdot E$$

式中：

F 为动机强度，是指积极性的激发程度，表明个体为达一定目标而努力的程度；

V 为效价，是指个体对一定目标重要性的主观评价；

E 为期望值，是指个体对实现目标可能性大小的评估，也即目标实现概率。

根据期望理论，个体行为动机的强度取决于效价大小和期望值的高低。效价越大，期望值越高，个体行为动机越强烈。也就是说为达到一定目标，他将付出极大努力。如果效价为零乃至负值，表明目标实现对个人毫无意义。在这种情况下，目标实现的可能性再大，个人也不会产生追逐目标的动机，更不会为此付出任何积极努力。如果目标实现的概率为零，那么无论目标实现意义有多么重大，个人同样不会产生追求目标的动机。

弗鲁姆将这一期望理论用来解释个人的职业选择行为时，就形成了择业动机理论。

现实中，择业动机与职业目标经常会发生冲突，各种择业动机之间存在矛盾。比如，在同一时间内往往存在几种不同的择业动机，甚至是彼此冲突的动机，构成择业动机体系。在这个体系中，那种最强烈而稳定的择业动机被称为优势择业动机或主导择业动机。一个人展开职业准备、职业选择与确定职业的过程都是由主导动机所支配的。而职业需要也是多种多样的，并且处在不断地发展变化中。在职业定位过程中，是选择待遇高的职业，还是选择最能发挥自己特长的职业，只有通过动机的权衡比较才能过渡到行为。根据择业动机理论，可以将个人进行职业选择分两步分析：

第一步，确定择业动机。用公式表示为：择业动机＝职业效价×职业概率。

式中，择业动机表明择业者对目标职业追求的动力大小程度，或者是对某项职业选择意向的强烈程度。式中：

（1）职业效价是指择业者对某项职业价值的评价，取决于：

① 择业者的职业价值观；

② 择业者对某项具体职业的要求，如兴趣、劳动条件、工资、职业声望等的评估。即职业效价＝职业价值观×职业要素评估。

（2）职业概率是指择业者获得某项职业可能性的大小，主要决定于四个条件。

① 某项职业的需求量。在其他条件一定的情况下，职业概率同职业需求量呈正

相关。

② 择业者的竞争能力。即择业者自身工作能力和求职就业能力,竞争力越强,获得职业的可能性越大。

③ 竞争系数。是指谋求同一种职业的劳动者人数的多少。在其他条件一定的情况下,竞争系数越大,表明竞争越激烈,获得该职业的概率就越小。

④ 其他随机因素。

因此,职业概率＝职业需求量×竞争能力×竞争系数×随机性。

结论:择业动机公式表明,对择业者来讲,某项职业的效价越高,获取该项职业的可能性越大,择业者选择该项职业的意向或者倾向越大;反之,某项职业对择业者而言其效价越低,获得此项职业的可能性越小,择业者选择这项职业的倾向也就越小。弗鲁姆的择业动机理论可以帮助求职者权衡各种动机的轻重缓急,反复比较利弊得失,判定其社会价值,最终使求职者确定主导择业动机,以达到行为导向的目的。

第二步,比较择业动机,确定选择的职业。

择业者对几种目标职业进行价值评估并获取该项职业可能性的评价,最后对几种择业动机进行横向比较。择业动机是对职业的全面评估,一般多以择业动机分值高的职业作为自己的选择结果。

为加深对择业动机理论的理解,假设一个择业案例。在毕业生小王面前,有 A 与 B 两项职业选择机会,他对两项职业的效价和职业概率分别作了评估。

对于小王来说,B 职业效价为 60,高于 A 职业(50),自己获取 A 职业的可能性大(职业概率 0.8),而欲谋取 B 职业则难度较高,需要付出较艰辛的努力(职业概率 0.5)。经过计算,得出:

获取 A 职业的择业动机＝职业效价(A)×职业概率(A)即 50×0.8＝40;

获取 B 职业的择业动机＝职业效价(B)×职业概率(B)即 60×0.5＝30。

经过权衡,结果选择 A 职业的择业动机(40)大于选择 B 职业的择业动机(30),据此,小王会更加倾向于选择 A 职业。

由此可知,个体择业动机的强度除了受个体职业需要的强度和动机性质影响外,还受行为目标的影响。动机引导行为指向目标,随着目标的实现,这种动机在动机结构中的强度就会不断减弱,其他动机就会不断加强,并逐渐成为左右人行为的主导动机。

二、弗鲁姆的择业动机理论的意义

择业动机和职业目标并非总是一对一的关系。一般情况下,择业动机来自对某单一职业目标的追求。在更多的情况下,择业动机受多重职业目标影响。同一择业动机,可以作出多种职业目标的选择。

职业目标是由择业动机产生的。在行为面前有目标吸引,在行为背后有动机驱动,因而使择业行为获得了极大的推动力。在职业目标之间也常存在矛盾和斗争,不及时解决职业目标冲突,往往会导致心理冲突,比如,当一个人面临两个具有相同吸引力的职业目标,但只能选择其中一个,又不知如何选择时,就出现了双趋式冲突。职业定向不确定,无兴趣中心的人,尤其容易发生这种现象。

在职业面前应作出何种选择有时会引发心理冲突,这种择业动机冲突常常是使人在不同职业目标之间游离的原因。解决求职者职业目标冲突,首先要树立正确的择业动机。其次,要正确选择职业目标,不能好高骛远,要从实际出发考虑自己的职业理想和职业目标是否切合实际。最后,求职者要面对现实、权衡利弊,分析自身知识结构、能力水平、身体素质、目标远近以及其他主客观原因。

择业动机对人们的择业行为有着重要影响,可以概括为以下三种功能。一是始发功能。它能引发一个人产生某种择业行为。二是指向与选择功能。它使人的择业行为沿着特定的方向发展。三是强化和保持功能。良好的择业行为结果会使动机得到加强,不好的择业行为结果会使这种行为动机受到削弱以致不再出现。

择业动机对择业行为的作用程度取决于动机的强度,但并不是动机越强烈择业行为效果就越好。弗鲁姆的择业动机理论发现,动机水平过低时,主体得不到足够的能量去从事应该进行的活动。当动机水平过高时,由于主体处于高度紧张状态,正常的认识和思维受到干扰,进而使行为效果受到影响。只有保持中等的动机水平,行为的有效性才最高。这时主体既得到了足够的行为动力,又能保持冷静的头脑和灵活的思维,使行为效果达到最佳。心理学家的研究发现,动机水平和行为效果的关系与活动的复杂程度有关。简单的活动常因动机水平的增强而提高行为效果,复杂的活动则随动机水平的增强而降低行为效果。

职业需要有不同的层次,择业动机也有不同的水平,进而决定选择何种职业。一个为生理性需要所控制的人,他的择业动机是为了获得满足生理需要的物质。在职业选择上必然把待遇的高低作为选择职业的标准。生理需要一旦满足,择业动机会随之发生变化,随之而来的就是职业的再选择。各种不同水平的择业动机有各自不同的职业标准,只有那些同高层次社会职业需要相联系的高水平择业动机,才能推动人去选择那些最能实现自己价值的职业,从而找到最能发挥自己潜能的位置。择业动机还决定着一个人实现职业目标的方式和途径。选择什么方式和途径去实现自己的职业目标,是由择业动机的性质所决定的。决定实现个体职业目标的方法和途径,要对各种可能的方法途径进行比较,既要考虑主观必要性,又要考虑客观可能性;既要考虑最好效应的有效原则,又要考虑符合社会道德、法律规范,有计划地实现职业理想和目标。

第三节　职业兴趣理论

一、霍兰德职业兴趣理论的具体内容

约翰·霍兰德是美国约翰·霍普金斯大学心理学教授,美国著名的职业指导专家。

他于 1959 年提出了具有广泛社会影响的职业兴趣理论。该理论认为,人的人格类型、兴趣与职业密切相关,兴趣是人们活动的巨大动力,凡是具有职业兴趣的职业,都可以提高人们的积极性,促使人们积极地、愉快地从事该职业,且职业兴趣与人格之间存在很高的相关性。选择的职业类型和个人兴趣越接近,职业与个人越匹配;反之则冲突越大。在人格和职业的关系方面,霍兰德提出了以下一系列假设。

① 在现实的文化中,可以将人的人格分为六种类型:实际型、研究型、艺术型、社会型、企业型与传统型。每一特定类型人格的人,会对相应职业类型中的工作或学习感兴趣。

② 环境也可区分为上述六种类型。

③ 人们寻求能充分施展其能力与价值观的职业环境。

④ 个人的行为取决于个体的人格和所处的环境特征之间的相互作用。

在上述理论假设的基础上,霍兰德提出了人格类型与职业类型模式。不同类型人格的人需要不同的生活或工作环境,例如"现实型"的人需要真实具体的环境或职业,因为这种环境或职业才能给予其所需要的机会与奖励,这种情况即称为"和谐"。类型与环境不和谐,则该环境或职业无法提供个人的能力与兴趣所需的机会与奖励。在其所著的《职业决策》一书中,霍兰德将人格分为现实型、研究型、艺术型、社会型、企业型和常规型六种类型。

现实型(R:Realistic):这类人普遍动手能力强,做事手脚灵活、动作协调。偏好于具体任务,愿意使用工具从事操作性工作,不善言辞,做事保守,较为谦虚。缺乏社交能力,通常喜欢独立做事。基本的人格倾向是缺乏社交能力,不适应社会性质的职业。

典型的职业兴趣:他们喜欢有规则的具体劳动和需要基本操作技能的工作,如使用工具、机器等需要基本操作技能的工作;或从事与物件、机器、工具、运动器材、植物、动物相关的职业,如:技术性职业(计算机硬件人员、摄影师、制图员、机械装配工),技能性职业(木匠、厨师、技工、修理工、农民)。

研究型(I:Investigative):这类人的共同特点是抽象思维能力强,求知欲强,肯动脑,善思考,不愿动手。喜欢独立的和富有创造性的工作。他们知识渊博,有学识才能,具有聪明、理性、好奇、精确、批评等人格特征,但缺乏领导才能。不善于领导他人。考虑问题理性,做事喜欢精确,喜欢逻辑分析和推理,不断探讨未知的领域。

典型的职业兴趣:他们喜欢智力的、抽象的、分析的、独立的定向任务,要求具备智力或分析才能,并将其用于观察、估测、衡量、形成理论、最终解决问题的工作。如科学研究人员、教师、工程师、电脑编程人员、医生、系统分析员等。

艺术型(A:Artistic):这类人富有创造力,乐于创造新颖、与众不同的成果,具有想象力丰富、冲动、直觉、无秩序、情绪化、理想化、有创意、不重实际等人格特征。他们喜欢具有艺术性的职业和环境,不善于事务工作。渴望表现自己的个性,实现自身的价值。做事理想化,追求完美,不重实际。具有一定的艺术才能和个性。善于表达、怀旧、心态较为复杂。

典型的职业兴趣:他们普遍喜欢从事的工作要求具备艺术修养、创造力、表达能力和直觉,并将其用于语言、行为、声音、颜色和形式的审美、思索和感受。不善于事务性工作。如:艺术方面(演员、导演、艺术设计师、雕刻家、建筑师、摄影家、广告制作人),音乐方面(歌唱家、作曲家、乐队指挥),文学方面(小说家、诗人、剧作家)。

社交型（S：Social）：这类人具有喜欢与人交往、不断结交新的朋友、乐于合作、友善、助人、负责、圆滑、善社交、善言谈、愿意教导别人、洞察力强等人格特征，他们普遍关心社会问题、渴望发挥自己的社会作用。寻求广泛的人际关系，比较看重社会义务和社会道德。

典型的职业兴趣：他们喜欢要求经常与人打交道的工作，在工作中能够不断结交新的朋友，从事提供信息、启迪、帮助、培训、开发或治疗等事务。如：教育工作者（教师、教育行政人员），社会工作者（咨询人员、公关人员）。

企业家型（E：Enterprising）：这类人普遍具有喜欢冒险、野心的人格特征。喜欢追求权力、权威和物质财富，具有领导才能等特征。他们为人务实，习惯以利益得失、权力、地位、金钱等来衡量做事的价值，做事有较强的目的性。他们独断、自信、精力充沛、善社交，喜欢竞争、敢冒风险、有野心和抱负。

典型的职业兴趣：他们普遍喜欢从事领导及企业管理性质的职业，喜欢要求具备经营、管理、劝服、监督和领导才能，以实现机构、政治、社会及经济目标的工作。如政府官员、企业领导、销售人员、项目经理、销售人员、营销管理人员、法官、律师等。

传统型（C：Conventional）：这类人通常尊重权威和规章制度，喜欢按计划办事，细心、有条理，习惯接受他人的指挥和领导，自己不谋求领导职务。具有喜欢关注实际和细节情况，通常较为谨慎和保守，缺乏创造性，不喜欢冒险和竞争，富有自我牺牲精神等特征。具有顺从、谨慎、保守、实际、稳重、有效率等人格特征。

典型的职业兴趣：他们喜欢有系统、有条理的工作任务，要求注意细节、精确度，具有记录、归档、有特定要求或程序组织数据和文字信息的职业。如：秘书、办公室人员、记事员、会计、行政助理、图书馆管理员、出纳员、打字员、投资分析员。其最典型的职业包括秘书、税务员、统计员、交通管理员等。

虽然上述分类有一定代表性，然而，大多数人都并非只有一种性向（比如，一个人的性向中很可能是同时包含着社会性向、实际性向和调研性向这三种）。霍兰德认为，这些性向越相似，相容性越强，则一个人在选择职业时所面临的内在冲突和犹豫就会越少。

为了帮助描述这种情况，霍兰德建议将这六种性向分别放在一个正六边形的每一角。员工的工作满意度与流动倾向性，取决于个体的人格特点与职业环境的匹配程度。当人格和职业相匹配时，会产生最高的满意度和最低的流动率。

例如，社交型的个体应该从事社交型的工作，社交型的工作交给现实型的人来做则可能不合适。这一模型的关键在于：①个体之间在人格方面存在着本质差异；②个体具有不同的类型；③当工作环境与人格类型协调一致时，会产生更高的工作满意度和更低的离职可能性。

霍兰德所划分的六大类型，并非是并列的，而是有着明晰的边界的。他以六边形标示出六大类型的关系，反映出职业人格类型之间的关系（如图2-1所示）。

从图2-1中可以看出：每一种类型与其他类型之间存在不同程度的关系，大体可描述为以下三类。

① 相邻关系，如RI、IR、IA、AI、AS、SA、SE、ES、EC、CE、RC及CR。属于这种关系的两种类型的个体之间共同点较多，现实型R、研究型I的人就都不太偏好人际交往，适

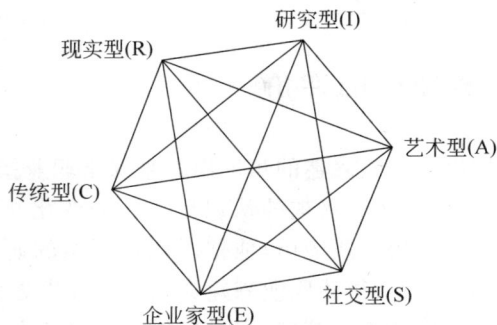

图 2-1 霍兰德六大类型图

合这两种人格类型的职业环境中也都较少有机会与人接触。

② 相隔关系,如 RA、RE、IC、IS、AR、AE、SI、SC、EA、ER、CI 及 CS,属于这种关系的两种类型个体之间共同点较相邻关系少。

③ 相对关系,在六边形上处于对角位置的类型之间即为相对关系,如 RS、IE、AC、SR、EI 及 CA 即是,相对关系的人格类型共同点少。因此,一个人同时对处于相对关系的两种职业环境都感兴趣的情况较为少见。

二、霍兰德职业兴趣理论的意义

霍兰德的职业兴趣理论提供了一个重要的职业生涯规划理念:把个人特质和适合这种特质的工作联系起来。这种职业生涯规划理论强调职业生涯的探索和分析,对自我能力、兴趣、价值以及工作世界的探索和分析,霍兰德巧妙地拉近了自我与工作世界之间的距离。

借助霍兰德人格类型图中代码的协助,当事人能迅速地、有效地、有依据地在一个特定的职业群里进行探索和分析。令人称道的是,它可以提供与个人兴趣相近而内容又互有关联的几种职业,而不是仅仅冒险地去建议个人选择一种特殊的职业或工作。

此外,这个理论也可以出其不意地引导求职者走向一个主动、积极的行动方向,进行动态探索和分析。通过该理论得到自己的代码和有关的职业群名称,求职者得以"起而行"地探索自己未来可能选择的职业。

人们通常倾向选择与自我兴趣类型匹配的职业环境,如具有现实型兴趣的人希望在真实具体的职业环境中工作,可以最好地发挥个人的潜能。但职业选择中,个体并非一定要选择与自己兴趣完全对应的职业环境。一则因为个体本身常是多种兴趣类型的综合体,单一类型显著突出的情况不多,因此评价个体的兴趣类型时也常以其在六大类型中得分居前三位的类型组合而成,组合时根据分数的高低依次排列字母,构成其兴趣组型,如RCA、AIS 等。二则因为影响职业选择的因素是多方面的,不完全依据兴趣类型,还要参照社会的职业需求及获得职业的现实可能性。因此,人们在进行职业选择时会不断妥协,寻求与相邻职业环境甚至相隔职业环境相适应。但如果个体选择适应的是相对的职业环境,那么意味着所进入的是与自我兴趣完全不同的职业环境,则工作起来可能难以感受到其中的乐趣,甚至可能会觉得很痛苦。

三、霍兰德职业兴趣理论的评价

霍兰德的职业兴趣理论主要从兴趣的角度出发来探索职业指导的问题。他明确提出了职业兴趣的人格观,使人们对职业兴趣的认识有了质的变化。霍兰德的职业兴趣理论反映了他长期专注于职业指导的实践经历,他把对职业环境的研究与对职业兴趣个体差异研究有机地结合起来,而在霍兰德的职业兴趣类型理论提出之前,二者的研究是相对独立进行的。霍兰德以职业兴趣理论为基础,先后编制了职业偏好量表和自我导向搜寻表两种职业兴趣量表,作为职业兴趣的测查工具,霍兰德力求为每种职业兴趣找出两种相匹配的职业能力。兴趣测试和能力测试的结合在职业指导和职业咨询的实际操作中起到了促进作用。

霍兰德的职业兴趣理论还提出,兴趣是描述人格的另一种方法,是职业选择中一个更为普遍的概念。在其理论中,人格被看作是兴趣、价值、需求、技巧、信仰、态度和学习个性的综合体。就职业选择而言,兴趣是个体和职业匹配的过程中最重要的因素,时至当下,霍兰德职业兴趣理论仍是最具影响力的职业发展理论和职业分类体系。

职业兴趣作为一种特殊的心理特点,通过职业的多样性和复杂性反映出来。职业兴趣上的个体差异是十分明显的。一方面,现代社会职业划分越来越细,社会活动的要求和规范越来越复杂,各种职业间的差异也越来越明显,所以对个体的吸引力和要求也就截然不同。另一方面,个体自身的生理、心理、教育、社会经济地位、环境背景不同,所乐于选择的职业类型、所倾向于从事的活动类型和方式也就自然不同。

不同职业的社会责任、满意度、工作特点、工作风格、考评机制各不相同。同时,这种差异决定着不同职业对于员工的职业兴趣有着不同的要求。现代人力资源管理的基本原则是将合适的人放在合适的岗位上。人与职位的匹配应该包括两个方面的内容:一方面是人的知识、能力、技能与岗位要求相匹配;另一方面也是更为重要的,是人的性格、兴趣与岗位相适应。

四、霍兰德职业兴趣理论对于职业选择和职业成功的意义

职业兴趣是职业选择中最重要的因素,是一种强大的精神力量。职业兴趣测验可以帮助个体明确自己的主观性向,从而能得到最适宜的活动情境并给予最大的能力投入。根据霍兰德的兴趣理论,个体的职业兴趣可以影响其对职业的满意度,当个体所从事的职业和他的职业兴趣类型匹配时,个体的潜在能力可以得到最彻底地发挥,工作业绩也更加显著。在职业兴趣测试的帮助下,个体可以清晰地了解自己的职业兴趣类型和在职业选择中的主观倾向,从而在纷繁的职业机会中找寻到最适合自己的职业,避免职业选择中的盲目行为。尤其是对于大学生和缺乏职业经验的人,这个理论可以协助他们做好职业选择和职业设计,成功地进行职业调整,从整体上认识和发挥自己的职业能力。

第四节 职业锚理论

一、职业锚理论简介

美国麻省理工学院斯隆商学院著名的职业指导专家埃德加·H.施恩教授首先提出了职业锚理论。施恩1961年开始对斯隆管理学院的MBA毕业生进行关于职业发展和组织职业管理的研究与调查。当时,斯隆管理学院的44名MBA毕业生,自愿形成一个小组接受施恩教授长达12年的职业生涯研究,包括面谈、跟踪调查、公司调查、人才测评、问卷等多种方式,施恩在对他们的跟踪调查和对许多公司、个人及团队的调查中,逐步形成了观点,最终分析总结出了职业锚(又称职业定位)理论。

所谓职业锚,是指人们选择和发展自己的职业时所围绕的中心,当一个人在不得不作出选择的时候,无论如何都不会放弃的职业中的那种至关重要的东西或价值观。这就如同使船只停泊定位时被称作锚的铁制器具的作用。职业锚也是自我意向的一个习得部分。个人进入早期工作情境后,由习得的实际工作经验所决定,与在经验中自省的动机、价值观、才干相符合,达到自我满足和补偿的一种稳定的职业定位。

职业锚是个人同工作环境互动作用的产物,强调个人能力、动机和价值观三方面的相互作用与整合,在实际工作中是不断调整的。埃德加·施恩根据自己在麻省理工学院的研究指出,要想对职业锚提前进行预测是很困难的,这是因为一个人的职业锚是在不断发生变化的,它实际上是一个不断探索过程所产生的动态结果。有些人也许一直都不知道自己的职业锚是什么,直到他们不得不作出某种重大选择的时候。一个人过去的所有工作经历、兴趣、资质、性向等才会集合成一个富有意义的模式(或称职业锚)。这个模式(或职业锚)会告诉此人,对他(或她)来说,到底什么东西是最重要的。施恩根据自己多年的研究,提出了以下五种职业锚:

1. 技术或功能型职业锚

具有较强的技术或功能型职业锚的人往往不愿意选择那些带有一般管理性质的职业。相反,他们总是倾向于选择那些能够保证自己在既定的技术或功能领域中不断发展的职业。

2. 管理型职业锚

具有较强的管理型职业锚的人往往表现出期望成为管理人员的强烈愿望,承担较高责任的管理职位是这些人的最终目标。这是由于他们往往认为自己具备以下三个方面的能力。

① 分析能力(在信息不完全以及不确定的情况下发现问题、分析问题和解决问题的能力)。

② 人际沟通能力(在各种层次上影响、监督、领导、操纵以及控制他人的能力)。

③ 情感能力(在情感和人际危机面前只会受到激励而不会受其困扰和削弱的能力以及在较高的责任压力下不会变得无所作为的能力)。

3. 创造型职业锚

具有较强的管理型职业锚的大学生往往对建立或创设某种完全属于自己的东西情有独钟,他们在职业选择上更愿意设计一件署着他们名字的产品,或是创建一家公司,或能在职场获得能反映他们成就的个人财富等。

4. 自主与独立型职业锚

具有较强的自主与独立型职业锚的大学生在选择职业时往往不愿意受他人左右。他们希望摆脱那种因工作而依赖别人的境况,他们不愿意在得到提升、工作调动、薪金等诸多方面都要受别人的摆布,主张自己决定自己的命运。其中有许多人还有着强烈的技术或功能导向。然而,他们却不是到某一个用人单位去追求这种职业导向,而是决定成为一位咨询专家,要么是自己独立工作,要么是作为一个相对较小的企业中的合伙人。

5. 安全型职业锚

具有较强的安全型职业锚的毕业生极为重视长期的职业稳定和工作的保障,他们比较愿意去从事那些能够提供稳定的工作、体面的收入以及可预测未来的职业生活。这种可预测的未来生活通常是由良好的退休计划和较高的退休金来保证的。对于那些对地理安全性更感兴趣的人来说,如果为了追求更为优越的职业,却需要在他们的生活中注入一种不稳定或保障较差的地域因素的话,那么他们会更倾向在一个熟悉的环境中维持一种稳定的、有保障的职业,这对他们来说是更为重要的。对于另外一些追求安全型职业锚的人来说,安全则意味着所依托的组织的安全性。他们可能优先选择到政府机关工作,因为政府公务员是一种终身性的职业。这些人显然更愿意让他们的雇主来决定他们去从事何种职业。

国外许多机构在此基础上又进行了大量的试验来研究职业锚理论,并于 1990 年,将原有的五种职业锚拓展为八种。此后的研究表明:目前的八种职业锚可以概括所有的锚位(见表 2-1)。职业锚理论使工作价值观、工作动机的概念更加具体、明确,强调了能力、动机和价值观的互动作用,对个人职业发展和用人单位进行人事决策参考起到了非常重要的作用。

表 2-1　八种职业锚的典型特征及参考价值

序号	职业锚	典型特征	用人单位在人事安排决策时的参考
1	技术/职能型	以技术能力为锚位的雇员,有特定的工作追求、需要和价值观;强调实际技术或某种职能业务工作;拒绝全面管理工作;目标式技术和职能的不断提高,其成功更多取决于领域内专家的肯定和认可,以及承担该领域内富有挑战性的工作。这种类型的人对某一特定工作有专长或强烈的兴趣。注重工作的专业化,对总经理式的工作内容兴趣不大	工作应对个人具有挑战性,通过该项工作可以体现个人的工作能力和技巧。典型的工作如技术主管和职能部门经理。希望按照个人的技能水平(如教育程度、工作经验)来获得报酬,更注重绝对工资,偏好"自助餐"式福利;希望走技术路线式的晋升,不一定重视头衔,但重视报酬的公平性;偏好具体的认可而不是泛泛的夸奖;偏好进一步学习和在专业上自我发展的机会,偏好得到专家的称呼和相关的奖励。对于技术职能型职业锚的人,激励的重点是技术和经费的支持以及较多的培训学习机会;技术职能型职业锚的人要放在业务梯队

序号	职业锚	典型特征	用人单位在人事安排决策时的参考
2	管理型	担负纯管理责任,而且责任越大越好;具有强有力的升迁动机和价值观,以提升等级和收入作为衡量成功的标准;具有将分析能力、人际关系能力和感情能力进行特别合成的技能。定位于管理型的人在很大程度上具有对组织的依赖性。不愿意将自己局限于某一专业方向上,往往在以下方面表现超人:分析能力(尤其在信息模糊下的决策能力)、人际关系和组织能力。具有强壮的意志和充沛的精力,尤其在强大的工作压力和困难下仍能客观处理问题	渴望承担更大的责任,希望充满挑战性、变化丰富的工作;有领导他人的机会。以收入水平判断自己是否成功,偏好高的退休福利,重视靠结果和绩效来获得晋升,"结果导向"为主,最大的组织认同是晋升高位。偏好物质奖励:加薪、红利、奖金和股票期权等。偏好头衔和身份象征(如大办公室和公车)。对于管理型职业锚的人,要安置在行政梯队,激励的重点是授权,使他们获得更多的领导机会
3	创造/创业型	在某种程度上同其他类型职业锚有重叠;有强烈的创造需求和欲望;意志坚定,敢于冒险。有通过发展新产品或服务来自主创业的强烈愿望,把赚钱作为成功的衡量标准。这种愿望往往在职业生涯的早期就付诸行动。以自我为中心,在传统组织中不会待太久	着迷于创新型的工作,不喜欢墨守成规。适合做企业家,在自己的企业中会不断开发新产品和服务,否则会失去工作的乐趣。需要拥有自己的企业,保持对企业股权的控制,例如开发新产品,会希望自己拥有专利。需要自己积累财富,不看重福利。需要权力和自由来支配自己的企业,满足自己的需要。这一类型的人在人事决策时要特别注意的是:不要将其安排在离总部太远而又放权过大的营销管理类岗位,否则就有可能为公司培养出来最强大的竞争对手。成功的企业家大多是创新型职业锚的人
4	安全/稳定型	职业的稳定和安全是这一类职业锚雇员的追求、驱动力和价值观;在行为上,倾向于按照雇主对他们提出的要求行事,以维持工作安全、体面的收入、有效的退休方案、津贴等形式体现出的一种稳定的前途;对组织具有依赖性;个人职业生涯的开发与发展受限制;其成功的标准:一种稳定、安全、整合良好的家庭和工作环境。注重职业的安全和稳定,喜好可预测的未来。在某一职业阶段,经济上的安全成为主要的关注焦点	喜好稳定、可测的工作性质。对工作内容的兴趣胜过工作本身的性质。喜好的组织特征:提供长期职位、很少裁员,较好的退休计划和福利项目。提高薪酬、工作条件和福利对他们起到的激励作用比向他们提供内容丰富、挑战性强的工作以及其他内激励影响大。喜好年工序列工资制和基于年资的晋升系统;希望组织认可忠诚和稳定的绩效,相信忠诚对组织有显著的功效。安全稳定型职业锚的人比较适合做教师

序号	职业锚	典型特征	用人单位在人事安排决策时的参考
5	自主/独立型	希望最大限度摆脱组织的约束,追求能施展个人职业能力的工作环境;与其他类型职业锚有交叉;以自主型职业为锚位的人在工作中显得很愉快,享有自身的自由,有职业认同感,把工作成果与自己的努力相挂钩。不愿意被条条框框限制,喜好以自我的方式、节奏和标准做事。往往从事一些自主性较高的工作,如:咨询师和教师,或大型组织中的研发工作者等	喜好有明确时限,又能发挥个人专长的工作,偏好做项目类的工作,厌恶监工式的管理。能接受组织交给的目标,但目标一旦设定,希望按自己的方式工作。厌恶"金手铐"式的薪酬制度,偏好绩效工资、奖金、红利,以及"自助餐"式的福利制度,晋升必须意味着更大的自主权、奖章、奖金、仪式比晋升和头衔更重要,他们的需要往往和组织传统的物质激励不一致。对于自主型职业锚的人来说,放权、弹性工作制更有吸引力
6	挑战型	有征服人和事的意向。对成功的定义是克服非常困难的障碍,解决难以解决的问题或征服难以征服的对手。不在乎工作的专业领域。持有这种职业锚的人一般从事的典型职业有:特种兵、高级管理顾问等	工作领域、组织类型、薪酬系统、晋升方式和认同形式都必须服从于在工作中是否能够不断提供挑战自我的机会,缺少这样的机会使持有这种职业锚的人感到厌烦和无趣。他们自我激励意识强,对能够提供给他们挑战性工作的组织忠诚。和周围同事相比,可能会显得曲高和寡,不易被理解
7	服务/奉献型	希望以某种方式改善自己周围的环境,选择帮助别人为主的职业,如医师、护士、社会工作者等。希望与他人合作、服务人类等精神在工作中得到体现	喜欢从事符合自己价值观的工作,可以影响所服务的组织或社会政策。在缺少他人支持的情况下,会向有更大自由度的职业上转,比如咨询师。持有这种职业锚的人希望根据自己的贡献得到公平的回报,他们认为:晋升到有更大影响力和工作自由度的职位是比金钱更大的激励,需要来自上司和同事的赞扬和支持,需要感到价值被高层管理者认可
8	生活型	强调工作必须和整体生活相结合。不仅仅是在个人和职业生活之间形成一种平衡,而且还希望在个人、家庭和职业需要方面能够形成融合	这种类型的人需要灵活的工作时间安排,如弹性工作制,需要更多的休息日、哺乳假、在家办公等。他们反映了社会变动的大趋势,可能受夫妻两方职业发展的影响,尤其需要经理人员的理解,需要企业制定灵活的政策和完善的职业发展系统支持

　　了解职业锚的概念,要注意以下四个方面。

　　① 职业锚以员工习得的工作经验为基础。职业锚发生于职业阶段的早期,新员工经过若干年的工作,并有了一定经验习得后,方能够选定自己稳定的长期贡献区。个人在面临各种各样的实际工作生活情境之前,不可能真切地了解自己的能力、动机和价值观以及能在多大程度上适应相应的职业选择。因此,是员工的工作经验产生和发展了职业锚,换句话说,职业锚是由员工实际工作经历所决定,而不只是取决于潜在的才干和动机。

　　② 职业锚不是员工根据各种测试得出的能力、才干或者作业动机、价值观,而是在工

作实践中,依据自省和已被证明的才干、动机、需要和价值观,现实并准确地进行职业定位。

③ 职业锚是员工自我发展过程中的动机、需要、价值观、能力相互作用和逐步整合的结果。

④ 员工个人及其职业不是固定不变的。职业锚,是个人稳定的职业贡献区和成长区。但是,这并不是意味着个人将停止变化和发展。员工以职业锚为其稳定源,可以获得该职业工作的进一步发展,以及个人社会生命周期和家庭生命周期的成长、变化。此外,职业锚本身也可能变化,员工在职业生涯的中、后期可能会根据情况的变化,重新选定自己的职业锚。

天资是遗传基因在起作用,而其他各项因素虽然受先天因素的影响,但更加受后天努力和环境的影响。所以,职业锚是会变化的,这一点有别于职业性向。

【案例】 某人攻读了医学博士,并且从事外科医生工作已经20年了,尽管他的职业性向可能并不适合做外科医生,但是他在确定自己的职业时,基本上不会考虑改为其他职业,这是因为他的职业锚在起作用。

正如许多分类一样,以上的分类也无好坏之分,之所以将其提出是为了帮助大家更好地认识自己,并据此重新思考自己的职业生涯,设定切实可行的目标。

二、职业锚问卷

职业锚问卷是国外职业测评中运用最广泛、最有效的工具之一。职业锚问卷是一种职业生涯规划咨询、自我了解的工具,能够协助组织或个人进行更理想的职业生涯发展规划。

职业锚与工作绩效有关。在人际压力环境下,管理锚个体的智力和绩效负相关,安全锚个体的智力和绩效呈正相关。

施恩教授认为职业锚的确认(测评)需要一个过程,要经过早期1~3年的工作实践,并不断地加深对自己的能力、动机、态度以及价值观等因素的认识以后才能够达到。因此,很难在进入职业领域前就通过测试直接获得。在对大学生进行就业指导时,要避免试图直接通过测试帮助学生确认其职业锚、混淆职业锚和职业倾向、扩大职业锚的功能,把其用于大学生的择业指导等。但可以帮助学生了解职业锚理论以促进其进行自我分析和自我定位,可以通过校园文化活动或社会实践活动来开展对职业锚的认定等。

职业锚对于个体工作满意度和稳定性有着显著的影响。不同的人具有不同的职业锚类型,如安全型和服务型职业锚的人,从事教师工作满意度最高,管理型和自主型职业锚的人,从事教师工作满意度低。

三、职业锚的功能

职业锚在员工的工作生命周期中,在组织事业的发展过程中,发挥着重要的功能作用。

1. 使组织获得正确的反馈

职业锚是员工经过搜索,所确定的长期职业贡献区或职业定位。这一搜索定位过程是依据员工的需要、动机和价值观进行展开的。所以,职业锚清楚地反映出员工的职业追求与抱负。

2. 为员工设置可行有效的职业渠道

职业锚准确地反映员工职业需要及其所追求的职业工作环境。反映员工的价值观和抱负。透过职业锚,组织获得员工正确信息的反馈,这样,组织才能有针对性地对员工职业发展设置可行的、有效的、顺畅的职业渠道。

3. 增长员工工作经验

职业锚是员工职业工作的定位,不但能使员工在长期从事某项职业中增长工作经验,同时,也能不断增强员工的职业技能,直接产生提高工作效率或劳动生产率的明显效益。

4. 为员工作好奠定中后期工作的基础

之所以说职业锚是中后期职业工作的基础,是因为职业锚是员工通过工作经验的积累产生的,它反映了该员工的价值观和被发现的才干。员工抛锚于某一种职业工作的过程,也就是自我认知的过程,就是把职业工作与自我相结合的过程,开始决定成年期的主要生活和职业选择。

四、职业锚的个人开发

职业锚是个人早期职业发展过程中逐步确立的职业定位。在职业锚的选定或开发中,雇员个人起着决定性作用。

1. 提高职业适应性

一般而言,新员工经过认识、塑造、充实规划自我等诸多职前准备,经过一定的科学职业选择,进入企业组织,这本身即代表了该员工个人对所选择职业有一定的适合性。但是这种适合性,仅是初步的,是主观的认识、分析、判断和体验的结果,尚未经过工作实践的验证。

职业适应性是职业活动实践中验证和发展了的适合性。每个人从事职业活动,总是处于一定的物质环境和心理环境之中,个人从事职业的态度,受到诸多主、客观因素的影响,例如个人对工作的兴趣、价值观、技能、能力、客观的工作条件、福利情况,他人和组织对自己工作的认可及奖励情况,人际关系情况,以及家庭成员对本人职业工作的态度等。个人的职业适应性就是能尽快习惯、调适、认可这些因素,也就是员工在组织的具体职业活动中,适应职业工作性质、类型和工作条件,实现个人需要与价值目标融合,使自身在职业工作生活中获得最大的满足。职业适应的结果能保证员工在较长一段时间内从事某种职业活动,而且能保证员工在职业活动中有较高的效率,有利于员工个性的全面协调发展。因此,员工由初入组织的主观职业适合,通过职业活动实践,转变为职业适应的过程,即是员工搜寻职业锚或开发职业锚的过程。职业适应性是职业锚的前提基础。

2. 借助组织的职业计划表，选定职业目标，发展职业角色形象

职业计划表是一张工作类别结构表，是将组织所设计的各项工作分门别类进行排列，形成一个较系统反映企业人力资源配给情况的图表。员工应当借助职业计划表所列职工工作类别、职务升迁与变化途径，结合个人的需要与价值观，实事求是地选定自己的职业目标。一旦瞄准目标，就要根据目标工作职能及其对人员素质的要求有目的地进行自我培养和训练，使自己具备从事该项职业的充分条件，从而在组织内树立良好的职业角色形象。

职业角色形象，是员工个人向组织及其工作群体的自我职业素质的全面展现，是组织或工作群体对个人关于职业素质的一种根本认识。职业角色形象构成主要有两大要素：一是职业道德思想素质，通过敬业精神、对本职工作热爱与否、事业心、责任心、工作态度、职业纪律、道德等来体现；二是职业工作能力素质，主要看员工所具有的智力、知识、技能是否胜任本职工作。员工个人应当从上述两个主要的基本构成要素入手，更好地塑造自己的职业角色形象，为确定自己的职业锚位创造条件，打好基础。

3. 培养和提高自我职业决策能力和决策技术

自我职业决策能力，是一种重要的职业能力。决策能力强弱、决策正确与否，往往影响整个职业生涯发展乃至一生。在个人的职业发展过程中，特别是职业发展转折关头，例如首次择业、选定职业锚、重新择业等重要节点，具有较强的职业决策能力和决策技术十分重要。所以，个人在选择、开发职业锚之时，必须着力培养和提高职业决策能力。

所谓自我职业决策能力，意指个人习得的、用以顺利完成职业选择活动所需要的知识、技能及个性心理品质。要培养和提高个人职业决策能力可以从以下四个方面入手：①搜集相关的职业资料和个人资料，并对这些资料进行正确地分析与评价；②制定职业决策计划与目标，独立承担和完成个人职业决策任务；③在实际决策过程中，不要犹豫不决、不知所措、优柔寡断，而应该有主见性，能适时地、果断地作出正确决策；④能有效地实施职业决策，能够克服计划实施过程中的种种困难。

五、职业锚的应用意义

经过近30年的发展，职业锚已成为许多人职业生涯规划的必选工具和用人单位人力资源管理的重要工具。国外许多大公司均将职业锚作为员工职业发展、职业生涯规划的主要参考点，甚至不少培训机构都将职业锚测评列在了职业发展工具之首。

个人在进行职业规划和定位时，可以运用职业锚思考自己具有的能力，确定自己的发展方向，审视自己的价值观是否与当前的工作相匹配。只有个人的定位和要从事的职业相匹配，才能在工作中发挥自己的长处，实现自己的价值。尝试各种具有挑战性的工作，在不同的专业和领域中进行工作轮换，对自己的资质、能力、偏好进行客观地评价，是使个人的职业锚具体化的有效途径。

【本章思考与研讨】

1. 特质—因素理论主要内容是什么？该理论对制订职业生涯规划有哪些指导意义？
2. 请结合自己的实际情况谈谈弗鲁姆择业动机理论给你的启发。
3. 职业兴趣理论主要内容是什么？对制订自己的职业生涯规划有哪些指导意义？
4. 请简述职业锚理论。

第三章
大学学业生活与职业生涯发展

　　大学阶段是大学生个人职业生涯的准备期，这期间的主要任务是让自己的学业生活更充实、更有意义。大学学业生活包括专业学习、课外活动和社会活动三个方面，让高质量的学业生活为自己未来的求职就业和事业发展奠定良好基础。因此，在大学期间抓紧时间进行系统学习和实践，培养自己良好的综合素质，对个人未来在职场取得成功影响很大。

第一节　大学学业的概念

一、基本概念

　　本章所讲的"学业"是指大学生在大学期间所要学习的课业。大学生在校期间最具经常性的活动就是参加学校根据人才培养计划而安排的各类课程的学习活动，主要包括公共课、理论课、实验课、体育课、军训、实习实训、自习等。不同的专业有着不同的内容和知识结构体系，大学新生入校后首先要做的就是要了解自己的专业，了解学校对学业生活的要求。具体讲，就是要搞清在学校完成所有本专业学习有哪些具体要求？毕业标准是什么？本专业的公共课、必修课和选修课都有哪些？如果希望通过辅修课程改变原来的专业方向，一般有哪些规定？诸如此类的问题。

　　莘莘学子考入高校后，从懵懵懂懂的高中生，到毕业后进入职场，期间需要学习的东西很多，包括自然科学、社会科学、艺术、领导能力（包括演讲能力、写作能力和沟通能力）、批判性思考能力（你是否敢于挑战权威，永远保持冷静客观？）、写作能力、社会责任意识、职业素养等，其中每一项都非常重要，每位大学生都应该好好地利用大学四年的时间，给自己制订一份努力学习并提高自己的学业计划。对大学生来讲，如果说在高中阶段学习的最大动力之一是考上自己理想的大学和专业，那么考入大学后，自己学习的最大动力之一应该是按照个人职业生涯规划确定明确的目标，珍惜大学的学业生活，不断提升自我，为将来成功进入职场，从事自己所心仪的职业，成为对国家建设有用的人才奠定基础。

大学学业生活在人的一生中是非常特殊、非常宝贵的一段时光。在大学期间,大学生要根据学业要求,完成构建合理的知识能力结构;加强基本技能训练;参加社会活动与社会实习等一系列任务。虽然在校期间的学业任务繁重,但在全方位培养和塑造人才方面,大学的学业生活给学生所带来的收获将使其终生受用。显然,高质量的学业生活对于一个人的职业生涯有着不容小觑的影响。因此,规划好自己的大学学业生活,提高自己各方面的能力和综合素质,为将来能够成就一份属于自己的事业,获得辉煌的职业成就打下坚实的基础,是大学生在大学学业生涯中面临的主要任务。

二、大学学业生活对职业生涯的影响

大学期间的学业生活对于职业生涯的影响是不言而喻的,主要有以下三个方面。

1. 专业学习对职业生涯的影响

理论是实践的航标,专业知识是职业发展的基石。在"科学技术是第一生产力"的今天,劳动者科学文化素质的高低,对生产的发展和社会的进步有着决定性的影响。大学生毕业后要想成为专业人士,从事专业性较强的工作,必须有过硬的专业知识。通过专业知识的学习,可以让自己在某些领域具有一定的专业理论、技能优势,使自己具备可以专心从事某项事业的条件。而作为知识结构的核心部分,专业知识需要具备一定的深度和广度,而且要善于将专业领域与其他领域紧密联系,专博相济,专深博广。在产业不断升级、知识经济大发展的今天,用人单位在考核、选拔毕业生时,也比以往更加重视应聘者的专业技能素质。

大学生的专业学习可有效缩短个人与职业生涯对专业知识要求之间的差距。如今的大学生,在大学选择某一专业进行学习,是为今后走向社会这个职业生涯大舞台做准备,也是其个人职业生涯的准备阶段。大学生普遍都有自己的理想和追求,梦想着未来能成为对社会有用之人。为了提高自己学业生活的质量,需要搞清楚社会对人才的真实需求是什么,从而通过与现实需求的对照,知道自己究竟在哪些方面存在着差距和不足,以便在大学学习的几年中,有目的、有目标地安排好学习重点。

此外,虽说"三百六十行,行行出状元",但是一个好的专业,在社会的需求度和认知度上有明显优势。比如有些热门专业,社会人才需求量上会更多,而部分冷门专业,社会对人才的需求量会比较少。

2. 参加课外活动对职业生涯的影响

大学期间开展课外活动是培养全面发展人才不可缺少的途径,是课堂教学的必要补充,是丰富学生精神生活的重要组成部分。课外活动与课堂教学是一个完整的教育系统,二者相互作用、相辅相成,对完成教育任务、实现教育目的具有同样重要的作用。在课外活动中,通过进行多种形式的政治教育、革命传统教育活动,提高受教育者的思想政治觉悟,培养受教育者热爱祖国、热爱人民的情感;通过课外活动,大学生可以把在课堂上获得的知识应用于实际,从而加深对知识的理解;通过课外阅读、参观、访问、讲演、竞赛等活动,可以不断地丰富大学生的精神生活;通过内容丰富多彩、形式多种多样的课外活动,还可以激发大学生的学习动机,推动他们不断地去探求新知识,刻苦努力地学习,并且能够培养和发展受教育者的创造才能以及手脑并用的能力。此外,在层次较高的课外活动中,一部分学生还可以有机会脱颖而出,比如参加演讲、辩论、科技、建模等各类国内外大学生技能大赛。国内外许多著名的科学家、学者都有这样的经历:学校教育虽然给他们的发展奠定了坚实的基础,但是专业方面的成就,往往是与他们在大学期间的课外活动相联系的。

3. 参加社会实践活动对职业生涯的影响

所谓社会实践活动通常是指大学生按照学校培养目标的要求,利用节假日等课余时间参与社会政治、经济、文化生活的教育活动。社会实践活动是学校教育向课堂外的一种延伸,也是推进素质教育进程的重要手段。主要包括校外实习、社会调查、深入基层提供服务等。参加社会实践有助于当代大学生接触社会、了解社会。同时,也是大学生学习知识、锻炼才干的有效途径,是提高学生各方面综合素质最直接、最生动的形式,解决了许多在校园、在课堂不能解决的问题和矛盾。

社会是另一个学习和受教育的大课堂。通过广泛的社会实践活动,能让学生看到自己和市场需求之间的差距,看到自身知识和能力上存在的不足,比较客观地去重新认识、评价自我,逐渐摆正个人与社会、个人与大众的位置。通过社会实践,可以使大学生接近社会和自然,获得大量的感性认识和许多有价值的新知识,同时促使他们把自己所学的理论知识与接触的实际现象进行对照、比较,继而把抽象的理论知识逐渐转化为认识和解决实际问题的能力;通过参加社会实践活动,拉近了大学生与社会的距离,也让大学生在社会实践中开阔了视野,增长了才干,在与社会的接触过程中,进一步了解了基层人员的具体工作和生活情境,了解了他们的喜怒哀乐,从而也加深了与社会各阶层人们的感情;通过参加社会实践活动,大学生能够了解社会和用人单位的需求,发现和培养自己对工作的兴趣。此外,还能够学会管理时间,学会处理学业和社会活动的关系、同事关系和上下级关系的能力,并在已获知识的基础上,进行实际操作,不断地发现新的知识,掌握新的技能。

总之,大学是大学生构建知识、能力、素质基础的重要阶段。基于自己的专业学习和个人所长来制订职业生涯规划,会促使自己认真分析自我、认知自我,不断提升自己,为今后成功实现奋斗目标奠定良好基础。只有对自己所学专业对应的职业生涯有比较清晰的了解和定位,才能确立未来前行的方位,才能让自己明确学习的重点。如果没有生涯规划,胸无大志或盲目跟风,不分主次学习专业知识而忽视与未来职业的结合,一旦走向社会将很难适应职场的需要。

三、大学学业生活的展开

大学的学业是与大学生求职就业整体联系在一起的。表面上看大学生的求职就业活动是在大四时完成的,而实际上大四只是一个收获期,大学生求职就业活动不单是大四临近毕业时的任务,而是在整个大学期间都要思考和重视的问题,只不过在进入大四后,从时间上讲离作出最后职业抉择的时间截点比较近而已。换句话说,在即将毕业时的求职就业质量主要是由大学生在整个大学期间的学业投入状态所决定的。职业生涯的成功与否不单是大四期间所取得的成效,而是与在整个大学期间的学习和积累有关。所以,大学生在思考职业生涯发展问题时,要把大学各学年作为一个整体去认真对待,充分意识到未来的职业生涯与大学各个阶段的学业都有着不可分割的联系,这样就不会出现在大四之前虚度时光,等快毕业时才着急去恶补知识、四处求职的情况了。

如果说,中小学阶段的任务是进行基础知识的全面学习和积累,那么大学阶段的主要任务则是在明确奋斗目标的基础上,根据自身条件有针对性地进行专业训练和学习,在能力、个性和综合素质等方面得到全方位的培养和提高,以适应未来职业发展的需要。作为高等教育的神圣殿堂,在大学的特定环境中,有着太多的学习机会和资源可供选择。如果对今后的职业目标不明确,沉溺于各种诱惑不能自拔,或仅凭一时的兴趣或被动地附和他人,那么,学校丰富的教育资源和学业生活对你来说则可能毫无价值。因此,只有保持一种定力,使自己心中的职业定位不断清晰起来,才可能看出自己的差距所在,才会作出正确的选择,尽早在专业学习过程中投入精力提升自己,并为将来的求职就业打好坚实基础。

大学学业生活更多靠的是自我把握、自我激励,没有人强迫,尤其是当今天的学习与明天的职业要求紧密联系在一起的时候。这样的学习更体现为一种自觉自愿地学习,一种发自内心地主动对学习方法、学习规律的掌握与感悟。反观现在有部分大学生在学校里把大量时间都花在了享受上,虚度时光,却不愿意投入太多精力在学业上。用人单位对这样虚度年华的大学生普遍不会感兴趣。其实,在大学阶段,更多强调的是主动、有目的、促进全面发展的学习。

第二节　大学学业与未来职业生涯发展的关系

1. 二者互相联系

良好的大学学业生活需要正确的职业生涯规划,当有了正确的职业生涯规划做引领就会更加努力进行学业学习。如果从进入大学的第一时刻,就给自己规划了目标,比如你的目标就是四年大学生活结束后,要参加公务员考试,那么因为有了这个目标,你就知道了自己最值得积极投入的方向。尽管自己还只是个大一的新生,但因为有了人生定位和目标,相比其他还没有做出规划的同学来说,你的职业生涯规划的方向、路径和起点已经明确了。接下来,在目标和方向的引领下,会自然而然利用在校期间的学习机会,努力在学业上确定重点、合理安排学习时间,不断完善自己的知识结构和能力结构,为今后生涯发展奠定良好基础。

学生的个人知识结构、专业能力等条件在将来的求职就业过程中起着非常关键的作用。每个学生都有自己的优势和短板,而个人知识结构、专业能力的差异往往在求职就业过程中会被逐渐放大,大学期间如果不努力打好综合素质的基础,到职场上碰壁就是大概率事件。需要强调的是,大学生在校期间的学业生活最大的收获不仅是学到了多少知识,考试有多少门优秀,更重要的是使自己掌握良好的学习方法,自觉吸纳更多新知识,以及终生受用的持久学习能力。这些良好学习习惯的养成无疑将使大学生在未来的职场上获益良多,这种素养和能力也是大学生在今后职场获得不断发展所必须具备的。

部分大学生由于没有充分认识到职业生涯规划的意义与重要性,故而对制订职业生涯规划抱着一种可有可无的态度,他们认为找到理想工作靠的是后门关系、口才等条件,而制订职业生涯规划纯属纸上谈兵,是在耽误时间,觉得还不如多跑两家招聘单位来得实际。由于他们对于未来既没有目标,也没有规划,在大学每天的日子都是浑浑噩噩度过的,把大量时间都用在了娱乐上而不是学习上,结果造成了他们在大学期间的很多科目都挂过科,毕业之后除了一份毕业证书,没有任何拿得出手的本领和能力,更不用说在竞争激烈的职场上顺利找到适合自己的工作了。

2. 二者相互作用

大学学业生活过得是否有意义,取决于大学生职业生涯规划及执行落实程度。有自我生涯规划的大学生会有清晰的发展目标,有目标的人才能抗拒短期的诱惑,有目标的人才会坚定地朝着自己的方向前进,有目标的人才会感觉有奔头,这样才可以拥有更充实和有意义的大学生活。而对职业生涯规划缺乏重视的大学生,由于没有奋斗目标,胸无大志,个人发展不仅盲目,而且也缺乏进步的动力。这样的学生一旦开始进入社会求职就业,就会突然发现自己无论是专业知识,还是综合能力,都处于较低水平,只得漫无目标地四处投简历,以求撞到大运。结果在职场上四处碰壁,就连获得求职复试的机会都少。职场受挫又进一步导致心理压力越来越大,社会不公平感也越来越强烈,久而久之对自己的人生更没了方向和信心。就算侥幸获得一份工作,也会因为没有正确的人生定位,加之自身学业水平较低,最后不得不为了生存而工作。由于没有明确职业规划和工作期望的引领,这些人即使工作多年后,仍然不会有什么进步,也不会产生工作激情,只能是在职场原地踏步,重复低水平的工作。

3. 两者相互强化

在校大学生是未来的职业从业者,他们上大学的重要目的之一,就是准备和完善成为职业人的各种条件。从某种意义上讲,大学学业生活的主旨和作用,就是使学生围绕着如何成为一名合格"职业人"的目标,树立职业意识,提升职业素质,积累职业经验,使自己基本具备成为"职业人"所需的技能和条件。未来职业的发展要求大学生应该主动根据自身的条件有选择地加强专业学习,作好应对自己心仪职业的准备。而扎实地掌握相关专业知识和职业所需要的技能,也会极大地增强理论与实践的结合水平,对于实现自身理想的职业生涯,提升职场竞争力,都是一种非常重要的保障。大学生在大学阶段努力的目标不应当只是单纯考高分,而应该从社会实践和职场需要出发,适时调整自己的学习目标与学习的内容。比如,有这样一个现象,很多平时学习成绩很好的同学却找不到更具挑战性的工作,而成绩一般的同学却能找到令很多人向往的工作。这是因为用人单位在招聘大学生时更注重综合素质与能力,而不只是学校的文化课成绩。不少用人单位认为学历只是入职的敲门砖,它们更需要的多是学习和适应工作的能力,而不是多年来应付考试的能力。

【案例】

从大学生到美国国际顶级投行投行部副总裁(VP)

A同学是北京市某"211"大学经管学院会计专业毕业生。进入大学后,她并没有因为学校相对宽松的学习环境而放松对自己的要求,从大一入学开始就积极思考毕业后的发展方向和人生定位。她通过主动与学姐、学长的交流,清晰地认识到大学四年是制订职业生涯规划极为重要的时机。在对自己的优势与劣势有了更加清晰的认知后,她把毕业后的发展方向定在了赴美留学攻读商科硕士学位。为了使自己大学四年的学业生活更加充实,她为自己制订了非常详细的学业规划。在大学期间,她坚持有的放矢地将大部分精力用来刻苦学习专业知识和提高英语能力上,主动与外教和留学生交流提高英语口语,积极参加英语和商业相关比赛活动,不断培养和提高自己的专业知识以及各方面能力和素质。大学期间,她在大二就顺利通过了大学英语六级考试,而且还获得了全校英语演讲比赛二等奖、创业大赛全国三等奖、最佳毕业论文等荣誉。在毕业时,作为全班总成绩第一名获得本校保送继续攻读研究生的资格。面对两种选择,她坚持出国留学。而在高校期间的努力和成绩也为她获得美国大学的录取通知书和奖学金提供了有力支持。在美国留学生涯开始后,A同学没有放松对自己的要求,面对美国读研高强度的学业要求,她继续保持认真刻苦的学习状态,并进一步制订了自己毕业后的职业生涯目标——继续在国外求职发展。在目标的引领下,她把时间全部投入到不断充实自己、修改简历、练习模拟面试、参加各种招聘机会等。在完成繁重的课业之余,她放弃了很多同学之间经常性的聚会邀请,为了打下扎实的学业基础,经常是深夜两三点后才从学校图书馆返回宿舍,但对此她无怨无悔。在自己坚持不懈的努力下,当其他同年级同学还在为改简历而发愁的时候,她却在读研期间获得位列国际四大会计师事务所之一的事务所的青睐,成为该校当年第一位在美国求职成功的研究生。入职工作后,她一如既往地给自己设立更高的目标,不仅在国际四大会计师事务所很快晋职为部门经理,之后还顺利地应聘并进入了一家以招聘员工极为严苛著称的国际顶尖投行,并于不久后晋升为该公司投行部的一名副总裁。

【案例启发】

A同学在职场上成功的经验总结起来主要有四点:一是在大学期间及早制订了自己的生涯规划,形成了比较清晰的人生发展定位;二是对自己有着较高的要求,对设定的目标有着执着的追求;三是在学校就开始养成良好的学习习惯,在学业上高标准要求自己,在行动上坚持刻苦学习,抓住重点,改进不足,不断提高自己;四是面对挑战和困难从不气馁,敢于抓住机会,不断超越自我。

第三节　大学学业规划的制订

大学学业生活是职业生涯的铺垫和准备,如果同学们在大学期间不想虚度时光,最好也制订一个大学学业规划,将在校期间每个学期的学习重点和落实措施写下来。这不仅对以后的求职很有利,也可为以后的职业生涯规划打下良好基础。任何规划制订的过程都是一个自我认识、确立目标、确定执行措施、检验执行结果和逐步调整完善的过程。另外,制订规划也是锻炼规划能力,提升综合能力的过程,是真正学习如何驾驭自己人生的过程。大学生如何将在大学期间的学业与日后的就业联系起来呢?建议大学生应从以下三个方面入手:

第一,制定学业规划要与制订职业规划同样重视。大学四年是职业生涯的重要准备期。低年级学生侧重规划大学学业,高年级学生则侧重规划职业生涯。为了将学业与职业需求紧密联系起来,建议在大学的不同阶段分别做好学业规划和职业规划的统筹安排。在大学期间,同学们要逐步明确毕业后就业的目标职业,找出获得目标职业录取要求所应具备的专业知识和核心技能,然后列出掌握专业知识和形成每项技能的具体措施,确定每项措施的落实计划和时间表,继而制订自己在校期间的学业规划和职业生涯规划。

现今,用人单位对应聘者的职业素质也提出了更高的要求。从某种程度上讲,职场的需求变化对学生在校专业学习和个人发展起着越来越重要的导向作用,诸如扎实的专业基础知识、良好的学习习惯、积极的人生态度、开拓创新精神、沉着应变能力、团队合作精神、敬业精神等。遗憾的是,有些学生高考一过就完全松懈了下来,进入大学后,起初还能努力,有时也会思考一下自己的未来。但是当发现社会环境变化很快,原来的热门专业突然出现了逆转,甚至自己选择的专业变成冷门专业时,他们渐渐就没有了学习的动力,变得得过且过,考试只求不挂科,虚度光阴只是为了那一纸文凭。要知道没有付出就没有回报,这样做的结果很可能是无法顺利毕业,即使顺利拿到毕业证书,但是由于没有培养出什么能力,也没有一技之长。这样一旦到了求职的时候,面对用人单位要求介绍一下自己擅长做什么,有什么专业特长等问题时,就支支吾吾说不出来了,对于这样的毕业生用人单位往往根本就不会考虑聘用。

第二,科学设计四年的大学学业生活。大学生要把专业课学习、课外活动、社会实践等活动,在职业生涯目标的统领下整合起来。将大学期间总目标分解为各个学年的分目标,然后制订对应的实施文案和具体落实任务。大学新生第一学年的重点任务是树立职业意识,完成职业生涯规划设计,明确自己学业重点和落实学业目标的行动策略。第二学年的重点任务是及时检查学业目标执行情况,做好必要的调整;同时要学会做人,建立人脉关系,培养职业素质。第三学年的重点任务是学会做事,积极参加学校社团活动,培养自己组织能力和社会交往能力,在专业知识上打下扎实基础,创造条件参加实习和实践活动,积累职业经验。大四是毕业学年,重点任务是进一步确定毕业后发展方向,争取到目标行业实习锻炼,提高对相关工作岗位的认知,同时查找相关招聘信息,主动参加各类招聘活动,准备求职就业自荐材料,增加就业机会和主动适应职业要求。

第三,围绕学年目标制订有针对性、切实可行的行动策略。大学生要结合自己制订的每学年的目标要求和努力重点,明确在学习、职业实践、岗位见习、社团活动、能力培养等方面的具体计划,详细、具体地制订每学年的计划措施并坚决落实。计划的措施要有针对性、具体、切实可行。例如,第一学年第一学期,在学业方面提高到什么程度,学习哪些知识,什么时间学习,持续学习多长时间,通过什么方式学习等。在技能方面,掌握哪些技能,计划利用什么平台等。不同的职业、不同的岗位,应根据自己的具体情况提出具体要求。

大学一年级为大学适应期,重点是完成由高中生到大学生的角色转变,尽快适应大学校园生活。在大一期间,大学生面临着对大学学习方法和生活的适应,主要任务是利用大学丰富的教育资源博览群书,从中发现感兴趣的知识领域。大学时期是学生专心读书的大好时光,错过就不再有了。读书会使人积累深厚和广博的知识,也可为日后的应用打下基础。如果时间允许,大学生可以开始阅读和学习大量关于专业方面的知识,从中发现你喜欢的目标职业。比如说,你在学习并阅读大量的书籍后,发现你比较喜欢管理这个职业,虽然你学的是营销,但你可以更多地关注有关管理职业方面的信息。在这一时期,大学生也应该开始关注并了解专业与职业的关系以及对从业人员的要求,逐步树立职业生涯规划意识,认识了解职业生涯规划,有条件的话可以开展个性倾向测试,确立职业生涯规划培养方案。

大学二年级为探索期,主要任务是努力把与自己喜欢的工作领域、目标职业的相关通用基础知识学好、锻炼社会工作能力、考取相关的技能证书等。大二期间重点要树立起正确的职业理念和择业观,关注并了解职业的要求和应具备的基本素质,尝试参与兼职、社会实践活动等,培养自己人际交往与自我管理能力。在这期间,大学普遍会给大学生安排很多专业学科的基础课程,大学生要根据自己对未来的判断,设定自己的发展目标,付出实际行动,认真学好这些课程,并养成良好的学习习惯,为提高自己未来的核心竞争力打好基础。

进入大二学期后,大学生要真正开始重视自己的学业质量,要充分利用学校的优质教育资源和良好的学习氛围,除了学好专业基础课等相关课程外,一定要学好在职场具有非常普适性的英语和计算机课程,并力争考取与自己目标职业相关的证书。此外,如果精力和条件允许,尽量根据未来目标职业要求,有选择地辅修其他专业,完善自己的知识结构,扩大职业生涯所需的知识和技能。

大学三年级为定向期,这期间主要是按照职业生涯规划进行相应的专业知识积累和补充,根据市场需求及时调整职业生涯规划内容,加强专业课的学习,积极参加实习和培训活动,保持自我认知的好习惯,经常自我评估与反馈,弥补自身不足。

大三期间,光阴似箭,眨眼间大学生活已经过半,在不久的将来就要面临紧张的毕业与就业了。此时,大学生需要开始考虑择业问题,所以目标应锁定在确定适合自己的职业、提高求职技能、搜集用人单位信息或确定自己是否继续深造上。作为大三阶段的学生,为了实现从对职场几乎一无所知到对职场和就业有初步了解的转变,应该从这时开始主动了解近几年的就业形势和相关的知识、信息,认真思考与就业有关的问题。为了让自己未来的求职更有把握,同学们可在自己所喜欢的学科内再选择一个或几个具体领域,然后准备好再深入学习一年。例如,你选择的专业是社会学和社会心理学,你就要在大三学年争取学好这两门课程,包括所有相关的概念、理论与应用等,同时进一步收集和整理这个领域内的一流用人单位、新闻、动态等,然后确定你要进入的目标单位,在不断完善自己知识和能力的同时,持续关注这个领域的人和事,并且逐步建立起能让自己沟通这个领域用人单位的渠道。如果大三下学期发现自己的选择是正确的,就可以联系几个相关用人单位去实习了。实习的目的,一是在实践中检验自己是否真的喜欢和适合做这份工作;二是找到自己在专业知识和操作技能方面与实际工作需求之间的差距，然后再设法采取行动去弥补不足。建议主动参加一些与专业有关的暑期工作，和同学们交流求职心得体会，学习如何写简历和求职信，了解并搜集市场需求信息的渠道，积极加入校友网络，和已经毕业的校友谈话了解往年的求职情况。如果是希望出国留学，则要多接触留学顾问，积极参加学校和其他单位组织的留学系列培训活动，做好 TOEFL、GRE 等考试的准备，关注留学考试资讯，向相关教育部门索取简章参考。

大学四年级为冲刺期，这期间重点是收集就业资料和职业需求信息，掌握相关就业政策和行业规定，学习如何撰写简历、求职信；同时，积极参加各类招聘活动，强化求职技巧、进行模拟面试训练。

进入大四阶段，为了顺利完成从学生到职场就业的角色转换，大学生一定要争取机会到实际用人单位参与真正意义上的实习。为培养自己的职场适应能力，大学生要充分利用学校的资源，把就业与实习结合起来，在实习中了解就业规范和要求。实习过程也是提前适应工作的过程，尤其是在思维方式、工作态度、执行力等方面的适应，做到最大限度与单位、岗位职责合拍、匹配，同时最大化地补充你所欠缺的知识与能力，最大化减少你与职场要求的差距。实践表明，"实习—就业"的模式有利于学生更加深入地掌握所学知识，有利于逐步积累经验，熟悉职场要求，更快地适应工作需求，为成功就业奠定坚实的基础。同时，在大四阶段，作为有心人，要积极创造条件，尽量参加并获取与自己目标岗位关系密切的职业资格认证，增加就业机会，拓宽就业渠道。如果有向往的单位和工作，务必要主动去自荐，不要错过机会。如果没有这样的机会，就要设法寻找与之同类的单位和工作。此外，大学生要充分利用大四期间课程较少的机会，积极参加学校社团活动、社会活动和毕业设计，有意识地培养自己的职业素养，增加工作经验，以适应社会需求。

大四阶段需要花费大量精力找工作。为此，大学生要时刻关注自己准备应聘的用人单位动态，主动了解这些用人单位的招聘信息和要求。如果对方用人要求与自己的条件非常吻合，最好能与这些单位的人员建立起联系，以便可以从侧面了解用人单位的真实情况。最好，能在目标用人单位争取实习机会，此举对大学生建立基本工作经验、熟悉业务要求非常有帮助。

经过大学四年期间的学业生涯安排，包括学习和实习锻炼等，大学生针对目标单位的要求准备了两年，为就业准备了四年，又在一个专业领域刻苦认真学习了三年，掌握了一定专业知识和初步实践经验，而且已经选择了自己所向往的目标单位和岗位，这也就意味着在毕业之前已经把为求职就业打好基础这一最大的问题解决了。

【案例】

对职业/工作了解越全面，就越可能占据主动

贾某现就任于北京某报社。从小他就立志以后能进报社做一名记者，通过各方面的了解，他知悉一个记者应该具有的素质和能力。大学期间，他就积极参加学生会、记者团、校刊等实践活动，从口才到组织，从写作到协作，各方面的能力都有了很大的提高，这也为他的成功打下了坚实的基础。

【分析】 贾某制定的职业生涯规划，在考虑了自己的兴趣点后，更多的是考虑了用人单位的需求，择市所需，掌握了这些信息后，他就可以更有针对性地加强学业修养，主动培

养和锻炼自己的能力,向单位需求的人才不断靠拢。时机成熟以后,自然而然的,他也会成为单位的优先人选。

第四节　利用学校优质学业资源提高自身综合素质

大学生自身的综合素质,主要是指大学生的基本知识、基本技能、道德品质、心理素质和身体状况。市场经济的通用准则是优胜劣汰,进入市场的大学毕业生是在公平的条件下进行竞争,竞争只是个体间综合素质的比较。大学毕业生能够在市场竞争中取胜,关键在于自身的素质,只有具备了良好的素质,才能得到社会的认可,才能得到用人单位的青睐。在竞争十分激烈的今天,用人单位更注重综合素质,对大学毕业生提出更高的要求。为提高自身综合素质,大学生可以充分利用大学的优质教育资源和氛围,努力完成以下学业任务。

一、建立合理的知识和能力结构

知识与技能是人们择业的前提和基础。大学生在校期间,根据学业安排和要求,需要完成大量的学习任务。大学生要清楚地了解自己的学习能力如何,是否能有效利用大学期间各种教育资源,通过自身努力掌握目标职业所需要的专业知识和技能,只有对自身在知识学习和技能获取方面的能力与水平有一个基本准确的判断,才能提升自己向着职业理想目标努力的自信心,遇到困难时不断调整自己的学习状态。

首先,大学生要有扎实的专业基础知识。专业知识和技能是大学生赖以生存的资本。在校期间,专业课程中所获得的知识是大学生一定会接触到的知识范畴。学生需要具备熟练的专业知识,因为这些知识不仅仅是理论上的东西,很多也是在日后的职场中用得到的,不是一考完试就可以丢掉的东西,专业知识获得的多少,也决定了你日后的工作能力的高低。

其次,除了专业知识以外,大学生应该要把目光投入更广泛的科学文化知识领域,多涉猎一些世界经济和中国经济动态,经济学理论,管理学等方面的知识来扩大自己的知识领域。这些知识的获取可以通过校图书馆资源、电视新闻、报纸以及网络等一切信息媒介,这就要求大学生将更多的时间投入到图书馆、阅览室或者是登录反映经济动态的相关官网中,而不是利用空余的时间逛街、上网、玩游戏来消磨时间。

最后,大学生要把所学知识与实践相结合,所谓实践是检验真理的唯一标准,实践也是检验我们专业知识是否过关的标准。死读书不是这个社会所需要的,需要的是如何把知识应用到实际工作中,在不断接触社会实践的过程中,大学生会发现自己的所学有所不足,从而做到缺什么补什么,以进一步完善自己的知识结构。通过社会大课堂的锻炼,学生不仅可以提高运用理论知识解决实际问题的能力,还能提升自己的职业素质。另外,在暑假或寒假,主动联系一些相关单位去实习,充分锻炼自己的动手能力,即使还不能亲自动手,至少也能通过观察工作人员如何操作来熟知工作流程,这对尚欠缺实际操作能力的大学生来说是很重要的。只有在校期间多一些社会工作阅历,不断提高自己的实际工作能力和水平,个人素质才有可能提高。

二、培养社会活动能力

从某种意义上讲,学业生活是丰富的,其中校园文化的熏陶比知识传授要重要得多。大学生除了通过书本学到专业知识外,还要多锻炼自己的社会活动能力,这其中包括人际关系处理、工作态度表现以及待人接物等实际生活中会遇到的事情。因此,大学生不仅要尽快适应大学生活,还要注重培养自己的独立意识和综合能力,建议最好能积极参加各种课外活动,拓宽视野,发掘兴趣爱好,多方面锻炼自己。做这些工作也容易与他人建立联系,有利于提高自身的基本素质。为此,大学生在校期间要积极参与社团活动,拓展能力。

在大一时,遇到学生会和感兴趣的社团招新,都应该去试试,让自己走出锻炼社会活动能力的第一步,即使没有被选上,也能让自己在竞选过程中得到锻炼。若成功担任了某项职务,就要真正投入做点实事,体会一下如何与人打交道、如何组织活动等。因为在这些活动中,你会学会如何待人接物,学会如何应对突发事件,学会通盘考虑组织活动,通过这些实践的锻炼,甚至还能发现自己在其他方面的优势能力。

到了大二时需要开始尝试兼职、社会实践活动,并开始有选择地辅修其他专业的知识充实自己。任何兼职都可以使自己的职业素质得到提升。而一些与自己专业对口的兼职或者实习,更是能提高自己的职业技能,为自己在将来的就业中赢得有利的筹码。二年级的主要目标是提高基本素质。主要包括:通过参加学生会或社团等组织,锻炼自己的各种能力,同时检验自己的知识技能;通过尝试兼职、社会实践活动,提高自己的责任感、主动性和抗受挫能力。

到了大三,需要投入更多精力学会独立思考,培养一定的分析和研究能力。比如可以尝试撰写一些专业学术文章,提出自己的见解;还需要参加和专业有关的暑期工作或其他兼职活动,提高求职技能,学习写简历、求职信等;和同学交流求职心得体会,搜集用人单位信息,积极尝试联系目标单位争取实习机会。如果在大三上学期你发现自己并不喜欢考入大学时所选专业相关领域的职业,就需要重新及时作出专业方向的调整。例如,如果对管理学专业这个大学科不感兴趣,可以在其他专业领域的学习中进行发掘(可以考虑选修第二专业),如果你只是不喜欢管理学专业中的人力资源管理专业,可以在管理大学科中再做其他选择,就是说你可以在管理学领域找到喜欢的其他专业方向,如公司运营管理、市场营销管理等。

进入大四后,重点要做好对前三年的总结。然后,开始准备毕业后相关工作的申请,积极参加招聘活动,在实践中检验自己的积累和准备。同时,为提高求职就业成功率,积极利用学校提供的平台,了解就业指导中心提供的用人单位资料信息,强化求职技巧,参加一些求职讲座或模拟面试训练等。

三、提高职业素质

所谓职业素质是指劳动者对社会职业了解与适应能力的一种综合体现,主要表现在职业兴趣、职业能力、职业个性及职业状态等方面。影响和制约职业素质的因素很多,主要包括:受教育程度、实践经验、社会环境、工作经历以及自身的一些基本情况(如身体状况等)。一般说来,大学毕业生能否顺利就业并取得成就,在很大程度上取决于本人的职业素质,职业素质越高的人,获得成功的机会就越大。大学生的课余时间安排表明,大部分的大学生还是以学习为主,说明大学生学业生活的课余时间大部分都用在提高其的职业素质方面,有利于增强其在市场上的竞争力,为未来的职业生涯夯实基础。

大学生要充分利用在校期间的各种资源,培养自己的职业素质。其目的就是要解决自己在知识结构、职业兴趣、能力与职业相匹配方面存在的问题,寻找与自己特性和职业兴趣相一致的职业。例如,你喜欢什么样的同事,喜欢怎样的活动,对什么专业感兴趣,这些专业都会与自己未来的工作状态有必然的联系。如果了解这一点,在确定自己的工作时,会多一层理性的思考,择业的针对性就会更强一些。如作为单位的管理干部要具有善于与人沟通、多角度思维、有执行力、关心下属等性格;而市场开拓者则必须要具有主动、耐心、热情等性格。可以说,从事每一种职业都有一定的职业性格,好的职业性格有助于个体在相应职业中更良好地完成工作。从这个意义上说,一个人一生当中最初的专业选择和最初的职业定位具有非同寻常的意义。

有的人拥有一份令人羡慕的工作却一生无所作为,而有的人却能在困难的客观条件下绝地逢生,最终出类拔萃。无数在人们身边上演的成功或失败的例子证明:只要怀着必胜的、义无反顾的心态投入行动,就有可能获得成功。知识靠学习,能力靠培养,经验靠积累,机会往往留给事先有准备的人,如果你是在校大学生,如果你不想埋怨自己的大学生涯一事无成,那么,从现在就行动起来吧,为自己的未来创造一切有利条件,争取做一名无愧于时代的社会有用之人。

四、积累良好的人脉

从某种意义上讲,大学如同一张巨大的人际关系网络。你能从中获取很多有用的资源,学习到很多书本上无法学到的东西。拥有良好的人际关系需要自己的努力经营以及拥有吸引别人的人格魅力,需要学会尊重他人、真诚待人、宽容以对、适度交友。在校园里,良好的人脉积累靠的是各个不同的平台,这些平台让你有机会接触到更多的人。例如你可以积极参加学校组织的各种活动,进入学生会或者参加各种社团。当作为学生会一员在为广大师生提供服务的过程中,个人与集体的团队合作能力自然会得到提高,而且还能交到众多与自己志趣相投的朋友,甚至是一生的知己。同时,作为学生干部在组织活动过程中,能培养一个人的责任感,不管事情成功与否,能做到荣辱不惊,踏踏实实工作,对一件事情有着勇于承担的意识和态度,这都是有着强烈责任感的表现。而缺乏责任感的人不仅自己的工作完成得不好,而且还会影响别人的工作,这对将来就业是很不利的。同时作为学生干部,深知如何与主管老师打交道,明白如何待人接物,了解应答礼仪,办公室礼仪等,这些并不只是靠几本礼仪方面的书就能提高的,而是靠我们的实践经验积累得来的。如果想锻炼自身人际关系协调能力和组织管理能力,那么参加学生社团或者担任班级干部都是不错的选择。

从进入大学开始,大学生才开始真正脱离父母而独自生活。在大学里每个人都会接触到不同地方、不同习俗、不同性格的人,会接触并建立各方面的人际关系:师生之间、同学之间、同乡之间,以及个人与班级、学校之间的关系等。面对如此众多的关系,是否能建立起良好的人际关系对在校期间和未来走向工作岗位都有着重要意义。有的同学处理人际关系不当,自我孤立,整日郁郁寡欢,心情沮丧;有的同学因为人际关系紧张,争强好胜,精神压力很大,导致程度不同的心理病症;还有的同学则由于不知如何处理复杂的人际关系而经常被苦闷、烦恼的情绪所困扰。

大学也是人才聚集、知识密集、精神营养丰富的地方。大学阶段是每个大学生人生中承前启后的重要转折阶段,是人生获取能量、积累资源最重要的时期。因此,大学生在校期间应该兼收并蓄,广泛寻求并建立与老师、同学、校友之间的互动交流机会,从而为自己今后的人生奠定一个极富价值的关系网络基础。有些大学生的大学四年,连本班的同学都爱答不理,甚至不熟悉,更不要说与本年级、本校其他专业同学之间的相识与相知了。这种状况不得不说是个很大的遗憾。茫茫人海之中,能够彼此在一个大学、一个专业、一个年级共同学习生活四年,这是多么难得的缘分。大学生要提高自己的沟通能力,列出沟通情况和沟通对象清单,评价自己的沟通状况和沟通方式,制订、执行沟通计划,并对计划进行监督,要让自己更具亲和力。要学会尊重别人,主动与人攀谈,学会换位思考,时刻保持微笑,以宽容之心善待别人,增强适应性,培养幽默感。

大学生在人际交往过程中,往往反映出一个人的道德品质、思想情感、性格气质、学识教养、处世态度乃至交往情意,也就是个人的自身修养在社交中的体现。这就要求大学生应丰富自己的内心世界,从仪表到谈吐,从形象到学识,多方位提高自己。学会与人交往对将来走入职场很有利。比如,个人处于社会庞杂环境中,不可避免地要与各种人打交道,因而建立良好的人际关系显得尤为必要。为了这一目的,需要对人际关系进行分析,主要着眼于以下这些方面:个人职业发展过程中将与哪些人交往?其中哪些人将对自身发展起到重要作用?工作中将会遇到什么样的上下级、同事及竞争者,对自己会有什么影响?如何提高人际交往能力?设想一下,毕业之后大家各奔东西、志在四方,如果彼此能在学校期间就建立起良好的关系,共同构成互帮互助的资源关系,在未来的职场一定会有机会相互帮衬。可见,学会处理好人际关系,对于大学生活和未来事业的发展,都有着至关重要的意义。

【案例】

2014 年 3 月 15 日,某晚报新闻工作室电子邮箱收到一封读者来信,这位署名为宁同学的女生,是河北一所高校的大四学生,来自河北邯郸农村。这个身高 1.65 米、喜欢微笑的女孩,给人留下了深刻的印象。她说,还有三个月就毕业了,因为找工作,家人非常着急,哥哥给她发来很多份媒体的招聘信息,包括新浪、凤凰网、网易、人民网、新华网等,可每次她都是满怀兴奋地打开,然后无奈地合上。其中"英语六级"的招聘要求,让她望而却步。看着身边的小伙伴们,很多都找到了工作,她就更加恐慌了,身体也消瘦了很多。在长达 2000 多字的信中她说道:"我有很多话,想请记者转告给那些正在上大学的学弟学妹们。"以下是她的来信内容:

作为一名新闻专业的大四学生,找工作必然是当前最重要的事情。我在大四上学期还没有感受到找工作的压力,依旧是每天悠闲度日,旷课睡觉,期末的时候临阵磨枪一下,混个及格。而此时,身边很多同学都已经开始早出晚归,或实习或考证或考研,白天在学校能看到的熟悉的身影越来越少,我这才有一点真要毕业的感觉,可是一时也不知道应该从哪里着手迎接毕业。

看到大家都考研,我就跟风去报了名,结果自己真的不是可以坐下来学习的人,赖在宿舍看电视剧,结果考研自然是做了"酱油党"。后来想去参加公务员考试,给自己找点事做,结果打开国考职位表,心仪的职位不是要求党员,就是要求英语六级。就这么几条看似简单的条件,却让自己连报考的资格都没有。国考没希望,那就开始找工作吧!先做个简历,下载了模板,却不知自己有什么成绩可以写在简历上。想想自己快毕业了,既没入党,也没培养一技之长,英语四级还是靠高中的底子考过的。一次奖学金也没拿过,不是班委,也没参加什么社团,实在是普普通通,这可怎么找工作?

2013 年底,同学给我推荐了搜狐网石家庄站招聘的信息,我赶忙投了简历,很快便有了回复,接到第一份面试通知心里还是很激动的,于是腊月二十六我就急匆匆赶到了石家庄。记得面试的时候,面试官问我:"在你接触的新闻采访中,你最擅长的采访模式是什么?"我有些不知怎么回答,采访模式?什么是采访模式?我都不知道都有什么采访模式,又怎么知道自己擅长什么呢?人家又问:记者应该具备哪些能力?这些都是上课的时候老师讲过的啊,在"记者采访学"这门课上,可是我并不知道,因为我当时从未注意听讲,更没看过课本。我只好灰头土脸地回来了。等了半个月都没有接到复试的通知,我鼓足勇气,再次拨打了搜狐网电话。对方给了我第二次机会,我去复试了。可当面试人员问我都会使用哪些处理新闻稿件和图片的软件时,这又被问住了。记得大三的时候学校开设了软件这方面的课程,可我觉得学起来很难,要不就是怕早起床听课辛苦,一次次错过了学习的机会。而这样的结果,也让自己在求职过程中付出了惨痛的代价。于是,我千百次地问自己:当初为什么不好好上专业课?为什么不好好学英语?为什么不多学点东西?大学生活确实很舒适,没有老师的管束,每天睡到自然醒!每次考试过了 70 分便觉得已经不错了,可是……

因此,我想提醒学弟学妹们,大学要多学点东西,不仅要学好专业,还要一专多能,技多不压身,不要像我一样,书到用时方恨少。感觉自己不是一名合格的大学生。

【思考与研讨】

1. 案例中的宁同学在求职就业过程中一直不顺利,原因是什么?

2. 你在一专多能方面有哪些规划?准备采取哪些实际行动?

总之,大学学习生活是大学生进入社会之前的磨炼和准备阶段。利用在校期间优越的学习环境和学习氛围,同学们可以根据所学专业和个人专长来思考人生发展目标,解析和认知自己,同时,对相应的职业给予更多的关注和定位,确立未来奋斗的方向,确定自己所具备的素质与总体目标间的差距,让自己更有针对性、有重点地学习,填补自身不足,在不断的学习和实践中丰富自我,让自己在未来的发展中更具竞争能力。

【本章思考与研讨】

1. 你认为学业与职业生涯是怎样的关系?
2. 你是如何处理好学业与职业生涯规划的?
3. 试简单制订一份学业规划,争取把大学四年的学业生活安排得更加充实。

第四章

大学毕业后的发展路径选择

　　大学毕业后的发展路径选择是指大学生在毕业后,根据个人的人生定位和职业生涯规划,选择最符合个人事业发展的目标和实现途径。毕业后是选择继续深造,或是选择就业,或是创业等,这些都是大学生针对个人条件和现实机会权衡利弊后得出的理性选择结果。大学生要找准适合自己的正确发展路径,这不仅有利于自己迈好人生道路的重要一步,而且有利于自己在今后的工作岗位上施展才华,最大限度地实现自己的人生价值。

第一节　大学毕业后继续深造

　　大学毕业后除求职外,越来越多的大学生会选择继续升学深造。随着就业市场对毕业生学历和专业要求的不断提高,加上就业领域逐步细分,导致很多毕业生选择考研或出国深造,以提高自身就业竞争力。大学生继续深造的目的主要是学习更多的相关知识和经验,为以后能在自己的理想工作领域就业打下更坚实的基础。深造后的大学生,在知识、能力和综合素质等方面都会得到较大提高,这些优势将会给用人单位带来新思维和新活力,更容易受到用人单位的关注和青睐。

一、继续深造的意义

1. 为了使自己获取更大、更好的发展空间

　　随着知识经济时代的来临,科技变成了第一生产力,教育本身便是一种投入、一种生产力。接受更多、更高水平的教育,往往意味着收获更多的知识和能力。继续深造一方面能够丰富自身的知识结构,提升自身的素质层次水平,更重要的是,继续深造能够为自己打开更广阔的视野,这对于未来获得更广阔发展空间将起到积极的作用。随着就业压力的增大,很多大学生为了找到一份好工作,拥有一个更好的发展前途,把继续深造作为一个重要的选择。此举不仅可以缓解自己的就业压力,而且可以提升自己未来的就业平台,同时也意

味着自己将有更多的发展机会,开启更有意义的事业,而这些都将直接影响和促进个人事业的发展和生活品质的提高。很多研究都表明,获得过研究生教育的人往往在职场上的满意度与舒适度会更高,他们找工作相对来说更容易,薪酬待遇更好,职业发展前景也更远大。

2. 有利于在自己更喜欢的专业方向上发展

对于希望更换专业的人来说,考研是一个不可多得的机会。在考研大军中,特别是在应届毕业生中,很多人都是为了换专业而考研,从而使自己有一个新的开始。中国教育的应试体制让我们从小学到高中都是为了考试而学习,很少有机会发展自己的兴趣爱好,而灌输式且不注重培养学生主动性和个性的教学模式,又使不少人从小就缺乏自主精神。因此,许多人在大学入学填报专业志愿时,根本就不知道专业意味着什么,也根本不知道自己的兴趣所在,最后只是随便填一个专业,结果导致很多学生逐渐发现自己对该专业毫无兴趣。而且,当这些学生面临毕业找工作的问题时,随着思想和性格的慢慢成熟,他们开始意识到如果一辈子从事自己所不喜欢的专业和职业,在工作中不仅难以产生任何激情,也不会取得任何成就。而只有从事自己感兴趣的专业和工作时,才会享受其中的乐趣,并可能取得更好的成就。

3. 有利于对一些自己感兴趣的专业进行更深入的研究

大学毕业并不表明要和知识探索说再见了,选择考研深造也就意味着开始对自己感兴趣的专业做更深入的研究。对于一个喜欢从事研究活动的同学来说,考研是个非常好的选择。知识爆炸是现代社会的一个显著特征,由于社会高度分工,各个领域的不断细分又催生出很多新的未知发展平台。这些新的未知发展平台必然要求以专业知识为基础进行更深入的研究和开拓,其研究成果也将在不断丰富中造福社会。考上研究生以后,很大程度上是做自主研究,老师通常只是讲一个概要,剩下的就要求学生在课后自己去查看资料、做研究。一般来讲,读研究生期间,导师还会布置一些研究性课题,要求研究生去完成。研究生可利用自主时间比较多和导师指导及时等便利条件开展自主性研究,研究得越深入,眼界自然就越开阔,不仅可以出成果,而且也可在研究过程中学习并掌握更多的研究方法和能力,为自己未来事业的发展奠定更好的基础。

4. 获得进入自己理想高校学习的机会

调查显示,在选择读研院校时,毕业生最关注的是"所学专业的声誉"和"学校的品牌"。毕业生通过考取一些顶尖高校的研究生,来实现自己的名校梦想是一个很好的选择。有一部分同学当年高考由于种种原因错过了自己理想的院校,所以想通过考研去弥补当年的那份遗憾。虽然其中不乏部分同学本身已经是在非常好的院校完成了本科层次的学习,但是他们还是希望更上一层楼,期待到心仪的名校获得学习深造的机会,追求更大的格局以及积累更好的人脉。

5. 可在职场上获得更多优势

学生选择国内读研的主要原因之一是"就业前景好"和"职业发展需要"。从总体看,研究生比本科生在职业选择范围、升职机会、招聘成功率等方面更有优势,他们不管是在哪个行业,学习能力、接受新事物能力都更强,自身价值能更快地体现出来,甚至就业岗位级别和薪资收入可能都更高,比如一些著名用人单位招聘,尤其是与体制相关的诸如教师、公务员、专业技术人员、国企干部等招聘过程中,对文凭和学历普遍都有着较高的硬性要求,不少国内县级以上的事业单位(如高校、医院、科研部门等)的专业技术岗更是如此,研究生学历甚至成了一道门槛。在当前产业结构升级的大背景下,传统行业也逐渐释放出大量的研究型岗位,很多用人单位招聘新人时对研究生学历的要求仅仅是基本要求,如果没有研究生学历,甚至连进入这样用人单位的机会可能都没有。

二、在国内报考研究生继续深造

社会的现实是,对普通人而言,学历上差一点,人生就差一截。倒不是说学历低就不能成功,而是你需要付出更多的努力,才能弥补学历上的差距。所以好好读书很重要,也许它不能保证你站上巅峰,但大概率能保证你不会被丢入谷底。面对越来越多的行业对求职和就业人员学历要求不断提高的现状,相当一部分大学生认为,研究生学历可进可退,毕业后若想继续深造,可以选择读博;毕业后若想就业,职位选择余地和优势明显高于本科生。因此,除了出国读研,部分大学生在毕业后会选择在国内读研,通过深造,获得更强的竞争力,然后再去就业,这样可以更好地实现个人发展目标。基于这种想法,近年来本科生考研比例直线上升。据统计,2019 年国内考研人数是 285 万人,录取人数 72 万人,录取率为 25%。中国教育在线发布的 2020 年全国招生调查报告显示,2020 年考研报名人数为 341 万人,创下历史之最。考研原因有多种,其中主要原因有几个方面:首先,在本科学历满天飞的年代,更高的学历会将求职就业的一部分话语权和选择权留给自己;其次,在校读研期间会结识更多和自己志同道合的导师和同学,人脉圈较本科生更广、层次更高;再次,研究生能接受到更专业的知识学习和研究训练,毕业之后可以从事更复杂的研究型劳动,且不易被他人所取代;最后,读研后,更容易在自己理想的职业获得机会并发挥骨干作用,这是因为现在的用人单位在招人和用人时,想要在几十分钟内判断一个人的能力,最简单的办法就是看学历,在这一点上研究生就比本科生更具优势。

1. 国内读研的优势

与出国读研相比,在国内读研的主要优势有以下三个。第一个是学费低。总体上看,国内研究生学费一般为每年 7000~10 000 元。其中学术型硕士研究生的学费一般为每年 8000 元,浮动不大,只是会因专业的不同而存在一些小差异。而专业型硕士研究生学费浮动的范围则比较大,有些与学术型硕士相差不多,学费在每年 7000~8000 元不等。加上国家对于研究生的各种政策优惠,读研的学费压力不算很高,而对于未来的就业前景则是受惠无穷。相比较而言,出国读研的学费则会根据所选择的留学目的国家以及具体学校的情况有所差异,一般都是一年十几万元到几十万元人民币之间,还不包括留学期间的生活费和其他费用。对于经济条件不是很富裕的家庭来说,出国读研的学费压力比国内读研要大很多。第二个优势是在国内读研期间,学生与国内的就业市场联系比较紧密,找工作可以通过导师、学校、亲属、朋友、同学推荐等多种方式。在读研期间可以找到项目研究机会,还可以通过去单位实习来积累实践经验,拥有更多提前接触比较高端职场的机会。第三个优势是在国内读研学制为 2~3 年,以 3 年居多。如果能充分利用读研的时间,集中精力展开学习和研究活动,可以为将来从事科研工作或继续读博深造打下比较扎实的学术基础,甚至还可能出一些比较有价值的学术研究成果。

2. 国内考研安排

国内报考研究生的安排一般是在每年的 12 月份统一进行笔试,次年 3 月份左右再由各学校组织进行面试;需要准备政治、外语和专业课程;每年只有一次考试机会。大学生普遍是在大二下学期准备英语,大三时开始集中全力复习准备研究生入学考试。

考研时间:硕士研究生入学考试的初试通常于上一年的 12 月底或者当年的 1 月份进行,复试通常于当年的 3~5 月份进行。

考研步骤:一般是按照与学校取得联系、做好前期准备、报名、参加初试、调剂、复试、复试调剂、录取等顺序进行。

考研科目:专业课+政治+英语+数学,其中英语分为英语一和英语二。数学分为数学一、数学二、数学三。

3. 考研准备时间安排

大学生考研一般需要准备一年左右的时间,从大三下学期开始到大四上学期,第二年的 1 月初考。考试为两天,一天两门。建议准备考研的同学作好如下安排。

1 月:通常是处于期末考试结束后,学校开始放寒假。这时,学生的时间相对充裕,可以通过必要的渠道搜集考研信息,到图书馆查阅一些考研资料,或参加一些考研讲座等。

2~3 月:大学生基本还处在寒假期间,这时可根据自己的专业背景和兴趣,确定考研目标,尽量多参加一些与考研相关的讲座,进一步明确考研应如何选择专业,全面了解所报专业的信息。同时,开始着手准备考研复习。

4~5 月:开始第一轮复习,这时,最好报一个基础班,特别是数学班和英语班。这段时间不要急于做模拟试题,重点应放在基础知识的复习上。

6 月:全面关注考研公共课的考试大纲,购买最新的辅导用书,准备暑期进行系统复习。

7~8 月:制订一个全面复习计划,利用暑假时间,开始第二轮复习。根据自己的弱项,可以参加具有权威性的辅导班,有选择地做一些必要的考研题目。

9 月:关注各招生单位的招生简章和专业计划,购买专业课辅导用书,联系导师,进一步获取专业课考试信息。

10 月:确定十一黄金周复习计划,对前两个阶段的复习进行总结。同时,开始专业课的复习,可报一个长期班进行系统复习。

11 月 10~14 日:研究生考试报名工作开始,报名、填报专愿。

11 月中下旬:开始第三轮复习,政治、英语、数学、专业课的冲刺复习,购买辅导冲刺的内部资料。冲刺班报名。

12~次年 1 月:进行模拟考试,报一个冲刺班,作考前整理。

4. 大学生报考研究生的注意事项

① 要充分了解考研流程并将其熟记于心。考研包括初试和复试两部分,初试主要是笔试,考查理论知识掌握的程度;复试不仅有笔试,还有面试,只有笔试通过院校录取分数线了才可以进行面试,复试主要考查学生的综合能力。

② 搞清楚要报考的院校及专业。考生的目标一定要明确,考虑清楚你要考哪所院校的哪个专业。接下来就是着手准备,什么时候开始准备也要看自己的实际情况。如果刚

进大学就决定考研的话,建议你从大二开始就着手准备,早点把专业知识学扎实,这样在考试中也会占有一定优势。

③ 记清考试时间和考试地点。一般准考证上都会写清楚这些信息,考试时间和地点一定要记住,千万不要犯低级错误影响考试。

④ 抵制诱惑。有人说,考研就是第二次高考,过程很艰苦,但经过努力并取得成功后的结果却很甜。如果你决定了要考研,就应该做到专心投入、心无旁骛,不要因为外界的诱惑而忘记了自己当前的第一要务是考研。

⑤ 时刻关注考研信息。知己知彼才能百战不殆。准备考研的同学要多多关注有关考研的信息,及时掌握最新的考研动向,这一点对于跨地区、跨专业的考生来说尤其重要。

【案例】 张欣本科毕业那年,北京某知名报社到学校招人,当时就决定录用大学期间各方面都非常优秀的她。同在那一年,她也考上了武汉大学的研究生。她最终选择了读研。三年后,她再次回到了北京,还是去那家报社应聘。没有想到的是,报社这次并没有录用她,因为他们有许多比她更合适的人选。

【案例分析】 从就业角度来看,张欣令人惋惜。在这件事情上,可以说她的选择并不是明智的。她当初如果选择去报社工作,那么以后如果她想继续深造,可以去读在职研究生。毕竟,瞬息万变的社会有太多令人意想不到的事情,机会并不等人。21世纪,如果不能主动把握机会甚至创造机会,机会也许就再也不会降临到你的身边。

用人单位都有自己的“中心定位”,但这种定位并不是持久不变的。以前单位招聘毕业生,在能力相同的情况下,有的单位就毫不犹豫地选择硕士、博士,而不是本科生。现在有些单位的思想改变了,因为它们觉得本科生更踏实、更稳定,升值的空间更大,而不是像有些硕士、博士老想着加薪水,老想着跳槽。如果能力相当,它们可能会优先选择本科生。

生活中还有这样一类同学,他们的思想有误区,虽然本身并没有深造的愿望,却认为考上研究生就有了一切,于是也就全身心投入,为了考研而考研。这部分同学与其说是考研,不如说是在回避就业困难。希望这部分同学把眼光放长远一点,几年后,当你上完了研究生,就业形势又会变成什么样子呢?因此,如果单纯为了回避就业而考研的同学,要及时纠正你的观点,重新制订你的职业生涯规划。

三、出国留学读研

1. 基本情况

除了在国内考研和就业外,还有一部分应届毕业生会选择出国留学读研,其目的不仅是为了获得更高学历、拓宽人脉、扩大自己的就业选择空间等,还可以拥有语言优势和更加开阔的眼界,以期得到更多高端外企“青睐”。如此一来,在毕业之后的求职过程中能够掌握更多的主动权和竞争优势。

相比在国内读研,出国留学由于要面对不同的教育体系、文化习俗、社会环境等问题,学生需要学会适应新环境,因此在生活独立性、心智成长等方面都会得到锻炼。特别是利用出国留学的机会,建立起国际视野、丰富自己的人生阅历,这些要比书本知识都重要的多。相比较而言,如果留学生想回国就业,虽然与国内就业市场联系较少,人脉资源方面会差些,但是海归的外语能力、社交能力、独立应变能力、逻辑思维能力,还有被国内企业普遍认可的创新能力和专业素养等,都成了就业时的竞争优势。另外,国外硕士研究生学制一般是1~2年,对大多数考取专业型硕士学位的学生来说,1~2年课程设置非常紧凑丰富,没有任何时间上的浪费。能早1~2年就业,无疑将比同龄人领先一步。

2. 留学申请与录取

出国留学读研是以申请的方式,向国外学校递交相关材料,学校会综合学生的GPA、雅思或托福成绩、GRE成绩、个人陈述、实习经历等综合评定后决定是否录取。考生每年可同时递交多所国外院校申请,因此成功的概率相比国内考研来说会高一些。此外,到留学目的国需要有该国的语言基础,如果没有语言成绩,就需要到国外读半年到一年的语言预科,这项花费不菲。需要注意的是,海外大学比较注重本科阶段的平均学分绩点,一般好一点的国外大学要求中国重点大学学生的平均绩点是3.0(含)以上,也就是平均每一门功课的成绩是80分(含)以上,非重点大学的学生平均绩点要求3.5(含)以上,也就是平均成绩在85分(含)以上。如果你能在国内考取"211"工程院校的研究生,那么你就有可能申请到世界排名前一百的"牛校",这绝对不是空想。准备出国读研的同学应该及早开始准备过语言关,大三下学期就开始准备递交申请(部分优秀学生可做到国内考研和国外留学申请同时进行)。

四、专升本

专升本是中国高等教育中专科层次学生升入本科层次阶段学习的选拔考试的简称。由于本科生比专科生高一个层次,所以不少专科生为提升自己,通常会选择继续攻读本科。专升本除了包括普通高等教育专升本外,还包含了成人教育专升本,自考学历专升本(也叫独立本科段),还有网络教育专升本,电大专升本等。这些本科层次的学历教育为专科学生提供了学历晋升之路,也解决了很多人希望接受本科层次教育的问题。

第一类是普通高等教育专升本。普通高等教育专升本一般是指在校的专科生,在大三的时候(专科毕业时候,且必须是应届)参加高等学校组织的专升本考试(考生能报考的学校及学科都是有规定的),一般是升入原专科就读高校的本科或者参加其他高校统一考试,从中选拔当年各省全日制普通高校(统招入学)的专科应届毕业生,俗称专插本。然后大专毕业的时候直接进入本科阶段的学习。普通高等教育专升本难就难在考试录取上,只要考上,几乎都能拿到本科学历,最后颁发的学历是普通高等教育学历证书(与正式本科基本相同)。近几年从国家、学校、学生本人角度看来,举办普通高等教育专升本是解决专科生提升学历层次、进一步深造问题的一个理想途径。

目前,普通高等教育专升本需要进行考试,这是大学专科层次学生进入本科层次阶段学习的选拔考试的简称,是中国大陆教育体制大专层次学生升入本科院校的考试制度。这种考试在大多数有专升本教学系统的高等教育学校举行,一般每年举行一次。

第二类是成人高等教育专升本。主要包含四种途径:自学考试专升本(去教育局的自考办报名参加自学考试)、成人高考专升本(业余、函授)、远程教育(网络教育专升本)专升本、广播电视大学开放教育专升本。

自学考试特点之一是宽进严出。意思是,报考条件相对宽松。不过在学习期内,要求学生必须完成专业规定的课程,只有通过国家统一考试(考试及格即可)才允许毕业。目前,多数高等院校都招收自考学生,但学生报考较多的主要还是各知名院校,学生在学习期间必须考过专业规定课程。事实上,经过调查,自学考试考生的专升本考试成功率要高于大学统招的专科生。

自学考试专升本需要参加全国统考,毕业证盖主考大学章和省(市)自考委的章,属于国家承认学历,文凭的社会认可度相对还是比较高的,在工资、人事待遇、报考研究生、考证、考公务员、出国留学、职称评定以及其他方面都具有与普通本科同等的效力。在同等条件下,社会上通常认为自考毕业证还是优于成人考试毕业证和远程教育毕业证的。相对于普高专升本来说,自考专升本的条件放宽了很多。一般来讲,自学考试专升本也是在助学单位帮助下的社会考生、在校生等获得第二学历、自考文凭的最佳途径。

专升本函授教育主要对象为离不开工作学习岗位的在职人员或者在校生,教学以自学为主,面授为辅,学员通过信函报名,学校将教材及其他辅导资料邮寄给学员,教师与学生的交流也通过信函完成,使学员在不耽误工作或本校学习的情况下完成学业。

第二节　报考公务员

一、公务员的概念

公务员全称为国家公务员,是指在各级政府机关中,行使国家行政职权,执行国家公务的人员。在中国,是指依法履行公职、纳入国家行政编制、由国家财政负担工资福利的工作人员。公务员系统的工资水平主要是依据 2006 年实施的《公务员法》《公务员工资制度改革实施办法》等政策法规确立的,实行职务与级别相结合的公务员工资制度。

公务员主要是在国家机关从事相关工作。国家机关是指行使国家权力、管理国家事务的机关,包括国家权力机关、国家行政机关、审判机关、检察机关等。如中国的全国人民代表大会、国务院、地方各级人民代表大会和人民政府、各级人民法院、检察院等,也叫政权机关。与其他职业相比,公务员的职业优势明显:一方面是有较高的社会地位,职业体面而受人尊重;另一方面是有着稳定的工作性质,待遇有保障,福利补贴比较丰厚,职业和职业预期较为稳定。因此,成了众多大学生求职的首选。

二、公务员考试

大学生要想成为公务员,基本是要通过相应的公务员考试,并经过层层选拔通过后,才能实现的。公务员考试是公务员主管部门组织的担任主任科员以下及其他相当职务层次的非领导职务公务员的录用考试。当前经济社会发展速度较快,国家需要充实更多的人才到公务员队伍中,公务员考试对于人才的选拔也更趋专业性和高素质化,大学生群体是选拔人才的重要来源。1994 年,原国家人事部正式建立了公务员考试录用制度,并组织了首届中央国家行政机关公务员录用招考。有媒体曾统计,当年的国考提供了 30 余个国家机关的 490 个岗位名额,最终 4 400 人正式报考,相当于 9 个人争考一个职位。

真正的"公务员考试热"发生在最近十几年,回顾 10 年来的公务员考试报考人数,从 2009 年公务员考试报名人数首次突破 100 万,一直到 2019 年公务员的考试招录,公务员考试报名人数连续 11 年都在百万以上。而报名过程中,动辄"千里挑一",甚至"万里挑一"的比例,凸显公务员岗位竞争的激烈程度,更是让"公务员考试热"成为全社会关注的话题。

三、公务员考试具体形式

国家公务员考试包括笔试和面试两部分。

1. 笔试分为公共科目笔试和专业科目笔试

其中,专业科目笔试主要根据考生报考的岗位不同而确定;公共科目包括行政职业能力测验和申论两科,行政职业能力测验为客观性试题,申论为主观性试题,两科的满分均为 100 分。

① 行政职业能力考试:包括言语理解与表达、常识判断(侧重法律知识运用)、数量关系、判断推理和资料分析,全部为客观性试题。

② 申论:主要通过报考者对给定材料的分析、概括、提炼、加工,考查报考者阅读理解能力、综合分析能力、提出问题及解决问题能力和文字表达能力。

2. 面试形式以结构化面试为主,部分岗位会采取无领导小组面试

① 结构化面试。也称标准化面试,是相对于传统的经验型面试而言的,是指按照事先制订好的面试提纲设计的问题进行发问,并按照标准格式记录面试者的回答,依据一定方法和标准对其进行评价的一种面试方式。因其严格遵循特定程序,故面试结果比较准确和可靠。简言之,结构化面试包括面试程序、面试试题及面试评判的结构化。

② 无领导小组讨论。无领导小组讨论主要是通过给一组考生(一般是 5~7 人)一个与工作相关的问题,让考生们自由讨论,时间一般为 1 小时。评价者事先并不给考生指定特别的角色,既不指定谁是领导,也不指定每个人应该坐在哪个位置,而是让所有考生自行排位、自行组织,评价者只是通过安排考生的活动,观察每个考生的表现,然后再对每位考生进行评价。

公务员考试考核的内容极为繁杂,考试内容涉及数量关系、言语理解、判断推理、常识和资料分析五大部分。无论哪个专业的考生,都很难同时完全掌握这五大部分的题目。因此,考生应该积极地从多方面渠道深入了解公务员考试的内容和形式,通过网络、讲座、看书、听取已考过公务员考试的考生分享经验等,从多方面、多渠道掌握公务员考试的总体要求和规律。

四、公务员招录新趋势

近年来,国家公务员考试的招录政策更多在向基层倾斜,报名门槛也逐年提高,职位要求越发明晰,国家对准公务员的选拔条件也越来越精细和严格。这其实也是给报考公务员的人发出了一个重要信号,那就是报考公务员不应是为了未来工作如何轻松,如何发号施令讲排场,而是要具备一定能力,脚踏实地为人民做实事。为此,建议大学生考生要理性选择、认真备考。为达到这个目的,大学生可以先去基层踏踏实实获得锻炼机会,了解基层管理真实规范和情况,实际锻炼一下自己,再根据自己的能力、专业来选择适合的公务员岗位,做到有的放矢,最大程度上实现人—岗匹配。

第三节 事业单位应聘

一、事业单位概述

事业单位是指由政府利用国有资产设立的,从事教育、科技、文化、卫生等活动的社会服务组织。事业单位不属于政府机构,一般情况下国家会对事业单位予以财政补助,分为全额拨款事业单位、差额拨款事业单位,还有一种是自主事业单位,又称自收支事业单位,如艺术团体、行业协会、园林系统等,是国家不拨款的事业单位。

事业单位一般要接受国家行政机关的领导,要有其组织或机构的表现形式,要成为法人实体。从目前情况来看,事业单位绝大部分由国家出资建立,大多为行政单位的下属机构,也有一部分由民间建立,或由企业集团建立(如集团学校)。与企业相比,事业单位有以下特征:一是不以营利为目的;二是财政及其他单位拨入的资金主要不以经济利益的获取为回报。

事业单位的特征是:提供公共服务;属于非公共权力机构;属于知识密集型组织;经费来自国家拨款;事业单位范围广泛,范围涉及教育、科学、技术、文化、卫生、体育等行业部门和领域。

二、事业单位用人制度

现在事业单位进人都要面向社会进行公开招聘,应聘人员经过一定的招聘录用程序进入事业单位后,还要与单位签订聘用合同,明确聘用岗位和权利义务。而且事业单位都是按照聘用合同进行管理的,如果发生争议或者由于其他原因,在职员工想要离开事业单位的,也是通过中止、解除合同的方式。

三、事业单位入职考试

事业单位考试又称事业编制考试,这项工作由各用人单位的人事部门委托省级和地级市的人事厅(局)所属人事考试中心(事业单位,考试中心命题和组织报名、考试并交用人单位成绩名单,部分单位自行命题组织实施)。目前尚无全国和全省、市统一招考,最多是由县级各个单位统一招考,一般规模大的采取网络报名,人数少则现场报名。招考公告一般情况下发布在省、地级市的人事厅局所属的人事考试中心的网站上,笔试和面试基本上各占一半,分数有的四六开,一般无最低分数线。全国各省市事业单位考试教材没有统一的标准,且国家不指定教材,市面上的所有关于事业单位考试的教材都是各个培训机构自己编写的。

事业单位公开招聘工作人员的资格审查工作贯穿招聘工作的全过程。进入面试的应聘人员,在面试人员名单确定之后,需按招聘信息公布的要求,向招聘单位提交本人相关证明材料。取得面试资格的应聘人员在面试前3天仍未向招聘单位提交有关材料的,则视为弃权。经审查不具备报考条件的,经主管机关核准后,取消其面试资格。因弃权或取消资格造成的空缺,按笔试成绩依次递补。

笔试考试采用百分制计算应聘人员的成绩。笔试设定最低合格分数线,由事业单位公开招聘的主管机关根据应聘人数和考试情况确定。

面试在事业单位公开招聘主管机关的指导下,由招聘单位或其主管部门按备案的面试方案组织实施,面试方案的备案应在面试前一周完成。达到笔试合格分数线的应聘人员,根据招聘计划和招聘岗位由高分到低分按比例依次确定面试人选。笔试合格人数出现空缺的岗位,取消招聘计划;达不到规定招聘比例的,按实有合格人数确定。面试人选确定后,由招聘单位张榜公布结果并通知本人。

面试结束后,按笔试成绩和面试成绩计算应聘人员考试总成绩。笔试成绩、面试成绩、考试总成绩均计算到小数点后两位数,尾数四舍五入。根据考试总成绩,确定进入考核体检范围人选。

四、事业单位聘用

经考试、考核、体检合格的拟聘用人员,公示7日无异议的,由聘用单位或其主管部门提出聘用意见,报人事厅备案。符合聘用条件的,由人事厅发放《事业单位招聘人员通知书》,凭《事业单位招聘人员通知书》办理调动、派遣等相关手续,双方按规定签订聘用合同,确立人事关系。受聘人员按规定实行试用期制度,期满合格的正式聘用,不合格的解除聘用合同。试用期一般不超过3个月;情况特殊的,可以延长,但最长不得超过6个月。受聘人员为大中专应届毕业生(含择业期限内)的,试用期可以延长至12个月。

五、事业单位待遇

在事业单位工作,每年只要考核合格,除享受基本工资和岗位工资外,一般都会得到年终绩效奖金。如果能实现职务或职称的晋升,薪酬待遇也能得到相应的提升。另外,国家对事业单位有基本工资的调整机制,每两年都会对机关事业单位全国统一的基本工资表进行调整。所以,事业单位的工资收入每年都有稳定的提升。既不会让员工过于富裕,也不会让员工困难得生活不下去。特别是在临近退休时,待遇不仅不受影响,反而还有可能提升,这一点与在企业工作有很大不同,在企业工作会因年龄大或其他原因而导致精力不足时面临被裁员的风险。

事业单位的福利待遇也不错。除了国家缴纳的五险一金外,还有职业年金待遇,个人缴纳工资的 4%,用人单位承担 8%,作为养老金待遇的补充。另外,一些事业单位也可以享受补充医疗保险。

除了薪酬待遇外,机关事业单位还有其他优势,如管理比较人性化;竞争不是非常激烈;方便照顾家庭;各种休假待遇有保障;晋升提拔机会较多;工作岗位本身具有稳定和发展优势。

第四节　企业应聘

一、企业概述

企业与事业单位有很大不同,事业单位是具有公益性质,为社会提供公共服务的组织,而企业则是以营利为目的独立核算的法人或非法人单位。它的特点是自收自支,通过成本核算,进行盈亏配比,通过自身的盈利解决自身的人员供养、社会服务、创造财富价值等。企业单位的登记在工商行政管理部门进行。从性质上划分,企业大体分为国有企业、私有企业(民营企业)和外商投资企业(外资企业)三大类。企业员工的绩效工资完全取决于企业的经营和盈利情况,根据企业的薪酬战略及绩效考核结果进行发放。

二、企业用人制度

企业进人普遍采取面向社会进行公开招聘的形式,特别是民营企业和外资企业通常还会安排入职考试(包括笔试和面试),经招聘考试合格后,企业单位会与职工签订劳动合同。一旦发生劳动争议后,企业单位与职工可通过劳动仲裁解决问题。

三、国有企业

1. 国有企业的概念

国有企业是指国务院和地方人民政府分别代表国家履行出资人职责的国有独资企业、国有独资公司以及国有资本控股公司,包括中央和地方国有资产监督管理机构和其他部门所监管的企业本级及其逐级投资形成的企业。中国的国有企业按《中华人民共和国企业法人登记管理条例》登记注册,资产的投入主体是国有资产管理部门的,就是国有企业。按照国有资产管理权限划分,国有企业分为中央企业(由中央政府监督管理的国有企业,简称:央企)和地方企业(由地方政府监督管理的国有企业)。

国企的范围比较广,包括事业性单位、政府机关、厂矿、一般性企业、垄断性国企、商业银行等,相对来说,垄断性国企和商业银行比较特殊一些,因为最近几年它们的优厚待遇逐渐浮出水面,也成为很多求职者追逐的热门对象。其余的国企统称为一般性国企。

国有企业作为一种生产经营组织形式,是国民经济发展的中坚力量,是中国特色社会主义的支柱。我国的国有大中型企业,拥有雄厚的资产,具有一流的技术水平、较高的管理经营水平和良好的竞争优势。国有企业的存在和发展,对于壮大国有经济,巩固公有制的主体地位,巩固社会主义制度,推动经济发展和社会进步,搞好社会主义精神文明建设,具有重大的现实意义。目前,国有经济对 GDP 的贡献率占 30％左右,对国家的重要性不言而喻。国有企业同时具有商业性和公益性的特点,其商业性体现为追求国有资产的保值和增值,其公益性体现为国有企业的设立通常是为了实现国家调节经济的目标,起着调和国民经济各个方面发展的作用。国企的福利待遇相比一些普通的民营企业要优厚,且对应届生的需求量较多,所以近年来深受应届生的欢迎。

2. 国企的招聘政策

国企大多数情况以校招为主,利用这个机会,应届毕业生最容易进入国企。因此,大学生一定要珍惜自己的毕业生身份,通过竞争进入好的国企,比如烟草、电网、电力企业等单位。现在大多数的国企都关闭了社招的渠道,只有在需要特殊人才的极少数情况下,才会通过层层筛选和审批后招收非应届生。大多数招收的对象还是大学毕业应届生,其主要原因如下。

① 为国企注入新鲜活力。应届毕业生专业知识新,年轻有活力,初入社会如同是一张白纸,虽然没有什么经验和阅历,但是可塑性强,容易打磨和锤炼。国有企业通常会不惜成本培养新人,通过培训,有助于入职员工建立起归属感和忠诚度,对组织的服从度也会很高。

② 可以有效杜绝和减少关系户的走后门。如果只招应届生,这样就在一定程度上缩小了招生的范围,也就减少和杜绝了托人走后门以及受贿的机会,而且社会上招聘的人员也比较复杂,没有应届生好管理。

③ 国企的社会责任。国企招聘应届生一是为提高就业率;二是为国家培养人才。国有企业有解决应届毕业生就业问题的政策要求,一般社招指标很少,但是门槛很高,普通求职者是没有机会进来的,所以对毕业生的选择通常会精挑细选。国企都是集体所有制或国家所有制企业,其岗位都是定岗定编的,获得入职国企的机会非常难得,因此,高校选送的毕业生人才一般都要求具有较高的企业忠诚度。

④ 国企发展稳定。改革了这么多年,对于国有所有制企业的制度没有多大的变动,这也是我国政策所制约的。因此,国企还是有编制制度的,新老交替比较稳定,虽然国企工资不会太高,可是相对来说还是能确保铁饭碗和工作稳定性的。

3. 国企的优势

① 管理机制比较健全。据很多在国企工作的人反映,国企的优势是有一定垄断性,

规模普遍较大,享受国家优惠政策较多,管理制度比较规范。由于国企普遍接收的是新毕业生作为主体人力资源,在人才的培养和选拔方面具有比较健全的机制。例如:大学毕业生入职后按照规定转正即获得初级职称资格;初级四年后即获评中级职称资格;中级五年并附加各种条件,符合后即可获评高级职称资格。但是这个机制并不是定制,因为有所谓"破格申请制度"预留给"特殊人才"作为绿色通道。

② 国企很少会发生倒闭或裁员的情况。大学生一旦与国企签订劳动合同,成为国企一名正式的员工,除非你触犯国家法律,一般很少出现被"炒鱿鱼"的现象。此外,国企员工的工资基本能做到稳步增长,即使在经营不好导致员工下岗的情况下,国企也会拿出一定的经济补贴,提供下岗员工的基本生活保障,其安置工作也比较人性化。

③ 国企工作比较稳定。国企人员配置比较齐备,单位内部竞争不是很激烈,员工不用担心自己被其他人排挤出单位,也很少会因为个人能力问题而导致失业或者下岗。国企的环境总体来说相对比较宽松,工作比较稳定。

④ 福利待遇较好。国企的工资看似不高,属于中游水平,但有的单位会有超高的奖金和福利,如"五险一金"肯定可以得到保障;丰厚的过节费;假期和带薪休假;为员工提供食宿;有些企业还能分房,给员工解决户口问题等。即使单位经营不理想,也很少出现削减员工福利的情况。

⑤ 国企工作氛围比较轻松,劳动强度不太高,工作压力不是很大,国家的法定节假日能保证正常放假,很少加班。

4. 国企工作的劣势

在充分肯定国有大中型企业优势的同时,还必须看到,由于种种原因,有的国有大中型企业在经营上存在一些困难和问题,经济效益不高,在不少方面也存在着较明显的不足之处,具体问题有以下三点。

① 缺乏竞争意识。由于国企背靠国家支持,有足够的资金,所以缺乏危机感和竞争意识。在部分国企中,职工"干好干坏一个样,干多干少一个样"现象较普遍,如此一来,员工缺乏努力工作的动机,更谈不上勇于创新了。另外,国企员工比较习惯"不患贫,患不均",大家工资普遍都不高,极少出现因业绩突出而大幅提高薪酬的情况,如果有个别人工资比大家高很多,或者工资涨幅比大家高很多,大多数人就会觉得自己受到了不公正待遇。因而,国企职工的薪酬和福利上的差别并不大,缺乏"多劳多得"的薪酬激励机制。

② 专业技能发挥不充分,经常出现大材小用的情况。许多人刚进国企的时候很有工作热情,很希望通过自己的一番拼搏,打造出一片天地,但待久了就会发现国企内部分工很细,职业发展机会非常有限,存在大材小用的情形。甚至发现,职场晋升与个人技能高低关系不大,更多的是看工作年头或与领导关系好坏。因此,努力钻研技术、提高人力资本贡献率的氛围和动力都不高。

③ 论资排辈情况比较普遍。论资排辈,恐怕在中国体制内算不得新闻,因为这种现象大家早就司空见惯,很多人已经习惯了这种游离于制度规定之外的人才晋升模式。由于历史原因,国企成立时间长,老同志也多,最为严重的问题是受单位编制限制,高一级岗位的位置从来都是有名额限制的,所以普遍采取退(走)一人,再上一人的模式,很少有破格提拔的情况。如果有谁打破了论资排辈的规则,反而有可能成为单位的新闻。论资排

辈导致很多资质非常好的年轻员工可能工作十几年都在原地踏步,脱颖而出和升职的机会比较少。因此,企业内相互竞争的气氛较差,国企内优秀员工努力学习和提升自己的动力明显不足,尤其是跟外企和私企相比较而言。

不过,目前国有企业也正在针对一些弊端进行改革,相信随着改革的深入,国企存在的一些问题会逐步得到解决。

四、私营企业(民营企业)

1. 私营企业(民营企业)的概念

关于"私营企业"的概念,根据国家统计局、国家工商行政管理局《关于划分企业登记注册类型的规定》(1998 年 8 月 28 日,国统字〔1998〕200 号)第九条规定,私营企业是指由自然人投资设立或由自然人控股,以雇佣劳动为基础的营利性经济组织。包括按照《公司法》《合伙企业法》《私营企业暂行条例》规定登记注册的私营有限责任公司、私营股份有限公司、私营合伙企业和私营独资企业。但是,由于私营经济是专指有雇佣劳动关系的经济成分,即具有资本主义性质的私营企业。而且由于我国目前的私营经济基本是由个体经济发展而来这一历史原因,导致"私营企业"这个概念不易摆脱被歧视的色彩。因此,无论是私营企业的投资者、经营者、雇员或者有意推动私营企业发展的社会工作者,都倾向于使用更中性一点的"民营企业"这个名称,这就使"民营企业"在许多情况下成为私营企业的别称。截至目前,人们普遍把在中国境内除国有企业、国有资产控股企业和外商投资企业以外的所有企业,包括个人独资企业、合伙制企业、有限责任公司和股份有限公司都称作是"民营企业"。也就是说,本质上私营企业和民营企业二者并没有什么区别。

2. 私营企业(民营企业)的优势

① 与国企相比,民营企业岗位的灵活度较高,给员工提供的锻炼机会也多。对于大学毕业生来说,民营企业可能不会是工作的首选,但对于部分人来说,民营企业却可能会成为他们的归宿。如当今势头正猛的互联网巨头 BAT(B 指百度、A 指阿里巴巴、T 指腾讯),互联网金融企业,IT 巨头华为、小米都是民营企业,有些现在已经成功上市,身价倍增。

② 几乎很少有民营企业愿意去扼杀员工的灵感。民营企业的老板都希望能找到与他理念一致的人来跟着他一起创建平台,都希望这个平台最终可以比那些国企和外企更具竞争力。现实中,民营企业老板对人才更加珍惜,因为他们需要用员工的灵感创造更多的价值。因此,心怀梦想的人更适合在民营企业发展,理由非常简单:你的老板如果是一个创业者,为了他的事业,必然求贤若渴,所谓众人拾柴火焰高用以比喻民营企业是相对恰当的。

③ 民营企业往往多劳多得。多数民营企业本身实力相对弱、求贤若渴,因此往往更加爱护人才,并充分发挥他们的才干,以此来提高企业的竞争力。因此,在企业中,可以提供更多展示才干的机会,企业往往通过提供具有竞争力的员工激励政策,甚至用股权激励、员工持股等激励措施,让员工感到值得为该企业充分发挥自己的才干。

④ 企业文化令员工有较强的归属感。对民营企业老板来说,他们对于自己所要从事

的事业有着坚定的信念和执着的精神,围绕老板的价值取向,民企通常都会逐步形成独特的企业文化,同时要求企业员工要高度认同这种企业文化,并自觉成为企业文化的践行者。尤其突出的是制度化管理,对企业员工的考核也主要通过业绩说话,人际关系也相对比较简单,主要凭能力而不是凭关系获得发展机会。

⑤ 很多民营企业的薪资也比较有竞争优势。由于民营企业机制灵活,劳动强度高,但企业是按照能力和业绩计酬的,业绩突出,提成就多,待遇也就比较丰厚,如华为公司的薪酬待遇要远远高于绝大多数国企。

3. 私营企业(民营企业)的劣势

① 单纯讲求高效工作,有时缺乏规范的工作流程,甚至采取偷工减料、假冒伪劣等手段以获得利益最大化。

② 除了一些大型民营企业,中小型民营企业普遍很少对员工有成熟细致的培训制度。由于大部分毕业生既没有工作经验,也没有名企工作背景。因此,民营企业通常不愿意招收应届毕业生,对民营企业来说,不愿意那么花多时间和成本去培养一个新人。它们所希望接收的求职者是那些入职就能立刻派上用场,而且很快就能为它们创造更多价值的人。

③ 惩罚严明,做错事情真的会扣工资。民营企业的资产是私有的,如果在民企工作的员工不能为企业创造价值,或者给企业造成损失,直接承受损失的通常是企业老板,为了避免再次发生类似问题,老板一定会不留情面地对造成损失的人进行追责并处罚,有时会显示出一种不近人情的冷酷。

④ 部分中小民营企业的升职加薪往往没有稳定的晋升机制,容易让员工看不到自己发展预期。

⑤ 在民营企业因业务需要导致加班现象比较普遍,甚至成了企业文化的一个组成部分。

⑥ 风险较大。民营企业一般规模较小,融资困难,抗风险能力较低,一旦环境发生变化,最先受到冲击的往往是民营企业。比如,2020年席卷全国的新冠肺炎疫情,造成很多民营企业无法正常开工,损失惨重,导致部分企业采取员工降薪,停工待岗,甚至直接裁员的情况出现。

五、外商投资企业

1. 概念

外商投资企业(以下简称外资企业),是指依照中国法律在中国境内设立的,由中国投资者与外国投资者共同投资,或者由外国投资者单独投资的企业。

外资企业之所以能够进入中国发展,主要是乘着改革开放的春风,在很多方面都享受着国家给予的各项针对外资企业的政策红利。在20世纪90年代,能在外资企业工作是非常令人羡慕的,人们对进入外资企业员工的普遍印象是高学历、高阶层、高收入、高品位。那时的外企员工的薪酬比国内其他企业员工高得多。随着中国与世界经济联系更加紧密,国家原来对外资企业的各种优惠政策逐渐取消,同时国内各行业都迅速发展起来,外资企业原来的优势变得不像过去那样明显了。

外资企业是介于国企和私企之间的一种经济组织,比国企有一定的灵活性,比私企有一定的制度性。客观地说,外企的一个突出的特点是:入职门槛过高,很多外企只招收名牌大学毕业生,对于普通高校毕业的大学生而言,机会相对较少。

2. 外资企业的类型

依照外商在企业注册资本和资产中所占股份和份额的比例不同以及其他法律特征的不同,可将外商投资企业分为以下四种类型。

① 合资经营企业

主要法律特征是:由中外合营各方共同投资、共同经营,并按照投资比例共担风险、共负盈亏的企业。外商在企业注册资本中的比例有法定要求;企业采取有限责任公司的组织形式。故此种合营称为股权式合营。

② 合作经营企业

主要法律特征是:中外合作各方通过合作企业合同约定各自的权利和义务的企业。外商在企业注册资本中的份额无强制性要求;企业采取灵活的组织管理、利润分配、风险共担方式。故此种合营称为契约式合营。

③ 外资企业

主要法律特征是:企业全部资本均为外商出资和拥有。不包括外国公司、企业和其他经济组织在中国境内设立的分支机构。

④ 外商投资合伙企业

主要法律特征是:指2家以上外国企业或者个人在中国境内设立的合伙企业,以及外国企业或者个人与中国的自然人、法人和其他组织在中国境内设立的合伙企业。

3. 外企的优势和劣势

在外资企业工作的优势主要有以下几点。

① 外企一般会有自己的企业文化。如在外资企业工作可以接触到国际化的办公环境,业务范围有国际视野;此外,各项规章制度比较规范,福利待遇较好,即使辞退员工也会给予较丰厚的补偿等。

② 办公氛围好,周围同事普遍素质较高。这类企业的业务比较规范、严谨,其产品或服务甚至能引领潮流。有些技术性工作在国际上都属于一流水平,在工作中,有机会能接触到国际型高端人才,有利于拓展视野、增长见识。

③ 管理比较规范,福利较好。外资企业所采用的管理制度,主要是以国外母公司的制度为基础,再配合当地的一些制度习惯而综合制定。对于员工的工作时间管理、休假安排等细节,外企往往比私企和国企要好。外企甚至把安排员工休假的完成程度也作为管理者的一项评价指标来考虑,这在很大程度上保障了员工的休假权利。

④ 普遍有一套成熟的商业模式。外资企业到中国设厂,一般都将自己成熟的商业模式一同引入,外企重视工作流程和商业模式的规范化。因此,在外企工作最能锻炼人。

⑤ 待遇在同行业中有竞争力。在外企工作,一般都有着稳定的晋升机制,员工在职场发展晋升路径比较清晰,对个人来说,未来的发展空间更加明确。很多外企,特别是国际知名外企都有固定的职业阶梯,只要没有被辞退或遇上企业裁员,员工的职业发展道路

就基本是每年升职一小步，三年升职一大步。而且升职越高，待遇越高，年薪从几十万元涨到上百万元也是有可能的。很多人离开了外企就找不到合适的工作，他们习惯了较高的收入和待遇，无法适应也不能接受生活水平的下降。

⑥ 新人可快速得到正规职场培训。对于新入职员工，外企的培训机制普遍受到决策层的重视，培训体系也比较完善成熟。培训大体分为岗前培训、定期培训和日常培训三类，一般新入职的员工或准备晋升的员工都要定期接受足够时间长度的相关专业或者相关领域的培训，在岗位能力和业务水平上都能得到提升。对新员工来说，尤其有利于他们更快地适应工作环境的要求。

在外企工作的劣势有以下几点。

① 工作过于细分，个人综合能力很难得到充分锻炼，发展有限。总的来说，外企对于员工的定位是依据角色而来，你被安排何种角色就决定了你的发展路线和相应各种待遇，在这个方面与国企大致相同。

② 对老员工比较残酷。在外企工作的 35 岁以上员工的职业发展往往就会陷入职业停滞期，如果这时没有升到相对高级的职位，就很可能要面临被裁员的风险。这一点与公务员不同，公务员到了 35 岁后，升职的机会反而会慢慢多起来，工资也在稳定持续地增长。

③ 受所在部门业务影响很容易被裁员。很多外企是以业务划分部门，如果因某种原因导致公司某项业务出现业绩滑坡且难有起色，则整个业务部门都有可能被撤销，部门中的业务人员也会随之被裁掉。

④ 加班现象严重，身心压力比较大。为了保住高收入的工作机会，员工以拼命工作为荣，外企经常会出现职场男超人、女强人，他们习惯把生活的重心偏向工作，容易忽略个人身体健康和家庭责任。

⑤ 工作稳定性差。资本家总是以利益为根本，一旦有机会招聘到能力更强的人时，或业务发展遇到问题时，就会毫不留情地裁员。

⑥ 受外界环境影响大。外资企业的大量业务与国外市场有关，而国外市场也经常受到地缘政治、战争、瘟疫、政变、自然灾害等影响，风险较大。比如，近年来，中国劳动力成本不断增加，导致外企成本的增加；还有中美贸易战，由于美国大幅度增加中国出口至美国商品的关税，这些因素都直接导致部分外资企业将生产线从中国移至其他国家，从而使得这些外资企业的在华员工因此失业。

综上所述，选择哪个类型的企业发展更好，其实不会有一个定论。应该说，选择什么类型的企业还是要根据个人的情况以及兴趣来决定，这样才能将个人能力更好地发挥出来，个人幸福感也会更高。

第五节　参　军　入　伍

大学毕业生走向社会也包括了走进军营。近 10 年来，国家和军队为鼓励大学生参军入伍，年年组织征兵宣传教育进高校活动，同时还相继出台了一系列鼓励大学生参军入伍的政策。如自 2012 年起,陆续推出高考毕业生可选择报考定向培养士官的政策。据不完全统计,从 2017 年开始,参军入伍的人数开始逐年增加,而且增加的势头越来越明显,尤其是大学生参军入伍的人越来越多了。2019 年全国大学生网上报名参军人数达 124 万。为什么会有那么多大学生去当兵呢?

国家鼓励大学毕业生应征入伍服义务兵役的优惠政策有以下几个方面。

一是大学应届毕业生入伍服义务兵役两年,国家按每学年最高 6000 元返还其在大学期间的全部学费或者助学贷款,相当于免费上大学。

二是对于正在就读的高职、高专毕业班的学生,完成教学课程,仅仅差实习部分尚未完成的,可以提前毕业入伍,在部队完成实习,同时可以享受优惠政策。

三是入伍以后,在选取士官、考军校、安排在技术岗位等方面也可享受优先。具有普通高等本科以上学历取得相应学位、表现优秀、符合总政治部有关规定的可以直接选拔为军队基层干部。

四是退役以后,如果参加政法院校为公检法系统定向岗位培养人才的招生考试,可被优先录取,这是司法改革以来推出的一个重大项目。如政法院校定向为西部地区公检法系统公务员岗位定向招收、培养人才,然后定向就业。

五是高职高专毕业生可以免试入读成人本科,也可参加所在省专升本考试,入读普通高等教育本科。也就是回到当地所在省,参加本省里面组织的专升本的统一考试,但是属于单列计划、单独划线,按 30% 的比例单独录取。也就是说退伍士兵有一百人报考普通专升本的至少有 30 名学生是可以入读普通本科的。

六是参加硕士研究生考试初试总分加 10 分,在部队荣立二等功及以上的免试入读硕士研究生。

七是退役后由入伍地方政府接收安置。因为大学毕业生入伍是按照城镇人员来对待的,国家民政部对城镇人员退伍以后的政策是由当地政府接收安置。

八是退役以后,自主择业,凭用人单位就业协议,参照应届毕业生,办理就业报到证、迁移户口。这里明确规定是可以参照应届毕业生,找到单位后,拿着单位的用人协议迁转户口,教育部和公安部两部办公厅专门就此下发了文件。

以上八大政策,从初入部队的发展到退伍以后的就业,国家都做了周密的设计。这些政策不仅适用于当前的毕业生,今后也将长期适用,而且还会不断完善。显然,大学毕业后参军入伍也是一个很好的职业选择。教育部高校学生司原副司长张浩明为此还给大学毕业生算了三笔账。

第一笔经济账。服役两年,如果是本科生,按照最高一学年 6000 元的学费,当兵两年可以拿到最高 2.4 万元的学费返还。很多地方政府对入伍的士兵还有一定的经费奖励,比如北京有非常明确的规定:凡是入伍的,都一律给予 1 万元以上的奖励。有的省市,比如沈阳、大连高达 4 万～6 万元,也就是说一个大学毕业生参军入伍后,基本上两年时间就能够把学费 2.4 万元挣回来,而且还能够拿到当地的奖励资金,同时参军入伍,每个月还有相应的津贴,所以两年的收入还是比较可观的,不一定比去工作两年的收入低,这在经济上也是很划算的。

第二笔是政治账。吸收一定规模数量的大学毕业生入伍,将从源头上改变部队兵员结构和质量,提高了兵员素质、增强了军队战斗力,对加强军队现代化建设、国防现代化建设都具有重大而深远的意义。

第三笔是个人的成长账。军队是革命的大熔炉,是大学毕业生发挥聪明才智的大舞台,有利于大学毕业生成长、成才。部队这个大环境应该是一个年轻人成才的好天地,大学毕业生退伍以后,既有高等教育的文化水平,又兼具大学军营两年的训练经历,将会是地方社会管理、地方经济发展建设亟需的优质人才。

总之,大学毕业生当两年兵再回到学校继续学业,在经济上、政治上、个人成长上都会有很大的收获,并且也不耽误就业。

综上所述,大学毕业生要成就自己的一番事业,就必须把自己未来的事业与国家和民族的事业结合起来,与国家的需要结合起来。大学毕业后除了上述发展路径选择外,大学生还可选择创业来实现人生价值。有关大学生创业的具体内容本教材第十三章中将有具体阐述。

【本章思考与研讨】

1. 大学毕业后,你将如何选择自己的发展道路?
2. 对你来讲,继续深造有哪些意义?
3. 报考公务员需要做哪些准备?
4. 企业有哪些类型? 各有什么特点? 你会做什么选择?
5. 对大学生参军入伍有哪些具体的优惠政策?

第五章

大学生自我认知

自我认知是对自己的洞察和理解,是一种比较高级的认知能力。大学生自我认知水平的高低与他们自身生活和学习能力有直接关系,并且受大学校园人文环境和氛围相互作用的影响。正确而恰当地认识自我,学会找准自己的优势和劣势,凡事要量力而行,既不要因为自己的普通而懊恼,也不要盲目自信而得意忘形,找准自己的位置,强化优点,补齐短板,才能做到科学、准确地制订自己的职业生涯规划。

第一节 自我认知概述

一、自我认知

所谓自我认知,指的是对自己各方面的自我观察、自我认识和自我评价。与个人职业生涯相关的认知内容主要包括:对自己的基本情况、职业兴趣、职业能力和适应性、个人特质、职业价值观、胜任能力等有比较清醒的认知。认识自己也是对自己的思想、行为、能力等特征的判断与评估。自我认知可能是一生都要去做的事,能够正确的自我认识、自我定位是非常重要的,只有这样才能促使人们不断完善自我,在努力符合社会需求的同时,谋求更好的自我发展,这也是一个心理趋于成熟状态的动态过程。

大学生应该学会正确自我认知。如果一个人不能正确地认识自我,就很容易迷失自我。当一个人看不到自我的长处,总觉得处处不如别人,就容易产生自卑心理,做事就容易丧失自信心、畏首畏尾。相反,如果一个人过高地估计自己,也会产生骄傲自大、盲目乐观等情绪,容易导致与其他人难以合作,做事也容易因眼高手低而产生失误。因此,只有正确自我认知才能知道自己内心深处到底需要什么,以及自己能做什么。

二、自我认知的机理

个体对自我的觉察,或者说意识的形成,是来源于个体受到外界环境刺激后,经由记忆和思想产生的反应。因此,在形成记忆之前,个体是不会有自我意识的。如果说记忆是一切思想的基础,那自我认识就是个人基于思想之上的对于环境的反应。当一个人的记忆和思想达到一定程度后,比如出现了完全来自大脑的思维和想象力,个体的自我意识就会更加强烈。我存在、我占有、我需要、我想的这些想法,会不断地通过思维和想象力,加强个体对自我的认知,直到个体有机生命体的结束。

个体对于自我的存在,行为和心理的认知会是一个发展的过程,是一个从大脑的记忆力开始,起初是比较模糊的,后来逐渐清晰,直到记忆力的消失的漫长过程。一个人自我认知的形成来源于个体对外界环境刺激后,经由记忆和思想的反应。由此可见,自我认知深受社会的影响。社会是个百变的环境,每天都有意想不到的情况发生,面对需要逐步适应的、复杂多变的社会环境,大学生只有自我认知才能对自身优点、缺点、长处、短处以及自己所处的客观环境进行判断和评价。在此基础上正确认识自己,判断自己适合做什么事情,扬长避短,准确定位,避免心浮气躁和好高骛远,在复杂的社会中摆正自己的位置。

认识自己既是一个高级的人生问题,也是获得成功所必须领悟的问题。我们应该通过不断增强自我认知的能力,完善自己,提高自己的职场竞争力。

三、自我认知的重要性

1. 自我认知是大学生立志成才、奋发有为的动力

学生进入大学学习,成为一名大学生,不但要适应身份的转变,而且要适应的是和以往截然不同的生活和学习环境。他们要开始独立生活,自主学习,学会如何处理好人际关系,并开始思考人生意义、理想等问题。面对新的人生课题的出现,不同的学生在大学生活中的表现往往体现出较大差异。一部分学生在进入大学时就保持自我认知的好习惯,他们对自己的长处和短处时刻保持着清醒的认识,主动规划未来如何提升自己的综合素质和能力,树立起事业心和奋斗的目标,设计好实现自己事业发展目标的基本路径等。这一部分学生独立性非常强,能主动参加大学里各项有意义的活动,学习成绩相对比较优异,他们对自己的未来有比较清晰明确的规划,并坚持不懈地朝着既定目标努力奋斗。而那些缺乏自我认知的学生,由于不清楚自己优势和劣势是什么,不知道应该坚持什么,改善什么,不清楚自己的奋斗目标,由此也就失去了明确的行动方向,其结果,有可能导致多年过去仍然一事无成。由此可见,具备和完善自我认知的能力,不断提高自我认知的水平,是大学生立志成才、奋发有为的重要动力。

2. 自我认知是大学生制订职业生涯规划的基础

自我认知在大学生制订职业生涯规划时有着十分重要的作用。职业生涯规划制订过程可以使大学生冷静分析自己的长处、短处和特质,根据自己的条件,结合整个职场的环境和要求,认真考虑自己到底喜欢什么、不喜欢什么?自己在追求什么,又能胜任什么?自己的综合条件与职场实际要求有多大差距?这些问题只有在对自己各方面情况都有着足够了解的前提下,才能准确地锁定目标职业,从而避免在不感兴趣或技能不相符的职业选择上浪费时间和精力。

部分大学生缺乏自我认知,习惯于漫无目标的学业生活,这是在大学期间发生的最可

怕的事情。处在浑浑噩噩状态的同学不可能规划好自己的人生，也不可能认真制订好自己的职业生涯规划，最后只会落得随大流去考试、去上课、去参加活动。直至毕业之时，这些同学才会发现自己真的什么都没有学到，他们所面对的未来将会是一片茫然和数不尽的未知数。

3. 自我认知是大学生求职择业的重要环节

自我认知是自我意识系统的基础部分。研究表明，当自我认知能力达到饱和状态时，往往会表现出一种非常好的反应，那就是自信。只有具有自我认知的人才会具有自信感，而自信感对大学生的发展极其重要，特别是对于求职择业，有时候甚至决定成与败。通过对自己的分析，可以深入了解自己的优势和劣势，据此可以理性推断未来可能的工作方向与机会，从而较好地解决"我能干什么？"的问题。在求职过程中，如果对自己的主观评价与社会对自己的客观评价趋于一致，就更容易成功；如果主观评价偏高于社会客观评价，自视过高，目中无人，往往会导致碰壁、失败；如果主观评价偏低于社会客观评价，信心不足，犹豫不决，很可能会坐失良机。因此，正确认识自我是成功地走向社会的重要环节。由于每个人都是独一无二的，没有完全相同的特征和长处，而能够突破自我、扬长补短的人则是一种自信的表现。大学生是社会发展的骨干力量，他们思维敏捷、积极活跃，并且还有一定的年龄优势，只要从自身实际出发，在正确认识自我，不断改善自己，准确把握客观环境的前提下，顺应社会潮流，有的放矢，就能在择业过程中马到成功。

4. 自我认知是自我提升和人格完善的重要推手

自我认知有助于大学生不断地自我反省、自我监督、自我提高、自我完善。大学生求职就业，往往从自己的优势出发，以己之长立足社会。要知道个体是不同的、有差异的，要找出自己与众不同的地方并发扬光大。比如，可以尝试总结一下自己曾经做过的事情，重点总结最成功的是什么？为何成功的？是偶然还是必然？此外，还可以经常问自己：我有哪些优势？和别人比，我又缺少成功者应具备的哪些素质？我又该怎样去改变这一切？通过对成功过往的分析，可以发现自己表现优异的一面，譬如坚强、果断、智慧超群，然后，将此作为个人深层次挖掘潜力的动力之源和魅力闪光点，并以此作为制订职业规划的有力支撑。

"金无足赤，人无完人"，每个人都有自己的弱点，必须要正视，并尽量减少其对自己的影响。譬如，一个独立性强的人可能很难与他人默契合作，而一个优柔寡断的人绝对难以担起组织管理者的重任。由于个人经历的不同，加上环境的局限，每个人都可能无法避免一些经验上的欠缺。有欠缺并不可怕，怕的是自己还没有意识到经验的不足，而是一味地不懂装懂。正确的态度应该是：认真对待自己的弱点，善于发现克服弱点的方法。卡耐基曾说过，人性的弱点并不可怕，关键要有正确的认识，认真对待，尽量寻找弥补、克服的方法，使自我趋于完善。

第二节　自我认知障碍

由于外界环境的复杂、自身修养不够等各种因素都会导致个人不能客观地认识和评价自我，甚至出现自我认知偏差，以至于造成自我认知障碍。

1. 自负

自负是过高估计自己的一种心理状态。自负者往往沉迷于自己的世界，以自我为中心，表现出很强的优越感，自命不凡，在各种场合都倾向于高调炫耀自己，眼中只有自己，对自身微小的长处总是无限夸大，看不到自己的不足，甚至把自己的缺点都优点化。而对他人则求全责备，容不得别人出现错误。

2. 虚荣

虚荣是指心里强烈追求某种虚假荣誉的心理状态，是一种扭曲的自尊心。这种人把荣誉或引起他人对自己的羡慕、赞赏作为一种目标来追求，因而常常不择手段地去获取荣誉。这种人很在意别人对自己的评价，当他人给出反对意见的时候，他们心里就会觉得对方是在嫉妒自己。这种人不光嫉妒任何比自己强的人，还把别人取得的荣誉也视为自己争取的"目标"。其实具有虚荣心的人，往往很不自信，除了表现为强烈的虚荣心外，没有明确的目标，不知道追求什么，让自己的理想空洞化。因此，这种人总是使自身处于较强的自我陶醉和更强的情感波动之中。一旦不能达到自己的目标和愿望，就会背上沉重的包袱，压得自己喘不过气来，造成精神过度紧张。比如，一些虚荣心强的人看到其他人考试得分比自己高，就会感觉自己的虚荣心受到了打击，由于落差较大，导致他们不愿意接受现实，甚至会出现精神抑郁等症状。

【案例】 2013年某同学在重庆市某实验中学跳楼自杀，其原因是该生初中的时候是班级的佼佼者，只有同学提不出的问题，没有他答不出来的，同学都围着他转。高中以后，班级都是按照成绩分班，班级里的同学都是优等生，于是他心理落差很大，因为接受不了自己不再是老师眼里的最优等生，导致整天郁郁寡欢，最终选择以自杀的方式结束生命。

3. 自卑

自卑是一种把自己的缺点无限放大，过多的自我否定而产生的自惭形秽的情绪体验。自卑的具体来源大致为自尊心强、过分敏感，自己凭主观臆想曲解他人的意思，表面逆来顺受，其实很具有爆发力。大学同学来自五湖四海，成长于不同的家庭环境，接受不同的教育，有不同的特长。但自卑的人总是过于关注自己不如别人的地方，内心会莫名产生一种自卑的感觉，比如自己的出身、长相、身高等。形成这种自卑心理，很容易导致对社会和周围环境产生恐惧感，不敢靠近陌生人，甚至不敢走进社会。形成这种自卑心理的原因除了主观原因外，也离不开客观环境的影响。

4. 从众

从众心理，通俗讲就是"随大流"，是指个体在社会环境下由于没有自我认知的能力，不由自主地跟随大多数人的选择,缺乏主观判断性,失去"是非"观念的一种社会现象。有从众心理的人总是一味地跟随大众,没有自我主见,具有选择困难症。虽然表面上看符合少数服从多数的原则,但其弊端在于,从众的做法会使人逐渐失去思考分析的能力,导致"消极盲目从众",自我迷失,搞不清自己究竟想要什么。其实,人与人之间是有差别的,不是适合他人的,就一定适合自己,只有通过自我认知才能找到最适合自己的。

比如,大学生相互之间容易盲目跟风,看到别人去好的单位、发达的地区工作,自己心中无主见,也不知道自己的职场定位是什么,最后的决策是选择从众。结果,择业意向的相似直接造成了相关岗位的激烈竞争,使很多竞争力不强的学生惨遭淘汰,而经过多次打击的学生,很容易形成自卑、厌世等心理障碍,这也会导致他们未来的就业更加困难。

5. 盲目

不少应届大学毕业生并没有事先做好自己的职业生涯规划,按照规划制定自己的行动策略,而是直接拿着简历与求职书盲目到处乱跑,总想着可以通过"撞大运"的方式找到好工作,结果浪费了大量的时间、精力,到头来却总是不能如愿。他们不从自身找原因,而是感叹招聘单位有眼无珠,不能"慧眼识英雄",叹息自己英雄无用武之地。这部分大学毕业生没有充分认识到职业生涯规划的意义与重要性。这着实是一种错误的观念,大学生应该先做好职业生涯规划,对自己的定位和未来发展有清晰的认识与明确的目标,再根据规划落实到行动上,让自己的求职活动从盲目变得更有目的性。

第三节 正确自我认知的方法

正确进行自我认知主要有以下方法。

1. 自我静思

也叫自我反省。就是面对各种矛盾和冲突,首先能冷静地、理智地思考自我,要学会客观评价自己,树立良好心态。认识自我,评价自我,找到自我的准确位置。"人贵有自知之明。"要认识自己,我们必须要做一个有心人,经常反省自己在日常生活中的点滴表现,总结自己是一个什么样的人,并找出自己的优缺点。自我剖析是自己教育自己、自我提高的重要途径。自我剖析主要包括以下三个方面。

① 自身智力水平、能力的剖析,包括学习习惯、学习方法、学习效率、学习规划执行力、知识结构、专业技能等方面的剖析。

② 自我形象的剖析,主要是对自己在所生活的集体中的位置和作用、公共生活中的举止表现以及社会适应能力等的剖析。

③ 对自己精神世界的剖析,包括对自己的政治态度、道德水平、性格、兴趣、爱好、特长等方面的剖析。大学生要学会经常对自己的心理、行为进行剖析,使自我认知和自我评价逐步接近客观实际。通过与自己内心对话,反思自己。

77

每个人的成长都会留下痕迹,平时可以通过自我观察和剖析了解自己,然后及时发现问题,及时修正自己的行为。例如:可以回想一下自己所处理过的事务,自己是否能从中吸取到有价值的经验教训。可以有意识地通过正念、反省、日记等方式记录自己的内心活动,描绘自己的情绪、情感体验,评价自己的个性特征和行为表现等。对于有认知障碍的大学生来说,要主动作自我批评,通过不懈努力,弥补自身不足。而有自卑方面心理问题的学生要学会看到自己的长处,增强自信心。

2. 通过与他人比较来认识自己

大学生要正确地认识和评价自我,首先,要将自己与社会上其他人作比较,特别是要通过与自己条件、地位相似的人比较来认识自己,而不是孤立地认识自己。其次,要通过社会上其他人对自己的态度来认识自己。最后,还可以通过对自己参加社会活动结果的分析来评价和认识自己,即在客观上寻找评价的参考尺度来认识自己。如果一个人对自己的评价与所获得的各种比较信息基本一致,那就可以认定他的自我认知比较客观;如果不一致,差距太大甚至相反,那就表明他的自我认知不够客观,即缺乏自知之明。

有比较,才有鉴别。自我认知还可从与学校同学的比较中获得,特别是通过与同龄人、同类人(如同班同学)的比较,来加深对自身的认识和了解。比如,大学生在求职前如果不注意与同学中的竞争者相比较,就很难判断出自己求职的优劣势和成功的概率。大学生在校期间一般可以从两个方面与他人进行比较。一是直接与同学比较来认识自己,不仅是平时学习成绩和专业能力的比较,更应注重综合素质的比较。通过比较,可以认识自己的长处和不足,认清自己与相比较同学之间的差距,以便扬长避短。二是通过观察比较其他同学对自己的态度和他们对其他人的态度,从不同的态度中来认识自己。当然,别人的态度不一定能全面评价一个人,但大多数人的态度总是能说明某些问题的。

3. 通过主动征求他人意见了解自己

认识自己就要学会跳出个人的视角,用旁观者的眼光分析和审视自己,正视自己成长过程中存在的问题,这样才能不断完善自我。一般来说,他人的评价是我们认识自我的一面镜子,他人评价有助于我们形成对自己更为客观、完整、清晰的自我认知。认识自己有时候的确比较难,但仅从自身角度了解自己,一定会存在不少盲点,所谓"当局者迷,旁观者清"。因此,我们要尊重他人对自己的态度与评价,要保持开放、包容的态度来接受外界的评价,甚至是指责。对他人的态度与评价需要自己冷静地分析,既不能盲从,也不能忽视。通过同学、朋友和教师的评价,能够加深对自己的正确认识,有利于进一步完善自我。为了实现自我认知,大学生可主动向就业中心指导教师和班主任咨询,也可主动征求同学,尤其是与自己相熟的同学、朋友等的意见,看看在别人眼中的自己是什么样子,与自己的预想是否一致,并找出其中的偏差和原因。由于长期的共同学习和生活经历,这种相互间的评价也会更公正、更客观。通过征求他们的意见,有利于看清自己、接纳自己、重塑自己,进而实现理想中的自己。

4. 通过在群体中的角色了解自己

主要是通过自己在班级、学校中的作用、承担的任务以及在各项群体活动中的角色、举止表现、社会适应能力等表现来认识自己。比如,在班级或学校组织的一些社团活动中,往往由学生或老师推举在学生中有一定专长和威望的人来担任学生干部,如果你有幸被选中,不仅意味着你有了发挥自己优势的机会,也从侧面表明你在这方面有强于他人的优势,同时也表明其他人对你在这方面的能力和影响有着广泛的认同。在群体中得到肯定还会给你带来比较强的成就感和自信心,会进一步强化你在这方面继续努力、保持优势的决心。当然,在群体的活动中,如果你的影响不是很突出,特别是你希望有责任、有担当却不能得到他人的认可时,说明你还缺乏在群体活动中发挥作用的条件。那么这时,你就要思考自己的差距和问题在哪里,通过调整自我,向有优势的同学去学习,努力改善并提高自己。

5. 心理测验

心理测验是心理测量的一种工具和手段,是根据一定的法则对人的行为用数字或图线加以确定的方法。心理测验的方法主要包括四个方面:智力测验、人格测验、神经心理测验、能力测验。有关心理学著作中对之都有详细的介绍,大学生可以根据自己的需要选择使用,需要注意的问题是,一定要选择心理学家编制的标准化的测验量表,最好能在专家或教师的指导下使用。

第四节 自身气质、兴趣、性格、能力分析

目标职业是否适合自己,是基于自己的气质、性格、兴趣、能力和经历等的积累和改善。当自己的自身气质、性格、能力的优势还不明显或欠缺的时候,在职场上只能是被动地被选择,很难有太多的选择余地。其实,选择是一种实力的表现,选择越多,代表自己的实力越强。

一、气质分析

气质是指心理活动在强度、速度、灵活性及指向性上的典型而稳定的个性心理特征,气质具有明显的天赋性,是个性结构中最稳定的成分。形象、气质是众多用人单位择人标准的重要关注点,因此气质特征影响一个人的择业活动,也影响一个人在职业活动中的职业成就。根据帕森斯特质—因素理论,人的气质、性格、能力等都对其职业生涯有着很大的影响,因此,大学生在制订职业生涯规划或准备求职之前,应了解自己的气质、性格、能力等,这是大学生正确认识自己、明确人生定位的基础,有利于制订切合实际的求职目标。

当然,在一般的职业活动中,由于个人气质特征的互补性,是允许不同气质特征的人同时存在的。但总体来讲,不同气质类型的人,所适合的职业活动类型也是不同的。心理学家将气质划分为多血质、胆汁质、黏液质、抑郁质四种类型,无所谓好坏之分,气质不同,适合从事的职业也不同。在职业选择中,可以充分考虑你的气质特点,充分发挥你的个性优势。同时,应该针对自己的气质特点,努力培养现代职业人所应具备的良好气质形象。

二、职业兴趣分析

兴趣是指建立在需要基础上,带有积极情绪色彩的认知和活动倾向,是个人对其环境中的人、事、物所产生的喜爱程度,是个人力求认识、掌握某事物,并经常参与该种活动的心理倾向。当个人对某事物有兴趣时,会对它产生特别的注意力,对该事物感知敏锐、记忆牢固、思维活跃、情感浓厚、意志坚定。兴趣是人们活动的重要动力之一,是活动成功的重要条件。

职业兴趣是指人们对某种职业活动具有的比较稳定而持久的心理倾向,使人们对某种职业给予优先注意,并向往之。良好而稳定的兴趣使人们从事各种实践活动时,具有高度的自觉性和积极性。职业兴趣反映了一个人对待工作的态度,对工作的适应能力,表现为有从事相关工作的愿望和兴趣,拥有职业兴趣将增加个人的工作满意度、职业稳定性和职业成就感。职业兴趣反映了一个人探究某种职业或从事某种职业活动所表现出来的特殊个性倾向,它使个人对某种职业给予优先的注意,并具有向往的情感。由于兴趣爱好不同,人的职业兴趣也有很大的差异。有人喜欢具体工作,例如,室内装饰、园林、美容、机械维修等;有人喜欢抽象和创造性的工作,例如,经济分析、新产品开发、社会调查和科学研究等。

职业兴趣对职业选择和职业发展都有一定的影响。职业兴趣在人的职业活动中起着重要作用,主要表现为影响人的职业定位和职业选择、开发人的能力、激发人的探索与创造、增强人的职业适应性和稳定性。一个人所从事的工作与其职业兴趣相吻合,能发挥其全部才能的80%～90%,并能长时间地保持高效率的工作而不感到疲劳;反之,在这方面只能发挥全部才能的20%～30%,很容易感到厌倦和疲劳。个人如果能根据稳定的职业兴趣选择某种职业,职业兴趣就会变成个人在职场中表现优异的巨大动力,从而促使一个人在职业生活中不断取得成就。反之,如果你对所从事的职业并不感兴趣,就会影响你的积极性,难以从职业生活中得到心理上的满足,从而不利于在工作上取得成就。

兴趣的发展一般要经历:有趣、乐趣、志趣三阶段。对于求职就业活动,往往是从有趣的选择,逐渐产生工作乐趣,进而与奋斗目标和工作志向相结合,发展成为志趣,表现出方向性和意志性的特点,最终使人坚定地追求某种职业,并为之尽心尽力。如果一个人选择的职业与自己的兴趣相吻合,那么枯燥的工作也会变得丰富多彩、趣味无穷,并产生一种强大动力,让人在工作中尽情发挥自己的才能。如果一个人的职业兴趣与职业不吻合,那么这个人的工作就始终处于被动状态,不仅不会取得好的业绩,而且容易产生抱怨、焦虑等情绪,并最终影响到自己的整个生活。

三、性格分析

性格是个性心理特征的核心,它是个人在长期生活实践和环境因素作用下,形成的比较稳定的心理特征。大学生要正确认识自己的性格特征。一个人的性格就其结构来讲,是一个复杂的、多层次的体系,是各种心理倾向和各种心理特征的有机结合。有人把性格分为以下四种：能力型、活跃型、完善型、平稳型。

1. 能力型

特征：性格外向、意志坚定、注重实干，具有顽强和独立的倾向且情绪乐观，以做事为重心。适合做指导者、设计人员、执行者、领导者等。

能力型性格的人对既定目标充满动力和信心，面对困难时，勇于攀登高不可攀的顶峰。能力型的人总是认为，人生必须超越自己的极限，否则人生在世就没有什么价值可言。

能力型性格的人与活跃型性格的人有相似的地方，他们都是外向的一群人。能力型性格的人坦诚、爽快，但是，不像其他几种性格的人，能力型性格的人性子比较急躁，他们不喜欢等待，更不喜欢办事拖拉，他们会认为这样做是在浪费时间。

我们把典型能力型的人称为工作狂，这种人的一生就是为了达成目标和完成任务。能力型性格的人有较强的控制欲，在工作中，他们需要对合作伙伴、同事、下属、朋友有掌控权，假如一个能力型的销售人员来到顾客面前，我们会发现，他会显得很不自在，因为他没有了掌控权。

2. 活跃型

特征：性格外向、乐观、开朗，多言健谈，他们往往以做事为重心。适合做宣传者、培训教师、公关人员、项目推广者等。

活跃型性格的人最容易吸引人们的注意，他们希望利用各种场合热切地表达自己的想法。他们情感外露，热情奔放，懂得把工作变成乐趣，而且乐于与人交往。他们是聚会的灵魂，活跃型性格的人最大的特点是健谈、非常活泼、非常好动。这种人在人群当中往往是说话最多的那个人。"未见其人，先闻其声"，是他们典型的性格特征。

活跃型性格的人善于结交新朋友。别人还在不知如何展开交流的时候，活跃型的人就已经跟身边的人谈天说地了。活跃型性格的人既外向、又乐观，对人特别热情，他们懂得创造，想象力丰富。

活跃型性格的人总是希望自己在每件事情都能帮人一把，因此，他们深受大家的欢迎。在会议过程中，这种类型的人总有能力启发大家的思维，让会议充满想象的气氛，然后将会议引向一个颇有新意的主题。

活跃型性格的人是最积极又具有感染力的人。在团队当中总是能够吸引他人的注意力，这样做是因为希望能得到大家的赞赏。他们热情开朗，喜欢讲故事。这类型的人最适合当外交官或公关人员，这也是他们普遍喜欢的工作。

3. 完善型

特征：性格内向、办事认真、工作精益求精且一丝不苟，以做人为重心。适合做研究人员、分析师、设计人员等。

具有完善型性格的人天生追求完美，长于逻辑、理性、抽象思维，擅长对文字、数字、字母、公式等抽象事物进行推理分析。完善型性格的人思维具有相对的静态连续性，他们是最好的策划者和分析者。同时，他们的思维非常严谨，对人对事要求都非常严格。

活跃型性格的人常常会说"计划赶不上变化"，而完善型性格的人则有着长远的计划，只喜欢做一些有计划的事情。比如,财务工作者一般都属于完善型。

完善型性格的人天生悲观和焦虑,因为他们总是在思考将来要面对的困难和问题,这种类型的人最懂得成本预算和量入为出。

他们希望把一切事情都做到完美。当认同某件事情或目标时,他们会说:"要么不做,要做就要做得最好。"

4. 平稳型

特征:性格内向、喜爱安定、习惯安于现状,办事稳重踏实,以做人为重心。适合做具体任务的执行者、财务管理、决策顾问等。

平稳型性格的人是这个世界上最好的朋友,因为他们的天赋造就了良好的人际关系。他们性格随和、冷静、心态平和、有耐心、不干预别人、不侵害他人并且保持心情愉快。这种类型性格的人能宽以待人,对自己也不怎么苛求。

平稳型性格的人喜欢安静,看起来好像没有什么激情和追求,走起路来也是慢悠悠的,感觉没有什么激情。好相处是他们的优点,他们往往到了任何环境都能轻松适应。

感觉平稳型性格的人懂得与人和睦相处,并且具备行政管理能力,是个性非常稳重的人。人们印象中的商业领袖往往都是能力型性格的人,而不是平稳型性格的人。其实,平稳型性格的人也具有擅长管理的特点,他们不喜欢把事情想得太远,而是喜欢稳妥处事并分阶段进行,工作扎实、有条不紊。

以上所列出的四种性格虽然很具有典型性,但现实中的人们大都是这几种性格的集合体,同时会兼有多种性格,但一般来说,其中的一个或两个是主导性格。影响人的性格因素有很多:遗传、家庭、社会、文化、价值观、道德观等,每个人都是一个独特的组合。大学生要了解自己性格中的优点和缺点,努力强化优点,改正缺点,不断地让自己的性格更趋完善。

四、能力分析

能力是个人顺利完成某种活动所需要的,并直接影响活动效率的个性特征。能力总是存在于具体的活动之中,并通过活动表现出来。在步入职场生活之前,大学生需要培养自己多方面的能力。首先,大学生需要培养自己的社会交往能力。社会交往是社会生活中人与人之间在生活上相互联系、心理沟通、信息交流的过程。要在社会环境中生存与发展,必须学会如何进行社会交往。其次,大学生需要培养自己的职业能力,职业能力是影响职业活动效率的极其重要的心理因素。包括自信、自立、责任心、诚信、自我管理、主动、勤奋等。再次,大学生要培养自己的职业技能。离开了学习训练,就谈不上能力的提高和发展。有些通用技能可能无法从书本上学到的,比如职业所需要具备的观察能力、注意能力、记忆能力、想象能力和思维能力等,再比如表达沟通、人际交往、分析判断、问题解决、创新能力、团队合作、客户服务等技能。这些都需要大学生在充分了解目标职业对专业技能的要求的基础上加强训练,采取实际行动提升自己的技能水平。最后,大学生还需要培养自己的团队协作能力,在平时主动增强团队合作和团队归属意识,认真评价自己的团队适应和合作能力,从与宿舍室友、班级同学的相处中,从参加学校社团、社会实践等活动中，不断提高自己的团队协作能力。

　　至于对自身气质、兴趣、性格、能力的综合性分析，大学生还可以借助一些成熟的测评工具，测试一下自己的综合素质和潜力。目前，一些学校采用美国职业指导专家霍兰德编制的"职业偏好问卷"及"职业自我探索量表"，通过这些测评工具，可以对学生的性格、职业兴趣等进行测评，并提出对应的适用职业建议。此外还有美国职业心理学家库特尔编制的"职业偏爱选择记录"等，这些测量手段对学生理解自己的职业个性以及与之相适应的工作都具有一定的参考帮助和指导辅助作用。大学生也可以通过回顾自己的成长历程，从自己的成功和失败经历中仔细分析和认识自己，在此基础上，采取有效手段不断提升自己的综合能力。

第五节　职业价值观分析

　　价值观是指个人对客观事物（包括人、物、事）及对自己行为结果的意义、作用、效果和重要性的总体评价，是推动并指引一个人采取决定和行动的原则、标准，是个性心理结构的核心因素之一。

　　职业价值观是指人生目标和人生态度在职业选择方面的具体表现，也就是一个人对职业的认识和态度以及他对职业目标的追求和向往。理想、信念、世界观对于职业的影响，集中体现在职业价值观上。

　　职业价值观是价值观的重要组成部分，是指人生目标和人生态度在职业选择方面的具体表现，是人们依据自身的需要对待职业、职业行为和职业发展目标的比较稳定的、具有概括性和动力作用的一套信念系统。例如大学生就业时通常会考虑一些问题：是去政府单位还是去民营公司？是去技术岗位还是行政岗位？是要工作轻松收入少还是要高工资、高福利？左右学生进行职业选择的内在逻辑，就是职业价值观。很多大学生把充分发挥自己的才能作为择业的第一标准。

　　理想、信念、世界观对职业选择的影响，直接体现在职业价值观上。大学生对职业评价标准的好坏实质上是一种职业价值的判断，会影响到自己的职业选择和就业意向。市场经济的发展，既能活跃社会经济，同时市场经济的利益原则、竞争机制、等价交换原则对大学生的择业和创业观念也有着重要影响。而且在市场经济条件下，拜金主义、享乐主义在部分大学生中大行其道，这在一定程度上，导致大学生职业价值观的扭曲。比如，大学生经常面临这样的问题："什么样的工作是好工作？"有的学生看重的不是事业追求和国家的需要，而是挣钱多、工作轻松，或者有权有势等。不同的大学生有不同的答案。即使面对同一个职业，在不同人的眼里，其工作的意义和价值也是不一样的。在面临就业选择时，众多学生对高薪职业趋之若鹜，他们并不看重该工作的内容是否与在校期间所学专业对口，这些现象的存在说明大学生在面临择业时，过于强调物质利益高低，结果放弃了自己真正的擅长和喜欢的职业。

　　由于个人的身心条件、年龄阅历、教育状况、家庭和环境影响以及兴趣爱好的不同，人们对各种职业的价值认同和主观评价也不同。职业专家通过大量的调查,从人们的理想、信念和世界观角度把职业价值观分为八大类。

1. 自由型(崇尚独立且不受约束)

特点:持有该类型职业价值观的人希望不受别人指使和干涉,凭自己的能力拥有自己的小"城堡"。他们更愿意在工作中能有弹性,希望能充分施展本领,不受太多的约束,同时可以充分掌握自己的时间和行动,自由度高,不想与太多人发生工作关系,既不想"治"人也不想受制于人。

相应的适合职业类型:室内装饰专家、图书管理专家、摄影师、音乐教师、作家、演员、记者、诗人、作曲家、编剧、雕刻家、漫画家等职业。

2. 经济型(崇尚金钱至上)

特点:持有该类型职业价值观的人武断地认为世界上的各种关系都建立在金钱的基础上,包括人与人之间的关系,甚至父母与子女之间的爱也带有金钱的烙印。这种类型的人坚信,金钱可以买到世界上所有的幸福。

相应适合的职业类型:各种职业中都有这种类型的人,以商人为甚。

3. 支配型(崇尚发号施令、领导他人)

特点:持有该类型职业价值观的人有着较高的权力欲望,希望能够影响或控制他人,使他人照着自己的意思去行动;认为有较高的权力地位会受到他人尊重,从中可以得到较强的成就感和满足感。他们更想当单位的一把手,一呼百应,飞扬跋扈,无视他人的想法,为所欲为,且很享受这一过程。

相应职业类型:进货员、商品批发员、旅馆经理、饭店经理、广告宣传员、调度员、律师、政治家、零售商等。

4. 小康型(崇尚稳定)

特点:持有该类型职业价值观的人对自己要求不高,很容易满足于现状,但比较爱慕虚荣,优越感也比较强,依托体面的工作单位,也很渴望能有社会地位和名誉,希望常常受到众人尊敬。欲望得不到满足时,由于过于强烈的自我意识,有时反而很自卑。

相应职业类型:记账员、会计、银行出纳、法庭速记员、成本估算员、税务员、核算员、打字员、办公室职员、统计员、计算机操作员等。

5. 自我实现型(崇尚追求卓越)

特点:持有该类型职业价值观的人并不关心一时一地的幸福,他们一门心思想的是发挥个人才干、追求卓越。他们不太在意收入、地位及他人对自己的看法,持之以恒地努力挖掘自己的潜力,施展自己的本领,并视此为有意义的生活。

相应职业类型:气象学者、生物学者、天文学家、药剂师、动物学者、化学家、科学报刊编辑、地质学家、植物学者、物理学者、数学家、实验员、科研人员等。

6. 志愿型(崇尚助人为乐)

特点:持有该类型职业价值观的人通常富有同情心,把他人的痛苦视为自己的痛苦,他们不愿干表面上哗众取宠的事,而把默默地帮助不幸的人视为无比快乐的事。

相应职业类型：社会学者、导游、福利机构工作者、咨询人员、社会工作者、教师、护士等。

7. 技术型（崇尚一丝不苟）

特点：持有该类型职业价值观的人认为立足社会的根本在于一技之长。因此，他们会潜心钻研一门技术，认为靠本事吃饭既可靠、又稳当，他们做事喜欢精益求精，细心缜密，井井有条，并且对未来充满一种平常和的心态。

相应职业类型：木匠、农民、工程师、飞机机械师、野生动物专家、自动化技师、机械工、电工、火车司机、公共汽车司机、机械制图等。

8. 合作型（崇尚广交朋友）

特点：持有该类型职业价值观的人认为要取得事业的成功，仅凭单枪匹马很难实现，必须要有良好的人际关系网，有困难时可以互相帮助，相互支持。因此，现实中，他们注重人际关系的培养，尊师重友，把结交大量朋友看作是最大的财富。

相应职业类型：公司高管、公关人员、推销人员、秘书等。

9. 享受型（崇尚休闲享受）

特点：持有该类型职业价值观的人喜欢安逸的生活，不愿从事任何挑战性的工作。他们没有对某些固定职业类型的追求，只要工作能够免于危险、不会过度劳累、确保使自己的身心健康不受影响就可以接受。

相应职业类型：无固定职业类型。

第六节　职业素质分析

职业素质通常是指大学生在心理和生理条件基础上，通过职业培训、教育培训、职业实践、自身学习等有效途径发展起来的，在职业生涯中能起关键性作用的素质。对大学生来讲，职业素质的培养更多是来自社会学习和社会实践、实习的过程。

大学生进入职场并从事某项职业时，除了应具有该职业所需的知识和技能外，良好的职业道德和行为习惯也是必不可少的。品德好、行为习惯好的职员更容易被应聘单位接受，更容易得到上司的青睐，更容易与其他同事相处，也更容易做出成绩进而得到提升，使自己的职业生涯更为顺利。职业素质分析可以从以下几个方面展开。

第一，道德素质分析。道德素质分析的关键要从自身出发，分析自己在道德认知、道德意志、道德情感、道德修养、道德行为，以及遵循组织纪律意识等方面是否能做到顾全大局，正确处理集体利益和个人利益的关系；是否能在工作时做到一丝不苟，精益求精，爱岗敬业，乐于奉献等。大学阶段，是人生成长发展的重要阶段，我们要努力成为有理想、有道德、有纪律、有文化的"四有"新人，就要时刻注意培养自己良好的道德素质，为此，大学生要坚持摒弃一切不良心态，保持谦虚的态度。大学生要加强自我修养和培养，这就需要树立自我培养的强烈渴望，努力培养自尊自立自强的意识。大学生养成良好的思想品质，贵在自觉。自觉性在修养中的表现是多方面的。它既表现为把自我修养看成是一种强烈的需要,又表现为自我修养中的主动性,还表现为自我修养的彻底性。

第二,能力素质分析。能力素质在职业生涯中将影响个人职业生涯发展的高度。对自己能力素质分析一般包括智能、能力、技能、潜能四个方面。

智能是人的智力与知识的总和,它既有先天的禀赋也有后天的习得因素,如思维方式、记忆强度、想象空间等方面。从生物性角度讲,如果没有先天性缺陷影响,人与人间的智能没有太大的差距,但是,每个人的智力倾向、兴趣倾向是不同的。

能力是人完成某类事务的可能性,是人对自然世界探索、认知、改造水平的衡量尺度。它既有达成目的的事实因素,也有满足实施任务的条件因素。通俗理解它是人所具备的一组或多组实现目标的条件,如一个人的学习能力就是指其具备:获取信息的体能条件(视力、听力等);获取信息的工具条件(识字、记录信息技能等);环境条件(时间、场所、人际等);心理条件(欲望动力、目标、意志等)等。能力还包括自己是否已经具备驾驭所学专业知识的能力,是否有能力掌握比较广泛的基础文化知识,是否掌握了终身学习的能力;是否具备相关岗位要求的适应能力等。

技能是指人具备实现某一操作的知识、经验、协调动作的综合,它倾向于具体操作层面。简单理解就是能做某事,是一组既定的事实条件组合。如言语表达能力,组织管理能力,执行力,领导能力等;再如打字这种技能,它要求实施者掌握打字的有关知识、娴熟的打字动作、打字工具使用知识及操作等。有些技能很难用语言描述和表达,必须经过练习、体悟才能掌握,如游泳技能。即使将理论、操作方法技巧背得再熟也不等于你就会了游泳,必须经过不断地学习、练习,才能体悟到,并掌握这项技能。

潜能是指人所具有的且还没有被认知或使用的能力。潜能只有在其释放时,你才知道我原来还有这么大的"本事"。人到底有多大的潜能,没有定论,但有一点是毋庸置疑的,每个人都拥有巨大的潜能。

第三,专业素质分析。在激烈的社会竞争中,专业素质是职业生涯的重要因素之一。它不仅是指大学生所具备的学历和文化程度,更多地体现在将所学知识应用在职场上的水平。因此,专业素质的分析包括了对专业理论、专业技能、专业知识等的掌握和应用程度的分析。大学生职业生涯的活动舞台在职场上,能够给用人单位带来多少知识,怎样才能更好地把知识应用到工作实际,是衡量大学毕业生是否优秀的主要标准之一。大学毕业生工作有热情、积极主动,能够较快地接受新鲜事物,因此深受用人单位的欢迎。但在涉及专业学习和应用效果的时候,得到用人单位的认可度往往不高。出现这种现象的原因除了部分用人单位要求较高之外,还有毕业生本身的原因。部分毕业生缺乏对专业能力与技巧的培养,没有找到专业知识转化为工作效能的有效途径。因此,毕业生要在充分调查用人单位需求的基础之上,通过分析个人专业素质与实际职场要求之间的差距,下功夫研究专业知识的应用和技巧,不断提高自己的专业素质。

第四,社交素质分析。提高社交素质也是一门学问,是大学生走入社会的必修课。在现代社会,个人处于社会庞杂环境中,不可避免地要与各种人打交道,因而分析社交素质显得尤为必要。社交素质分析应着眼于以下几个方面:个人职业发展过程中将如何与人交往;是否已经学会与对自身发展起重要作用的人交往的能力;是否能处理好未来工作中会遇到的上下级、同事及竞争者的关系,是否学会了与他们相处的能力等。

求职就业绝不是单方面的简单的行为活动,在职场,还将涉及多方面的复杂的人际关系问题,如同事之间的关系,上下级之间的关系,与客户的关系等。只有处理好这些关系,才会有好的工作环境。良好的工作环境不仅可以使任务完成得更加顺利,而且有利于自己的身心健康。因此,大学生在校期间就要学会主动和他人进行沟通。一个好的设想需要得到教师、同学的支持,还需要大家的理解。同学间出现意见分歧、师生间出现误会的时候,也需要交流和沟通。如果在现实中过于突出强调自己的个性,而忽视了与他人的协调;或当与他人出现摩擦时,不去主动寻求解决之道,总是要等对方来与自己和解,这些都很容易给他人留下心胸狭隘、难以相处的不好印象。为了与他人和谐相处,大学生平时要注意既不要炫耀自己,也不要自卑。有自傲心理的人往往以位高自居,以才多自炫,出言不逊,尖酸刻薄,其结果是很容易失去别人的尊重和信任。而自卑的人,则应尽快调整自己,坚信事在人为,坚信自己经过努力一定能成功。遇事常给自己壮胆,常给自己鼓励。

第五,学习素质分析。学生的学习素质主要表现为主动学习、自主学习、持久学习、创新思维以及学习认真程度等方面。学习素质好的学生常常表现为能主动设立学习目标、求知欲强烈、学习态度认真、学习效率高。在当今社会,要做到与时俱进,不仅要保持良好的学习习惯,还要培养自己终身学习的意识和创新能力。

第六,身体健康素质分析。俗话说"身体是革命的本钱",身体的健康对刚步入职场的大学生来说是非常的重要。身体素质是素质整体结构的基础层,身体素质不好,其他各种素质也不会好。即使其他素质好,因身体素质不好,也很难发挥出其应有的作用。所以大学生在学校应该积极参加体育锻炼,拥有健康强壮的身体,这样才能全身心地投入做好每一项工作。身体健康素质体现在两个方面:心理健康和身体健康。

【案例】

还有比学习成绩更重要的

比尔森的学习非常优秀,梦想着成为一名医生,于是他就向美国名校哥伦比亚大学医学院递交了入学申请,结果却被学校拒绝了。学校拒绝他的理由是:阁下的学习成绩非常优异,而且家庭环境等各方面条件也很不错。不过,我们在翻查了你所有记录之后,没有找到你为他人献血的任何社会记录。作为医生的职业要求,我们无法判断你是否具有比成绩更为重要的东西。一个从来没有给他人献过血的人,人们是无法相信他能照顾好病人的。因此,阁下不具备当医生的资格。比尔森决定作最后的努力,于是乘飞机专程到学校面见院长,并陈述了他的理想和愿望以及各个方面的优势。院长一边翻看着他的资料,静静地听他把理由说完,作了最后的陈述:"比尔森先生,你要知道,无论你的成绩多么优秀,你的成绩代表不了你的同情心和你的善良,而恰恰这些都是作为一名医生应该具备的。作为一名医生,我们需要的不仅是你的成绩,而是在病人的痛苦面前温暖而善良的心。作为院长,你不具备的我们都可以帮助你,但是,与生俱来的怜悯心,是没法给你的。如果我把一个不适合的人放在一个不适合的位置上,我就是在做坏事。"院长很凝重地告诉比尔森:"你热爱这份工作和你能否胜任这份工作,在我们看来是两回事。当成为医生的时候,看见别人的痛苦,去拯救别人的痛苦,这是医生的天职。这些都需要你内心想要去帮助别人,你才不会利用你的职业干坏事。回去吧,孩子,等有一天你能证实你是我们需要的人,欢迎你回来。"正如院长所说,作为一名医生,要的是在他人的痛苦面前,温暖而善良的心。

【思考】

你理想的职业是否也很看重优秀成绩之外的其他品质?你是否已经具备这些品质?

第七节　职业生涯自我测评

所谓个人职业生涯测评又称职业规划测评,简称职业测评或职业测试,是职业规划的前提条件。职业生涯测评的内容包括性格、职业性向、潜能、天赋等方面。通过职业自我测评可以比较清晰地了解自己适合做从事什么工作和职业,自身存在问题的症结有哪些等。

根据霍兰德的人格类型理论,在职业决策中最理想的是个体能够找到与其人格类型重合的职业环境。一个人在与其人格类型相一致的环境中工作,容易得到乐趣和内在满足。因此在职业选拔与职业指导中,首先就要通过一定的测评手段与方法来确定个体的人格类型,然后寻找到与之相匹配的职业种类。为了确定个体的人格类型,就需要大量运用人才测评的手段与方法,霍兰德本人也编制了一套职业适应性测验(The Self-Directed Search,SDS)来配合其理论的应用。

为了对自己职业人格的类型有个基本了解,请你根据对下列每一题目的第一印象作答,不必仔细推敲,答案没有好坏、对错之分。具体填写方法是,根据自己的情况,如果选择"是",请打"√","否"则请打"×"。

1. 我喜欢把一件事情做完后再做另一件事。　　　　　　　　　　　（　　　）

2. 在工作中我喜欢独自筹划,不愿受别人干涉。　　　　　　　　　（　　　）

3. 在集体讨论中,我往往保持沉默。　　　　　　　　　　　　　　（　　　）

4. 我喜欢做戏剧、音乐、歌舞、新闻采访等方面的工作。　　　　　（　　　）

5. 每次写信我都一挥而就,不再重复。　　　　　　　　　　　　　（　　　）

6. 我经常不停地思考某一问题,直到想出正确的答案。　　　　　　（　　　）

7. 对别人借我的和我借别人的东西,我都能记得很清楚。　　　　　（　　　）

8. 我喜欢抽象思维的工作,不喜欢动手的工作。　　　　　　　　　（　　　）

9. 我喜欢成为人们注意的焦点。　　　　　　　　　　　　　　　　（　　　）

10. 我喜欢不时地夸耀一下自己取得的好成就。　　　　　　　　　（　　　）

11. 我曾经渴望有机会参加探险。　　　　　　　　　　　　　　　（　　　）

12. 当我一个独处时,会感到更愉快。　　　　　　　　　　　　　（　　　）

13. 我喜欢在做事情前,对此事情做出细致的安排。　　　　　　　（　　　）

14. 我讨厌修理自行车、电器一类的工作。　　　　　　　　　　　（　　　）

15. 我喜欢参加各种各样的聚会。　　　　　　　　　　　　　　　（　　　）

16. 我愿意从事虽然工资少、但是比较稳定的职业。　　　　　　　（　　　）

17. 音乐能使我陶醉。　　　　　　　　　　　　　　　　　　　　（　　　）

18. 我办事很少思前想后。 （ ）

19. 我喜欢经常请示上级。 （ ）

20. 我喜欢需要运用智力的游戏。 （ ）

21. 我很难做那种需要持续集中注意力的工作。 （ ）

22. 我喜欢亲自动手制作一些东西，从中得到乐趣。 （ ）

23. 我的动手能力很差。 （ ）

24. 和不熟悉的人交谈对我来说毫不困难。 （ ）

25. 和别人谈判时，我总是很容易放弃自己的观点。 （ ）

26. 我很容易结识同性朋友。 （ ）

27. 对于社会问题，我通常持中庸的态度。 （ ）

28. 当我开始做一件事情后，即使碰到再多的困难，我也要执着地干下去。 （ ）

29. 我是一个沉静而不易动感情的人。 （ ）

30. 当工作时，我喜欢避免干扰。 （ ）

31. 我的理想是当一名科学家。 （ ）

32. 与言情小说相比，我更喜欢推理小说。 （ ）

33. 有些人太霸道，有时明明知道他们是对的，也要和他们对着干。 （ ）

34. 我爱幻想。 （ ）

35. 我总是主动地向别人提出自己的建议。 （ ）

36. 我喜欢使用榔头一类的工具。 （ ）

37. 我乐于解除别人的痛苦。 （ ）

38. 我更喜欢自己下了赌注的比赛或游戏。 （ ）

39. 我喜欢按部就班地完成要做的工作。 （ ）

40. 我希望能经常换不同的工作来做。 （ ）

41. 我总留有充裕的时间去赴约会。 （ ）

42. 我喜欢阅读自然科学方面的书籍和杂志。 （ ）

43. 如果掌握一门手艺并能以此为生，我会感到非常满意。 （ ）

44. 我曾渴望当一名汽车司机。 （ ）

45. 听别人谈"家中被盗"一类的事，很难引起我的同情。 （ ）

46. 如果待遇相同，我宁愿当商品推销员，而不愿当图书管理员。 （ ）

47. 我讨厌跟各类机械打交道。 （ ）

48. 我小时候经常把玩具拆开，把里面看个究竟。 （ ）

49. 当接受新任务后，我喜欢以自己的独特方法去完成它。 （ ）

50. 我有文艺方面的天赋。 （ ）

51. 我喜欢把一切安排得整整齐齐、井井有条。 （ ）

52. 我喜欢做一名教师。 （ ）

53. 和一群人在一起的时候，我总想不出恰当的话来说。 （ ）

54. 看情感影片时，我常禁不住眼圈湿润。 （ ）

55. 我讨厌学数学。 （ ）

56. 在实验室里独自做实验会令我寂寞难耐。 （　）

57. 对于急躁、爱发脾气的人，我仍能以礼相待。 （　）

58. 遇到难解答的问题时，我常常放弃。 （　）

59. 大家公认我是一名勤劳踏实的、愿为大家服务的人。 （　）

60. 我喜欢在人事部门工作。 （　）

职业人格的类型：（符合以下"是"或"否"答案的记 1 分，不符合的记 0 分）。

常规型："是"（7,19,29,39,41,51,57），"否"（5,18,40）。

现实型："是"（2,13,22,36,43），"否"（14,23,44,47,48）。

研究型："是"（6,8,20,30,31,42），"否"（21,55,56,58）。

企业家型："是"（11,24,28,35,38,46,60），"否"（3,16,25）。

社交型："是"（15,26,37,52,59），"否"（1,12,27,45,53）。

艺术型："是"（4,9,10,17,33,34,49,50,54），"否"（32）。

请将得分最高的三种类型从高到低排列，得出一个（或两个）三位组合答案，再对照表 5-1 即可大致了解自己人格类型所匹配的职业。

表 5-1　人格类型与职业环境的匹配

类　型	劳　动　者	职　业
现实型	① 愿意使用工具从事操作性工作； ② 动手能力强，做事手脚灵活，动作协调； ③ 不善言辞，不善交际	主要是指各类工程技术工作、农业工作。通常需要一定体力，需要运用工具或操作机器。 主要职业有：工程师、技术员；机械操作、维修、工人、矿工、木工、电工、鞋匠等；司机，测绘员、描图员；农民、牧民、渔民等
研究型 （调研型）	① 抽象思维能力强，求知欲强，肯动脑，善思考，不愿动手； ② 喜欢独立的和富有创造性的工作； ③ 知识渊博，有学识才能，不善于领导他人	主要是指科学研究和科学实验工作。 主要职业：自然科学和社会科学方面的研究人员、专家；化学、冶金、电子、无线电、电视、飞机等方面的工程师、技术人员；飞机驾驶员、计算机操作员等
艺术型	① 喜欢以各种艺术形式的创作来表现自己的才能，实现自身的价值； ② 具有特殊艺术才能和个性； ③ 乐于创造新颖的、与众不同的艺术成果，渴望表现自己的个性	主要是指各类艺术创作工作。 主要职业：音乐、舞蹈、戏剧等方面的演员、艺术家编导、教师；文学、艺术方面的评论员；广播节目的主持人、编辑、作者；绘画、书法、摄影家；艺术、家具、珠宝、房屋装饰等行业的设计师等
社交型	① 喜欢从事为他人服务和教育他人的工作； ② 喜欢参与解决人们共同关心的社会问题，渴望发挥自己的社会作用； ③ 比较看重社会义务和社会道德	主要是指各种直接为他人服务的工作，如医疗服务、教育服务、生活服务等。 主要职业：教师、保育员、行政人员；医护人员；衣食住行服务行业的经理、管理人员和服务人员；福利人员等
企业家型 （事业型）	① 精力充沛、自信、善交际，具有领导才能； ② 喜欢竞争，敢冒风险； ③ 喜爱权力、地位和物质财富	主要是指那些组织与影响他人共同完成组织目标的工作。 主要职业：企业家、政府官员、商人、行业部门和单位的领导者、管理者等

类 型	劳 动 者	职 业
传统型	① 喜欢按计划办事,习惯接受他人指挥和领导,自己不谋求领导职务; ② 不喜欢冒险和竞争; ③ 工作忠实,忠诚可靠,遵守纪律	主要是指各类与文件档案、图书资料、统计报表之类相关的各类科室工作。 主要职业:会计、出纳、统计人员;打字员;办公室人员;秘书和文书;图书管理员;旅游、外贸职员、保管员、邮递员、审计人员、人事职员等

以上测评和结果内容为大学生进行职业生涯规划,明确将来职业选择,提供了很有价值的参考依据和指南。

【本章思考与研讨】

1. 在规划职业生涯时,为什么自我认知很重要?
2. 试分析一下,你的自我认知主要有哪些障碍?
3. 正确自我认知的方法有哪些?
4. 请分析自身的气质、兴趣、性格、能力对职业生涯的影响。
5. 职业价值观分析为什么很重要?你的职业价值观是什么?
6. 请对自己的职业素质进行分析。
7. 根据本章内容,尝试作一次职业生涯自我测评。

第六章
大学生职业生涯规划书的撰写

【小试验】 请同学们闭上眼睛,猜猜身边有没有人穿红色的衣服,有多少人穿了红色衣服。

【提问】 红颜色在人群中一般会很显眼,为什么大家都没有注意到呢?

【解释】 这是因为存在选择性注意。人们在同时存在的两种或两种以上刺激信息中,很容易发生选择对其中一种信息进行注意,而忽略其他的刺激信息。所以,当没有人提示要注意红色信息时,红色就很容易被忽略,因为它不是一个特意提示的目标。当红色成为特别提示的目标时,也许不仅在今天你格外注意谁穿了红色衣服,在今后几天你同样会关注身边的红色衣服。这种现象表明:如果我们把注意力看成是一种能量的话,那么很明显,目标帮助我们集中了能量。所以,当一个人的职业生涯发展中有目标时,他就容易集中所有的能量和资源去实现,成功的可能性就会更大。所以,职业生涯规划是一个过程,规划的功能在于为职业生涯设定目标,并找出达成目标所需采取的步骤。

随着社会的发展和高校毕业生就业形势的严峻,能否在大学期间进行科学有效的职业生涯规划,直接影响着大学生的就业质量和人生发展。因此,进行职业规划,针对个人实际情况,确立未来发展方向,对每个人的一生来说,都显得格外重要。但未来的职业生涯怎么发展,是无所作为、听任命运的摆布;还是未雨绸缪、做自己命运的主人,其结果往往会大相径庭。为了合理规划职业目标和路径,并用高效行动去实现职业目标,大学生们需要根据职业生涯规划理论与原则,掌握正确的职业生涯规划的制订方法,准确进行自我定位,合理规划职业人生,列出具体措施和路径,通过具有前瞻性的职业生涯设计,减少在人生道路上的徘徊犹豫,避免浪费时光,为主动迎接未来职业发展的挑战做好充分准备。

第一节 制订职业生涯规划的前期准备

制订职业生涯规划包含了对内在因素和外在因素的分析、目标的确立、具体实施方案的制订等环节。具体到大学生制订职业生涯规划时,一般并不是从开始就能做到一步到位。通常是要根据自己的实际工作能力和专业知识,大致设计好一个自己将要为之奋斗的目标,即自己以后的路如何走,然后随着时间的推移逐步调整。为了使规划更具可行性,大学生在人生成长的道路上,可以先给自己定下一个合适的高度,然后再通过自己一步一步的努力朝着这个方向前进,直至达到既定高度后再设立新的高度,这个前方的高度就是自己的未来。职业生涯规划与职业成功没有必然的因果关系,但是制订科学、合理、务实的职业生涯规划会使目标更明确、更切合实际,有助于职业发展与取得职业成功。要做好职业生涯规划通常需要认真做好以下几点。

1. 树立正确的职业生涯发展信念

树立正确的职业生涯发展信念对大学生目前和未来的发展至关重要。没有积极向上、为社会贡献自己才干的信念,事业的成功也就无从谈起。俗话说"志不定,天下无可成之事"。立志是人生的起跑点,反映着一个人的理想、胸怀、情趣和价值观,影响着一个人的奋斗目标及成就的大小。所以,大学生在制订生涯规划时,首先要确立正确的人生志向,对自己的人生取得更大发展有着远大的抱负和格局,这是制订职业生涯规划的动力所在,也是大学生职业生涯规划最重要的一点。

2. 客观自我评价

客观自我评价就是要对自己有一个全面的了解。一个有效的职业生涯设计必须是在充分且正确认识自身条件与相关环境的基础上展开的。要审视自己、认识自己、了解自己,做好自我评估,包括自己的兴趣、特长、性格、学识、技能、智商、情商、思维方式等方面。即要弄清我是谁、我想要干的是什么、我能干什么、我应该干什么、在众多的职业面前我会选择什么等问题。

自我认知是避免职业选择盲目性的重要基础。因为只有认识了自己,才能知道自己适合做什么,不适合做什么。所以,自我认知是制订职业生涯规划的最重要步骤之一。通过客观分析自己的知识水平、能力结构、职业兴趣、职业价值观、行为风格、个性特征等,并将其作为设定职业生涯目标和策略的基础,从而达到准确做好职业定位、实现自我价值的目的。同时,通过自我认知,找到自己与实际职场需求之间的差距,努力采取切实行动缩小这种差距。

3. 择优选择职业目标和路径

职业目标的设定是职业生涯规划的核心。一个人事业的成败,很大程度上取决于是否有正确适当的目标。没有目标就如同大海中的孤舟,没有方向就不会知道自己应该走向何方。只有树立了目标,才能明确奋斗的方向,才能设计通向目标的最佳路径。通常目标有短期目标、中期目标和长期目标之分。长远目标需要个人经过长期艰苦努力、不懈奋斗才有可能实现,确立长期目标时要立足现实、慎重选择、全面考虑,使之既有现实性又有前瞻性。短期目标更具体,对人的影响也更直接,也是长远目标的组成部分。

在择优选择自己的职业目标过程中,大学生通过自我评估和环境机会的评估,结合生涯发展愿望,可初步确立个人的职业发展目标,如具体的行业/领域、职业、职位,以及希望达到的发展高度等。在知己、知彼的基础上,以自己的最佳才能、最优性格、最大兴趣、最有利的环境等信息为依据,选择最适合自己的目标职业,并确定相应的实现自己目标的发展路径和实现策略。

4. 职业定位

职业定位就是要为职业目标与自己的潜能以及主客观条件谋求最佳职业匹配。良好的职业定位是以自己的最佳才能、最优性格、最大兴趣、最有利的环境等信息为依据的,同时考虑目标职业的可获得性。一个人职业的定位最根本的还是要归结于他的学识和能力,而职业发展空间大小则取决于自己的潜力。对于一个人能力与潜力的了解应该从几个方面去认识,如对事物的兴趣、做事的韧性、持久学习的意愿、面临问题时的判断力以及知识结构是否全面、是否能及时更新等。自己所掌握的专业知识和技能最好能做到学以致用,在职场能充分发挥自己的专长。因此,大学生在学校期间的学习过程中一定要注意积累自己的专业知识和相关技能。职业定位过程中要考虑的因素很多,包括性格与职业的匹配、兴趣与职业的匹配、特长与职业的匹配、专业与职业的匹配等。职业定位应注意以下几个方面。

① 扬长避短。依据个人情况和客观现实,作好自我评价,然后综合考虑个人具备的条件与社会、用人单位的需求实际,注意扬长避短,作出目标单位选择的决定。

② 比较鉴别。对职业条件、要求、性质与自身条件的匹配情况进行比较,进而选择条件更合适、更符合自己特长、更感兴趣、经过努力能很快胜任、有发展前途的职业。

③ 客观面对现实。社会不存在十全十美的职业,选择目标职业时要看主要方面是否与自己的情况相匹配。

④ 根据实际调整目标职业。大学生要审时度势,根据情况的变化,分析产生的原因,及时调整择业目标,不要死盯着一个目标不放。

⑤ 采取切实可行的行动。没有行动,职业目标只能是一种梦想。因此,要制订出周详的行动方案,更要注意去落实这一行动方案,通过具体的行动措施来保证目标的实现。

5. 评估职业生涯机会

职业生涯机会的评估主要是评估环境对自己职业生涯发展的影响。每一个人都处在一定的环境之中,环境的影响无处不在。所以,在制订个人的职业生涯规划时,要分析环境条件的特点,了解环境的发展变化情况,自己与环境的关系,自己在这种环境中的处境,环境对自己提出的要求,以及环境对自己的有利条件与不利条件等。只有对这些环境因素充分了解,才能做到在复杂的环境中发现机会、避害趋利,使自己的职业生涯规划更符合环境实际。为此,大学生要通过多种途径,尽可能地获取目标行业、目标职业、目标用人单位的相关资讯,结合自己的专业特长、职业兴趣、就业机会、职业选择、家庭环境、社会需求等环境因素,理性地评估职业机会,以此作为设定自己职业目标的基础。

要充分认识和了解相关的环境,评估环境因素对自己职业生涯发展的影响,分析环境条件特点及发展变化情况,把握环境因素的有利与限制性条件,了解本专业的应用领域,掌握目标行业的现状、竞争形势以及发展趋势。比如,我国政治制度和经济发展是相互影响的,我国政治上稳定,法制化进程已经开始,市场经济已初步形成并步入正轨,这为各种人才成长发展提供了前所未有的机遇。但同时人才竞争日趋激烈,大学生就业环境不容乐观。有了这些认识,就要求我们在分析好社会现状的基础上,有针对性地做好职业生涯规划。

综上所述,整个规划流程中正确的自我评价是最为基础、最为核心的环节,这一环节如果做不好或出现偏差,就会导致职业生涯规划的各个环节都出现一定的问题。

6. 制订行动计划和行动策略

在确定了职业生涯目标后,行动就变成了关键的环节。没有行动,就不能达成目标,也就谈不上事业的成功。这里所指的行动是指围绕职业目标的实现,制订具有针对性、有效性与可行性的行动计划,以及落实目标的具体措施。例如,为达成目标,你通过什么样的路径来实现? 在学习和工作方面,你计划采取什么措施以提高你的成效? 在业务素质方面,你计划如何提高自己的专业业务能力? 在潜能开发方面,采取什么措施开发自己的潜能等。都要有具体的计划与明确的措施,并且这些计划要尽可能具体化,以便于定时检查、落实和调整。

第二节　制订职业规划前需要搞清的几个问题

对于那些希望自己的未来有个明确的人生目标,而且也愿意为实现这一目标而努力奋斗的大学生来讲,制订职业生涯规划就是朝着实现这一目标所迈开的第一步。但制订职业生涯规划需要遵循一定的原则,这对于自我认知和生涯定位很重要。大学生在制订职业规划前,一般需要搞清如下六个问题。

① 你是谁(Who are you)? 为了回答这个问题,需要对自己做一个梳理,真实地写出每一个所能想到的答案;写完再想想有没有遗漏,如果确实没有了,就按重要性进行排序。该问题的提出是希望你对自己能有一个比较清醒的认知,这也是一次自我分析的过程。分析的内容包括:个人的兴趣爱好、性格倾向、身体状况、家庭影响、教育背景、专长、过往经历和思维能力等。通过自我反思,列出自己的优点和缺点、特长、性格类型等,并以此为基础作进一步自我评估,目的是对自己有个全面准确的评价和定位。职业生涯规划要求大学生能根据自身的兴趣、特点,将自己定位在一个最能发挥自己长处的职场平台,这将有利于最大限度地实现自我价值。也就是说制订职业生涯规划意义不仅在于要适应环境的变化,而且还在于能正确认识自我,寻找努力的方向,在变化的环境中适时地调整自己的坐标,确保将来的职业能顺利发展。

② 你想要的是什么(What you want)? 大学生制订职业生涯规划实际上就是为自己在未来的职场发展提前绘制出一个比较清晰的愿景蓝图,也就是说在进行职业生涯规划时,要搞明白自己到底需要的是什么,希望从事何种职业,在目标职业中希望得到什么。如果一个人确定了对某种职业的兴趣,很容易就会迸发出强大的行为动力,推动着自己去发掘自身全部潜能朝着实现这一目标而努力。为了弄清自己想要什么这个问题,大学生可以将思绪回溯到孩童时代,从人生初次萌生想干什么的念头开始,然后随年龄的增长,回忆自己真心向往过那些想做的事,并一一地记录下来,写完后再想想有无遗漏,确实没

有了,就对这些记录进行认真的排序。该问题的提出是希望你理清自己对职业发展有怎样的心理倾向,实际上也是你对目标职业的展望,包括职业目标、收入目标、学习目标、名望期望和成就期望等。每个人在不同阶段的兴趣和目标并不完全一致,有时甚至是完全对立的。但随着年龄和经历的增长而逐渐固定,并最终锁定自己的终身理想和目标。

③ 你能做什么(What can you do)? 对于这个问题,需要你把可以证明自己实力和自认为还可以开发的潜能都一一列出来,认为没有遗漏了,就进行认真的排序。该问题需要你做的是对自己的能力与潜力进行全面总结并回答:自己的专业知识和技能专长是什么? 能否学以致用? 等问题。

④ 哪些因素可支持你的生涯选择(What can support you)? 此问题需要你回答的是你具有哪些职业竞争优势和能力优势? 这些职业优势和竞争力包括了内、外因素对你职业选择的支撑,比如外在因素包括:经济发展、用人单位人事政策、企业制度、职业发展空间等;内在因素包括:你的各种资源,包括家庭、学校、社会的种种关系等。两方面的因素应该综合起来考虑,因为这些因素也许会能够影响到你的职业选择。有时我们在作职业选择时常常忽视对环境的考虑,没有将一切有利于自己生涯发展的因素都调动起来,从而影响了自己未来发展路径的选择。环境既有来自自己家庭的影响,也有来自社会政治、经济、文化等的影响。比如当前社会、政治、经济发展趋势;社会热点职业门类分布及需求状况;所学专业在社会上的需求形势;自己所选择职业在目前与未来社会中的所处态势;社会发展对个人生涯发展的影响;自己所选择的目标单位在未来行业发展中的变化情况,在本行业中的地位、市场占有率及发展趋势等;对环境影响的分析和对社会发展大趋势问题的认识,有助于自我把握职场需求,使自己的职业选择能紧跟时代脚步。通过对上述问题的分析,认真思考一下自己可能获得什么样的环境支持因素,搞明白后再一一将其写下来,最后再以重要性排列一下,从而确定哪些因素可以对你的职业生涯选择提供支持。

⑤ 什么职业最适合你(What fit you most)? 此问题需要你回答的是,面对众多的行业和职位,哪个才是适合你的呢? 盲目选择目标职业往往会使自己因考虑不周而得不偿失,要知道,最终作出的职业目标选择一定应该是不利条件最少、最适宜自己做的。搞清自己适合从事哪些职业/工作是职业生涯规划的关键和基础。选择看起来最好的并不一定是最合适的自己的,只有选择适合自己各方面条件的职业才是最正确的。这就需要在明确前四个问题的基础上再来回答这个问题。

⑥ 你最后的选择是什么(What you can choose in the end)? 最终选择什么样的目标单位很重要,这将影响你的职业生涯。对目标单位的选择实际是建立在综合分析的基础上,包括预测自己在用人单位内的职务提升路径,个人如何从低到高逐级而上,例如从技术员做起,在此基础上努力熟悉业务领域、提高能力,最终达到技术工程师的理想生涯目标。此外,还需要预测一下工作范围的变化情况,不同工作对自己的要求及应对措施;预测可能出现的竞争,如何相处与应对,分析自我提高的可靠途径;如果发展过程中出现偏差,如果工作不适应或被解聘,如何改变职业方向。所有这些内容都需要在职业生涯规划中列出来,从而建立并形成个人发展计划书档案,然后通过系统的学习、培训,不断充实自己,从而为将来实现就业理想目标奠定基础。

要回答上述问题,同学们还需要通盘考虑以下几方面的因素。

① 自己目标职业所处行业的发展阶段。面对各行各业,究竟选择哪一个作为自己的理想职业,不仅取决于自身的偏好与能力,还取决于其行业自身的生命力。因此,在确定职业生涯目标时,一定要考察该行业的生命周期和行业所处的发展阶段。同时,选择职业生涯目标还应善于把握社会发展的脉搏,对社会大环境作出分析。虽不能面面俱到,但也要有一定的广度,包括社会政治、经济的发展趋势,社会热点职业门类的分布和需求情况,自己所学专业在社会上的需求形势,自己所选择的单位在未来发展中的情况及在本行业中的地位、市场占有率和发展趋势等,在此基础上寻求一个符合社会发展潮流、有巨大生命力的职业。

② 自己的职业性向。所谓职业性向是指一个人所具有的、有利于其在某一职业取得成功的素质之和。它是与职业方向相对应的个性特征,也是指由个性决定的职业选择偏好。一个人如果从事符合自己性向的职业,做事情就容易顺风顺水。比如,在确定职业生涯目标时,最好优先考虑适合自己专业的职业,这样可以免去很多烦恼,不会因为专业与工作不对口等问题而心生烦躁。根据霍兰德的观点,大多数人实际上并非只有一种性向。他认为,这些不同的性向越相似或相容性越强,则一个人在职业选择时所面临的内在冲突和犹豫就会越少。如果这些性向是相互对立的,那么在进行职业选择时将会面临较多犹豫不决的情况,这是因为多种性向将会驱使人们在多种不同的职业之间进行选择,结果反而会造成患得患失、举棋不定的局面。

③ 自己的技能(也就是自身的本领,比如专业、爱好、特长等)。在职业生涯目标选择与确定时,一定要看清自己的能力大小,分析自己在能力上的优势和劣势,深入了解自我,根据过去的经验选择,推断未来可能的职业发展方向与机会,并结合自身实力考虑其合理性与成功概率。如果你具有某项突出的技能,而这项技能可以成为自己获得目标职业的竞争优势,或者是能为自己带来较好的收入,那么,做职业生涯规划时就应当将其作为一个重要因素加以考虑。

④ 自己的职业锚。职业锚/动机是职业生涯规划时另一个值得认真考虑的要素。当一个人不得不作出职业选择的时候,在选择过程中无论如何都不应该放弃的至关重要的东西或价值观就是职业锚。职业锚是人们选择和发展职业时所围绕的中心。每一个人都有自己的职业锚,影响一个人职业锚的因素有:天资和能力;工作动机和需要;人生态度和价值观。

⑤ 自己的职业兴趣。职业兴趣是兴趣在职业方面的表现,是指人们对某种职业活动具有的比较稳定而持久的心理倾向,使人对某种职业给予优先关注,并向往之。职业兴趣是一个人对待工作的态度,表现为有从事相关工作的愿望和兴趣。事实表明,拥有职业兴趣将会增加个人的工作满意度、职业稳定性和职业成就感。在规划职业生涯目标时,职业兴趣是主要动力,只有在自己内心不断涌动的热忱鼓舞下,一个人才能真正热爱自己准备从事的工作。例如:喜欢旅行(适合于经常出差的职业);喜欢温暖湿润的气候(适合在华南,特别是沿海地区工作);喜欢自己作出决定(适合自己做老板);喜欢住在中等城市工作(不愿深陷过度竞争,适合作一些稳定性强的工作);不想为大公司工作(宁做鸡头不做凤尾);不喜欢整天坐办公室(不愿意坐班受约束,适合从事与公关、出差、市场开拓等方面的工作)等。

【案例】 某高校女生,计算机专业,在临近毕业时常常对自己的职业方向难以选择。就当前来说计算机专业仍属于热门行业,找一份不错的工作并不难,但由于自己是女生,认为自己在就业时才能又不如同班的男生有竞争优势,同时自己对教师的职业比较喜欢。在这种存在多重矛盾的情况下,我们不妨和她一起,按照上面所述的内容搞清以下几个问题,进行一次有关职业规划方面的认真思考,并通过对其职业前途的规划来确定其就业方向。

① 你是谁(Who are you)? 案例中的人物是某重点高校计算机专业毕业生,优秀学生干部,学生成绩优秀,英语通过国家六级;辅修过心理学、管理学;参加过高校演讲比赛,拿过名次;家庭状况一般,父母工作稳定,身体健康,暂时还不需要有人特别照顾;性格上喜欢安静。

② 你想要的是什么(What you want)? 很想成为一名老师,这不仅是儿时的梦想,也是自己比较喜欢的职业;其次可以成为公司的一名技术人员;如果出国读管理方面的硕士,回国能成为名企业管理人员也是可以接受的。

③ 你能做什么(What can you do)? 她曾经做过家教,虽然不是自己的专业,但与孩子交流有天生的优势,当学生成绩进步时很有成就感;此外,还当过学生干部,与手下人相处比较好,组织过几次有影响的大型活动;实习时在公司做过一些开发,虽然没有大的成就,但感觉还行。

④ 哪些因素可支持你的生涯选择(What can support you)? 家里亲戚推荐去一家公司作技术开发;GRE考得还可以,已经申请了国外几所高校,但是否能拿到奖学金还很难说,况且现在签证也比较困难。去年曾有几家学校来系里招聘,但不是招聘老师,而是招去学校做技术维护的工作人员,今年不知会不会有学校来招聘教师;有同学开了一家公司,希望自己能够加盟,但自己不了解这个公司的具体业务,也不知道它有多大的发展前景。

⑤ 你最后的选择是什么(What you can choose in the end)? 最后的选择可能有4种,分别如下。

a. 到一所学校当老师,自己有这方面的兴趣和理想,在知识和能力方面并不欠缺,并且自己有信心成为学生心中理想的好老师。不足的就是缺乏作为一名教师的基本训练以及一些技巧,但这可以逐步提高。

b. 到公司做技术人员,收入上会好一些,但通过这几年的发展看,这种行业起伏较大,同时由于技术发展较快,得随时对自己进行知识更新,压力较大,信心不足,兴趣也不是很大。

c. 去同学的公司,丢掉专业,从底层做起。这样做的风险较大,这与自己求稳的心理性格不符,同时家庭也会有阻力。

d. 如愿以偿获得奖学金出国读书,回国后去做一名企业管理人员。但这样做的不确定因素较多,且自己可把握的机会较少,自己始终处于被动状态。

⑥ 什么是最适合你的工作(What fit you most)? 从个体而言,第一种选择显然更符合她本人的职业取向。从心理学上看,选择第一种工作(当老师)能够使她得到最大的满足,在工作中也最容易投入,做出一定的成绩后也会有很大的成就感。从职业前途看,教师这个职业也日益受到社会的尊重,社会地位呈上升趋势。从性格上看,这种职业也比较符合她的职业性向。主要困难是非师范类毕业生进入这个职业的门槛比较高,如果她能

在确定自己的最终目标后,努力去弥补与师范生在职业技巧方面的差距,那么,她实现自己的职业理想将为时不远。

第三节 目标职业的确定

每个人都有各自的性格、兴趣爱好、特长能力,因此每个人的目标职业也不可能一样,不能用同样的标准和要求来判定自己。在进行自我衡量之后,选自己所爱、择自己所长。同时,在目标职业的确定方面,切莫与他人攀比,也不必羡慕他人,相信自己的实力,一定能找到自己想要的合适的工作。建议从以下几方面入手确定自己的目标职业。

1. 选择适合自己从事的职业/工作

制订职业生涯规划最起码要搞清自己适合从事什么工作? 目标职业是什么? 围绕职业目标选择,一定要扬长避短,选择不利条件最少、最适宜自己做的工作去做,具体如下。

① 择己所爱。从事一项你所喜欢的工作,工作本身就能给你一种满足感,你的职业生涯也会因此而变得非常有意义,因为兴趣是最好的老师。调查显示:兴趣与成功概率有着明显的正相关性。在设计自己的职业生涯时,务必注意要考虑自己的兴趣,选择自己所喜欢的职业。当你喜欢某个行业、职业,认定该职业符合自己的职业方向时,就要及早去做准备,力争使自己的专业知识、技能、职业能尽快符合目标职业的要求,形成自己的职业竞争能力。同时,你不必太在乎入职时薪酬的高低,而应该更看重未来的发展。

② 择己所长。在职业规划时,要先认识自己,诚实地自问一下,哪些东西是我生命中不能缺少的? 我最看重什么? 我有哪些技能是与众不同、赖以为生的? 任何职业都要求从业者掌握一定的技能,具备一定的能力条件,而一个人一生中不能将所有技能都全部掌握。因此,职业生涯设计要根据自身的兴趣、特点,将自己定位在一个最能发挥自己长处的位置,从而有利于发挥自己的优势。运用比较优势原理仔细分析别人与自己在优势上的差异,尽量选择自己更容易施展优势的机会,这样才可以最大限度地实现自我价值。

③ 择己所利。职业生涯规划是人生规划的主体部分,是同个人、家庭和社会生活结合在一起的。所以制订职业生涯规划,也要和个人人生目标结合起来,要把职业生涯和家庭、社会生活结合起来。职业毕竟也是个人谋生的手段,其目的在于追求个人幸福。所以你在择业时,除了需要考虑所追求的事业,还要在一定程度上考虑自己的预期收益——个人幸福最大化。明智的选择是在由收入、社会地位、成就感和工作付出等变量组成的收益函数中找出最大值,这就是选择职业生涯中的收益最大化原则。

2. 选择能提供自己目标岗位和职业发展通路的用人单位

很多大学生的心目中都会有一些自己心仪的用人单位,但这些用人单位能否给自己提供目标岗位就很难说了。原因可能有很多,比如该岗位编制名额有限,竞争激烈;或者是该岗位并不存在;或者是该岗位对招聘人员要求过高;或者是从业人员要有很硬的关系等。总之,大学生要根据自己的实际情况,冷静、理性、客观看待现实,不要一厢情愿,用幻想代替现实。只有那些真正能够为你提供目标岗位的用人单位,才是你值得努力去争取进入的单位。

3. 选择社会发展所迫切需要的职业

大学生选择职业,确定自己的奋斗目标,不能脱离社会的需求,也就是择世所需。大学生可能会发现,制订职业规划时,会有不少适合自己的职业供选择,但并不是任意一个职业都可作为最终的选择。为减少择业的盲目性,大学生应该主动查询一些与所选择职业相关的信息,比如该职业在目前与未来社会中的地位和发展情况,自己所选择的单位在未来行业发展中的变化情况,在本行业中的作用、市场占有率及发展趋势等。对某些职业发展趋势的认识,有助于自我把握职业机会,使自己的职业选择更加准确。随着社会科技、经济的发展,社会的需求也在不断变化着,旧的需求不断消失,新的需求不断生成,从而导致新的职业也在不断产生。因此,大学生要注意职业需求变化对职业生涯的影响,制订职业生涯规划时要有一定弹性,随时密切关注职业发展的新变化,学会收集、分析、整理社会信息,注重对职业需求发展变化的适应性,根据社会的变化调整职业生涯规划。所以在设计自己的职业生涯时,一定要分析社会需求,最重要的是,目光要长远,不仅仅要看目前的社会需求,而且还要看这种需求是否长久,然后预测该行业或职业的未来发展方向,再作出自己的选择。

第四节　科学的职业生涯规划所应具备的特征

① 可行性:规划要有事实依据,切实可行,而且符合自己条件。否则好高骛远,规划中的目标职业远超自己个人的实力,可望而不可即,最后反而会错过对自己有利的生涯良机。此外,目标职业还要具有现实性,并非是那种美好的幻想或不着边际的梦想。如有的同学一心想入职就做管理者,要知道,单位提拔管理干部是需要经验的积累以及多年的考察,不可能仅仅因为你曾经作过学生干部就直接安排你做管理者。

② 时间性:规划是预测未来的行动,确定将来的目标,因此各项主要活动,何时实施、何时完成,都应有时间和时序上的妥善安排,以作为检查行动的依据,随时可根据职场的变化对照原订的规划进行检查和及时调整。

③ 适应性:规划未来的职业生涯目标,牵涉多种可变因素,因此规划应有弹性,以增加其适应性。值得注意的是伴随现代科技与社会进步,大学生要随时注意修订职业目标,尽量使自己职业的选择与社会的需求相适应,一定要跟上时代发展的脚步,顺应社会需求,才不至于被淘汰出局。

④ 连续性:职业生涯规划一般分为短期、中期、长期规划,这种由短及长的规划不是相互孤立存在的,而是有连续性的、递进的、发展的关系,体现出生涯规划每个发展阶段的持续连贯衔接性。在规划执行过程中,包括为了实现总目标而分阶段实现一系列承前启后的短期目标。比如你想要当一名自动化工程师,规划中就要搞清楚自动化工程师需要哪些方面的能力,对哪些技术系统要有深入的研究,为据此制订一个具有连续性的整体规

划来保证目标的实现。具体来说,需要将规划中的最终目标按一定顺序分解为一个个短期目标,然后逐个实现,将规划的连续性覆盖整个规划的执行过程。

⑤ 发展性:制订职业生涯规划要有一定的超前性和预测性,避免出现误判。制订职业生涯规划时,大学生要把目光投向未来,研究清楚本人未来准备要做的工作,十年后在未来社会中的需求,是会增加还是减少,自己在未来社会中的竞争优势,随着年龄的增加是不断加强还是逐渐削弱。

第五节　制订职业生涯规划的 SWOT 分析法

SWOT 是英文 Strengths(优势)、Weaknesses(劣势)、Opportunities(机会)、Threats(威胁)的缩写,该方法主要是针对自己综合条件的优势、劣势,以及所面临的机会、威胁四个方面进行综合分析,SWOT 分析法被广泛应用于不同的领域、行业、项目的机会决策。本教材把 SWOT 分析法应用于大学生职业定位分析与决策。

第一步:根据社会经济发展需要,收集与本专业或目标职业需求相关的信息,客观描述个人兴趣、性格、知识水平、职业技能、特长和人生目标等相关因素,将其一并列出并填入表 6-1 中(表中的评判内容是可调整的,自我评价要符合客观实际)。

表 6-1　SWOT 分析法

	项目		评判内容	评价	备注
优势	个人因素	1	专业知识、职业技能、特长		
		2	社会实践、各种技能比赛获奖		
		3	爱好、兴趣		
		4	性格、气质		
		5	最成功的事、论文、论著		
劣势	个人因素	1	性格弱点		
		2	经验、工作经历的弱点		
		3	自己最大的弱点		
		4	知识和能力的不足		
		5	自己最失败的经历		
机会	环境因素	1	国家鼓励政策		
		2	学校和国家人才市场有利信息		
		3	与自己专业相吻合的招聘信息		
		4	人脉资源的有利条件		
		5	最有利的单位和工作岗位		

项 目			评 判 内 容	评 价	备 注
威胁	环境因素	1	社会经济状况的不利影响		
		2	人才供需信息不对称		
		3	工资、福利报酬等的不利因素		
		4	自己中意的工作岗位竞争激烈		
		5	对自己最不利的因素		
SWOT 分析总体鉴定			最理想的职业方向和就业范围;就业的地域:主要是工作单位、工作类型和地理位置;分几个阶段去实施;现在需要做哪些准备。		

第二步:对表 6-1 中的每个项目内容做出客观的评价(如果要多人评价,并作相互比较,则可以给每项记分值),了解自己的优势、劣势和环境中存在的机会、威胁。

1. 明确自己的优势

① 自己最优秀的品质有哪些? 为了发现自己的闪光点,同学们需要作一次详细的自我分析和描述,并把自己最突出的优点逐条写在纸上,再尝试写一份自我推荐信,然后与自己面对面地沟通,并从用人单位的角度看写推荐信的那个人是否可以让你信服,从中发现在你身上是否具有其他人所不具备的优点。

② 曾经学习了哪些知识? 包括在大学里学习了哪些课程,特别是专业课;掌握了哪些职业技能,获得哪些技能证书,包括计算机、外语、各种职业技能等。

③ 曾经做过哪些可以代表自己能力的事? 同学们可以列举一下自己在大学里曾参与过的学生活动或社会实践活动,取得了哪些成就及经验的积累,获得了哪些职业技能比赛的成绩等。同学们在列举所做的能反映自己能力的项目时要突出自己经历的丰富性和效果的突出性,特别是要选择那些与自己目标职业相一致的项目,这样才更有说服力。

④ 自己做过的事情中最成功的有哪些? 如何取得成功的? 通过对成功的分析,除了可以发现自己的长处,如对职业的兴趣爱好、个性对职业的适合性、专业知识和职业能力等方面,还可从深层次上去挖掘自己的潜力,调整自己加强学习、积蓄能量的策略,这也是今后努力的动力之源,更可以为职业生涯设计提供有力的支撑。

2. 找出自己的劣势

首先,要分析一下自己的性格都有哪些弱点、不足。每个人无论是先天还是后天,都会存在某些不足,这是任何人都无法避免的。为了对自己有个清醒的判断,可先列出自己的劣势,然后找人聊聊天,看看在别人眼中的你是个什么样子的,与你自己预想的是否一致,在此基础上找出其中的偏差,分析其中的原因并设法弥补它,这将有助于实现自我提高。找出那些与目标职业相关的,会阻碍自己实现职业目标的劣势或缺点,如在素质、能力、创造力、财力、行为习惯等方面的不足。当发现自己在某方面存在不足时,就要下决心改正它,促使自己采取切实可行的措施,加强学习和修养,唯此才有可能取得真正的进步。

其次,要分析一下自己在经验或经历上存在哪些缺陷。要善于发现自己的缺陷并认真对待,努力克服。缺陷并不一定都是不利因素,有时也许会变成职业中最强的利器。比如你是一个性格内敛的人,不善与人打交道,虽然这样的不足意味着你不善交际,但有些类似统计分析、财务管理、图书资料管理、数据录入等工作岗位可能恰恰需要这样性格的人。

最后,分析一下自己最失败的经历是什么。将自己认为最失败的几件事列出来,找出失败的原因,可能会发现有一些失败可能是因为你的个性造成的,也可能是其他偶然因素造成的。俗话说,失败是成功之母,失败的教训,通常会使你反思其中的问题所在,从中吸取教训,在今后的工作中避免犯同样的错误,从而让你变得更加成熟。

3. 外部环境的机会

根据调研的信息,列出有利于大学毕业生就业的内容:如各级政府及主管部门制订的就业政策和措施、各人才市场的需求信息、与自己专业和职业相关的需求量增加、与自己专业或相近专业毕业生减少等,并进行分析,找出最有利于自己就业的职业、单位和工作岗位。

4. 外部环境的威胁

根据职业调研信息,列出不利于大学生就业的内容:如近年来大学应届毕业生人数快速上升,人才供给量激增,而受世界经济不景气的影响,某些专业的人才需求量却在不断下降;经济形势中的不利因素,影响到大学生就业的工资收入、社会福利等;人才信息供需双方不对称等。

第三步:在对 SWOT 四项内容作详细的评价和分析的基础上,最后作出总体鉴定,主要包括自己最理想的职业方向,所要达到的具体位置,具体可分几个阶段实施,现在要做哪些准备。

现实中,大学生的认识是有局限性的。据一份调查结果表明,大学生中能够认识自身和所处环境的占 24.6%,只对自身情况了解的占 37.7%,只对外界了解的占 14.9%,对于自身及外界均不了解的占 22.8%。认识的局限性导致大学生制订职业生涯规划存在较大盲目性。因此,大学生在作职业生涯设计时,既需要参考一些专业测量工具,又需要具备专业资格的老师进行必要的指导。此外,还可以听取周围亲朋好友的评价和意见,以便对自身有一个全面客观的评价。

第六节　职业生涯规划步骤

步骤一:自我评估和环境分析

自我评估和环境分析、职场定位是职业生涯规划的首要环节,它决定着个人职业生涯的方向,也决定着职业生涯规划的成败。一个有效的职业生涯设计,必须是在充分且正确地认识自身条件和相关环境的基础上展开的。此外,在制订个人的职业生涯规划时,还要了解所处环境的特点、发展变化趋势、明确自己在这个环境中的有利和不利条件,以及环境对自己提出的要求和可创造的条件等。只有对自我评估及环境分析越透彻,才能做到在复杂的环境中避害趋利,使你的职业生涯规划具有实际意义。

步骤二：选择理想目标职业

在准确地对自己和环境做出了评估之后，可以确定适合自己的、有实现可能的职业生涯发展目标。目标要具体明确，并写出各目标的起讫时间。没有切实可行的目标作驱动力，人们是很容易对现状妥协的。职业成功与失败的区别往往在于成功者目标不变，而实现目标的方式却经常调整；而失败者则是实现目标的方式经常不变，但目标却总是在变。

确定合理、可行的职业生涯目标决定了职业生涯发展过程的行为和结果，是制订职业生涯规划的关键。大学生要将自己理想的职业目标具体化、形象化。在确定职业发展目标时既不能妄自菲薄，也不能好高骛远。为使大学生职业生涯规划更加精准、更加符合实际、更具可行性，建议同学们将职业规划划分为短期规划、中期规划、长期规划和整个人生规划。

① 短期规划。即 2 年以内的规划，主要是确定近期在大学的学业目标，规划 2 年左右应完成的学业任务，为将来成功进入职场奠定良好基础。

② 中期规划。一般涉及 2~5 年内的学业行动和目标职业的选择，以及毕业 1~5 年的目标，主要目的是做好学业与职业的对接，确定如何尽快适应职场的需求。

③ 长期规划。即 5~10 年的规划，主要是设定毕业后较长远一段时间的职业发展目标，以及为实现此目标应采取的具体行动及措施。

④ 人生规划。是整个职业生涯的规划，时间长达 40 年左右，设定整个人生的职业发展目标、路径和阶梯。

综上所述，大学生职业生涯规划从短期到中期，再到长期，直至整个人生规划，如同台阶一样需要一步步地发展。但在实际操作中，跨度时间太长的规划由于环境和个人自身条件的变化而难以把握，时间跨度太短的规划意义又不大。所以，一般把个人职业规划的重点放在 2~5 年内的中期规划的制订，这样既便于根据实际情况设定可行目标，又便于随时根据现实的反馈信息进行修正或调整。大学生最好是为自己制订三年内要达到的规划目标，大的目标可以分解为小的阶段性目标，每个阶段性目标实现起来的难度相对并不大，但积累这些阶段性目标的结果，可为最终实现总体目标创造了条件。

步骤三：制订实现目标的行动方案

在职业生涯规划中，职业目标一经确定，就必须对实现目标的路径作出抉择，以便及时调整自己的学习、实践以及其他各种行动措施沿着预定的方向前进。这里所说的行动，是指落实目标的具体措施，主要包括学习、培训、教育、实践等方面的措施。此时，制订行动方案变成了关键的环节。在制订行动方案时，要不断问自己几个问题：你所选择的理想职业正在帮助你实现人生的最终目标吗？是否有一种途径可以让目标职业与人生目标相一致？

步骤四：付诸行动

采取行动是所有职业生涯设计中最艰难的一个步骤。职业生涯中的行动主要指为达成既定目标，在提高工作效率、学习知识、掌握技能、开发潜能等方面选用的方法。通过制订分阶段的实施方案，采取具体行动举措，有步骤地一步一步实现目标。如果只有目标，没有行动，那么，目标终归也只能停留在梦想阶段。同学们应该做的是，定下自己的目标，采取实际行动并有计划地不断朝目标方向努力，这一点对职业生涯发展起着至关重要的作用。

有些学生写好了自己的职业生涯规划和目标,看起来也很有志向,雄心勃勃,在写下这些目标的时候内心也想着要在将来干出一番大事,但是执行力却严重不足。今天推明天,明天推后天,结果一事无成。虽然在付诸行动的过程中可能会遇到各种挫折和困难,但只要勇敢地迈出行动的第一步,并为有效开展接下来的行动将职业规划的总体目标层层分解为小目标,然后再围绕这些小目标的具体落实,最终一定能实现总体目标。

步骤五:评估与反馈

影响职业生涯规划的因素很多,有的变化因素是可以预测的,而有的变化因素难以预测。在此状态下,要使职业生涯规划行之有效,就必须不断地对职业生涯规划执行情况进行及时评估。比较多的情况是以季度、半年或年度为单位,对目标的执行情况进行及时总结,确定哪些目标已按计划完成,哪些目标尚未完成。然后,对未完成目标的原因进行分析,找出落实过程中的困难及发展障碍,制订相应的对策。最后,依据评估结果对下一年度的计划和行动进行修订与完善。如必要,也可考虑对职业目标和路线进行修正。

通过以上的简单步骤和原则,大学生就可以设计职业生涯规划了。根据不同的情况,个人可以先制订一个整体生涯规划,作为一个纲领性长期规划;或者制订一个 3～5 年的中期职业生涯规划,作为今后发展的中期规划。总之,机会总是偏爱有准备的人,大学生做好了自己的职业生涯规划,也就意味着为自己今后的职业发展做好了准备。对做好了生涯规划的学生来讲,未来的机会一定会比没有做准备的人更多。

第七节　大学生职业生涯规划书的撰写

职业生涯规划书的基本格式在网络上有很多模板,以下是一篇比较简单的职业生涯规划范文,供大家参考。

【职业生涯规划范文】

俗话说:"志不立,天下无可成之事。"志向是事业成功的前提。立志是人生的起跑点,反映了一个人的理想、胸怀、情趣和价值观,影响一个人的奋斗目标及成就的大小。

对我们大学生来说,我们的奋斗目标就是未来的职业之路,然而大学生活是职业生涯发展的关键时期。在人生的路途中,我们时时刻刻都要面临职业和工作的选择。对于刚刚步入大学的我来说,对于未来职业生涯规划本是一脸迷茫,但是古人云:"凡事预则立,不预则废。"何况成功人士都有完整系统的人生规划,明确人生目标。

成功的人生需要正确规划,你今天站在哪里并不重要,但是你下一步迈向哪里却很重要。

一、自我分析

1. 兴趣爱好简单分析

业余爱好:平面设计、读书、写作、听音乐、上网、画画。

喜欢的文学作品：《红楼梦》《战争与和平》《老人与海》《平凡的世界》。

喜欢的歌曲：《爱拼才会赢》《红日》《流年》《高天上流云》。

心中偶像：周恩来、李彦宏、比尔·盖茨、乔布斯。

2. 优势分析

学习成绩优秀，担任徜徉文学社社长，班级群众基础好，社团工作团队意识强，交际能力较强，受到父母、亲人、班主任、任课老师关爱，动手能力较强。比较突出的优点是做事仔细认真、踏实，友善待人，做事锲而不舍，勤于思考，考虑问题全面，有较强的自信心和冒险精神，做事积极主动。

3. 劣势分析

目前的手头经济状况较为窘迫，平面设计、动漫制作水平有待进一步加强。明显的缺点有：由于社团工作量大，有时导致自己的学习时间不足；个性稍微有些感性化。

4. 生活中成功经验的分析

成功竞选成为社团负责人，成功组织过学院里的多种大型活动。如作文大赛、社刊策划与出版、作家讲座等，曾多次被评为学院"优秀社团负责人""优秀志愿者""社团刊物优秀工作者"等多项荣誉。个人学习成绩、综合积分均为班级优秀，通过考核以较大优势加入优秀学生行列，故曾多次被评为"优秀学生"荣誉称号。

5. 生活中失败的教训

在社团工作中，有的人一旦给予了他权利就不干实事，让我的工作上出现了一小部分的失利。

6. 解决自我分析中的劣势和缺点

所谓江山易改，本性难移。工作上的缺点和劣势都可改正，但是害怕和人沟通已成为我的一个致命缺点。今后应加强与他人的交流沟通，积极参加各种有益的活动，使自己多一份自信、激扬，少一份沉默、怯场。同时还要充分利用一直关心支持我的庞大的亲友团的优势，真心向同学、同事、老师、朋友、领导请教，请他们及时指出我自身存在的各种不足并制订出相应计划加以针对改正。此外，要进一步加强个人的实训能力和操作能力，争取早日拿到 Photoshop 高级、Coreldraw 高级、网页制作中级、英语三级、3D 中级、办公软件高级等各种技能等级证书。

为了以后更好地工作和为社会做贡献打下坚实的基础，同时加强个人的党性修养，争取早日在组织上、思想上加入中国共产党。加强锻炼，增强体质，提高体育成绩，以弥补体质不够强健而带来的负面影响。积极争取条件，参加校内外的各项勤工俭学活动，以解决短期内的生活费问题并增强自身的社会工作阅历，为以后创造更多的精神财富和物质财富打下坚实基础。

二、职业分析

1. 电脑艺术设计专业分析

学院培养目标：本专业培养有一定政治觉悟、有强烈的进取心、责任感、开拓精神，具有熟谙专业知识与技能,并能熟练运用最新科技设备,从事美术设计创作,有一定的美术设计能力的职业化人才。

主要课程:专业课程包括素描、水粉、平面设计、三维设计、中国美术史、企业形象设计、平面构成、色彩立体构成、广告招贴、美术概论、网页设计等。

就业方向:广告、印刷、企业形象策划等公司的美术设计岗位;艺术装饰、建筑装潢、产品造型等部门的工作岗位;影视制作、产品多媒体宣传、教学多媒体课件制作等职业和英特网公司的网页设计、美术师等职务。

2. 平面设计专业就业前景分析

市场前景:平面设计与商业活动紧密结合,在国内的就业范围非常广泛,与各行业密切相关,同时也是其他各设计门类如网页设计、展览展示设计、三维设计、影视动画等的基石。

平面设计师的薪金待遇处位于国内高收入职位的前十名之列。目前,一名优秀的平面设计师的平均月薪在 6000～7000 元,若有能力胜任更高的职位,如设计部门主管、创意部门总监等,其平均月薪一般不会低于 8000～10 000 元。如果你厌倦了为别人打工的生活,那么,一旦具备了作为一位优秀平面设计师应有的素质和技能,只需配备基本的电脑设备就可以成立自己的设计工作室,这对于向往自由生活的人来说,不但是一条个人创业的捷径,而且是一种令人向往的生活方式。

3. 学习目标

针对广告公司和专业设计公司的需求,努力成为具备较高专业技能和综合素质的平面设计师,掌握平面设计不同职位需求的专业设计技能,并具备独立完成各种设计项目的能力。毕业后可以入职广告公司、企划公司、图文设计公司、出版社等单位,从事与平面设计领域相关的平面设计工作。

三、职业定位

设计助理、平面设计师、资深设计师、美术指导、设计总监等。平面设计主要包括美术排版、平面广告、海报、灯箱等的设计制作。就业趋向:报纸、杂志、出版、广告等相关行业。从事平面设计工作,技术难度较低,人才需求量又比较大。若是计划实施顺利,相信在未来 20 年内能够成立自己的公司或企业,让自己的职业上升到一个令人满意的层次。

四、职业前景分析

该职业应用面比较广,发展比较快,相应的人才供给和需求都比较旺。与之相关的报纸、杂志、出版、广告等行业的发展一直呈旺盛趋势,目前就业前景还不错,相信未来的设计类工作职业需求量会更大。相信加上自己的刻苦努力学习,并加强实践锻炼,一定能够找到一份如意的工作。

五、计划实施

短期计划（大学计划）20××—20××年在大学毕业时力争取得 Photoshop、Coreldraw 证书。大一要达到……；大二要达到……；或在××方面要达到……（如在专业学习、职业技能培养、职业素质提升、职业实践计划等方面）。大一以适应大学生活为主；大二以专业学习和掌握职业技能为主……；或为了实现××目标，我要……

六、大学生职业规划的重点

1. 中期计划

（毕业后五年计划）20××—20××年，毕业后第五年时要达到……

如毕业后第一年要达到……

第二年要达到……；或在××方面要达到……

如尽快实现职场适应、"三脉"积累（知脉、人脉、钱脉）、岗位转换及升迁等。

2. 长期计划 20××—20××年（毕业后十年或以上计划）

如毕业后第十年要……

第二十年要……

如事业发展，工作、生活关系，健康，心灵成长，子女教育，慈善等。

七、评估调整

职业生涯规划是一个动态的过程，必须根据实施结果的情况以及相应变化进行及时的评估与修正。

1. 评估的内容：

（1）职业目标评估（是否需要重新选择职业？）假如一直……，那么我将……

（2）职业路径评估（是否需要调整发展方向？）当出现……的时候，我就……

（3）实施策略评估（是否需要改变行动策略？）如果……，我就……

（4）其他因素评估（身体、家庭、经济状况以及机遇、意外情况的及时评估）。

2. 评估的时间：

一般情况下，我会定期（半年或一年）评估规划；当出现特殊情况时，我会随时评估并进行相应的调整。

3. 规划调整的原则

现在应该停止各种浪费时间的行为。从现在开始执行暑期的短期计划，为此，我要努力、努力再努力，为美好的明天创造基石。未来是自己创造的，路也是自己走出来的。我要像黎明的小鸟，飞向迎着我的灿烂阳光。本人对于职业规划的看法是：前途一片光明，只要你去争取。

结束语

制订了职业生涯计划固然很好,但更重要的,在于采取行动并取得成效。任何目标,只说而没有行动,到头来都会是一场空。此外,现实是未知多变的,订出的目标计划随时都可能遇到问题,对此需要保持清醒的头脑。对目标要坚持,同时要根据实际情况随时调整自己的策略。时代在发展,用人单位的制度也是在不断变化着。俗话说"计划赶不上变化",在知己知彼的基础上,对自己的职业生涯作出正确选择也是一种挑战。其实,每个人心中都有自己的理想、信念、追求和抱负。一个人若要想获得成功,必须拿出勇气,付出努力和行动,去拼搏、奋斗!

【案例】 杨昊和吴玲是硕士阶段的同学。杨昊认真、冷静、做事有计划;吴玲灵活、圆滑、办事有冲劲。毕业后两个人同时到了南方的同一所高校任教,并且还在同一个系。在迎接新教师的座谈会上,院长殷切地希望年轻人树立人生目标并为之奋斗。会后,俩人开玩笑说,目标就是当院长,看谁先当上。

15年后,果然有一个人当上了院长,你猜,谁当上了院长?

实际情形是,3年后,吴玲当上了系副主任,杨昊仍是普通老师。15年后,杨昊当上了院长,吴玲仍然是一名系副主任。

杨昊自立下目标便制订了人生规划。头3年,注重教学,第4~8年准备考博士并就读博士,第9~12年潜心作研究,成为知名学者。从第13年起,不仅教学、科研成绩突出,还特别注重加强各方面人际关系。第15年老院长退休,人们不约而同让杨昊接班。而吴玲一开始关注仕途,3年就当上系副主任。但教学一般,科研无成果,压力很大。后来又跟着下海潮流先合伙开餐厅,后开面粉厂、美容院、服装店,可干一样亏一样。又过了4年后才发现自己并不适合经商。等重心再回到教学、科研上来,已经10年过去了,与杨昊已拉开了差距。

【案例分析与研讨】

杨昊与吴玲处在同一起跑线上,有着一致的目标,但最终结果相距甚远。请结合本章内容分析两者出现差距的主要原因。

【本章思考与研讨】

1. 制订职业生涯规划需要做哪些前期准备?

2. 制订职业规划前需要搞清哪些问题?

3. 你选择的目标职业是什么?请简单说明理由。

4. 科学的职业生涯规划应具备哪些特征?

5. 试用SWOT法对自己未来职业发展进行分析。

6. 制订职业生涯规划大致需要哪些步骤?

7. 请独立完成一份职业生涯规划书的撰写。

下篇

大学生求职就业与创业篇

第七章

求职就业前期准备

根据自己的兴趣和综合实力选择自己心仪的职业,是每个大学生的愿望,也是为实现自我价值所迈出的第一步。机遇对于每个人来说都是平等的,人生成功的秘籍在于机会来临时,你已经做好了各种准备。对大学生来说,求职择业前期准备内容应包括:调整心态、自我分析、收集信息、确立目标职业、准备材料、提高自身综合素质、落实求职就业计划、办理求职就业手续等。其中每项准备活动,都有具体要求、规范和技巧。因此,一旦决定开始走向社会展开求职行动,就必须重视和做好求职就业的前期准备,避免盲目性,成功走好求职择业每一步,力争在激烈的求职竞争中脱颖而出。

第一节　求职就业心理障碍

根据教育部公布的消息,2019 年全国普通高校毕业生已达 834 万人,这与 2018 年创历史新高的 820 万毕业生相比,再次增加了 14 万人。与此形成鲜明对照的是,大学毕业生的就业率却在持续下降。一方面是现今不少用人单位难以找到称职的大学生求职者;另一方面则是每年数以万计的大学生满怀抱负和梦想走上社会,却发现要找到一份心仪的工作越来越困难。特别是在当前新冠肺炎疫情的影响下,大学生的就业形势相比往年来说会更加严峻。在这种形势下,很容易使大学生产生心理障碍。

一、大学生求职就业常见的心理障碍

心理障碍是指一切心理不健康的现象或倾向,它是心理压力和心理承受力相互作用,使人失去应有心理平衡的结果。心理障碍表现十分复杂,程度亦有轻重之分。大学生求职就业中出现的心理障碍多属于适应过程中的轻度心理障碍,主要有以下几种表现。

1. 焦虑心理

焦虑是由心理冲突或受到挫折引起的,是一种复杂情绪的反应。主要表

现为恐惧、不安、忧虑及某些生理反应。轻度的焦虑,人皆有之,是正常的;适度的焦虑,会使人产生一种压力感,迫使人积极努力调整自我,尽快摆脱不利状况;过度的焦虑,则会干扰人的正常活动,容易导致较严重的心理障碍或疾病。大学生求职择业过程中因遭受某些挫折,很容易产生焦虑心理。

临近大学毕业,求职找工作是绝大多数毕业生的头等大事。找工作的过程中,很多大学生都会出现心理过度焦虑等问题,其中不少大学毕业生还时常出现明显的焦躁、忧虑、困惑、恐慌等情绪。当大学生信心满满地去找工作的时候,会发现竞争十分激烈,跑了多次人才市场,投递出去的简历大多都是石沉大海,有时幸运地接到面试通知,本以为成功在即,而当自己精心做好一切准备去参加面试时,却发现和面试官寥寥数语就结束了谈话,之后就是漫长的等待。特别是看到身边的同学一个个都找到了就业单位,签订了就业协议,不少没有落实就业单位的同学心情更是无比焦虑。他们会情不自禁地反复问自己:难道自己真的那么差吗?难道自己真找不到工作了吗?显然,激烈的竞争环境使就业问题更加突出,也给大学生带来了较大的心理压力。

焦虑心理还表现为一些大学毕业生急功近利思想严重。面对求职择业,他们不是首先坐下来做好自己的职业生涯规划,脚踏实地在知识、能力和素质的提高上下功夫,而是指望临近毕业时拿着简历与求职书到处乱跑,总希望能撞到好运气找到好工作。有的人心存侥幸,幻想着不用付出努力就能获得心仪的工作;有的人为即将到来的困难感到望而生畏、忧心忡忡;有的同学在职业选择时感到无所适从、心急如焚。面对求职择业的出师不利,他们很少从自身去找原因,却感叹招聘单位有眼无珠,叹息自己英雄无用武之地,从而导致焦虑心理的产生。

【案例】 济南某高校大四学生蓉蓉是个漂亮的女孩,是校学生会副主席、学校广播站的播音员。可谁也没想到,这么优秀的一个女大学生,半年内却应聘52次未果,在就业的压力下患上了精神分裂症,三次试图自杀,后来被送到济南市精神卫生中心接受治疗。

【提示】 因"求职未果"而试图自杀的现象虽属个例,但大学生"就业焦虑"不容忽视。大学生在就业过程中产生一些焦虑、抑郁的情绪是正常的,轻度的焦虑有一定的积极作用,可以激发潜能,使自己产生紧迫感,从而更努力地寻找就业机会。可是一旦焦虑过度,上升到"焦虑症"就应该及时给予关注和心理干预,以免病情加重,导致过度失望带来的郁闷和焦虑,产生过激行为。

2. 自卑心理

自卑心理是一种缺乏自尊心、自信心的表现,自卑常和怯懦、依赖等心理交织在一起。一些大学生自我评价偏低,过低估计自己的知识储备、能力水平,看不到自己有什么长处和优点,对自己缺乏自信,在求职过程中往往表现得畏首畏尾、言行拘谨,一遇到挫折,就悲观失望、不敢迎接挑战,更不敢参与激烈的市场竞争,结果往往错失良机。自卑心理会使一些大学生在求职面试时表现得没有自信、悲观失望,甚至知难而退,这种心理不仅阻碍了自身聪明才智的正常发挥,而且由于过度自卑,还会产生精神不振、消极厌世、沮丧、失望、孤寂、脆弱、不思进取等心理反应,久而久之还可能导致形成自卑型人格。

3. 自负心理

自负心理就是盲目自大,过高地估计个人的能力和水平,缺乏自知之明。有的大学生对自己估计过高,自负心理严重,自以为高人一等、自命不凡,处处表现出一种恃才傲物、目空一切的态度。例如,一些学生考上自己理想的大学后,难免心中有些飘忽,总认为上了大学就是大功告成了,如同进了保险箱,未来理想的职业也是指日可期、水到渠成。在这种心理作用下,他们非常容易脱离实际,以幻想代替现实,使自己的择业目标和现实产生极大的反差。

一些同学甚至自己都意识不到这种自负心理在求职择业过程中所带来的不良影响。在择业过程中,一些大学生往往缺乏客观地自我分析和自我评价,过高估计自己的知识和能力水平,他们择业条件苛刻、好高骛远、眼高手低。而一旦未能如愿,情绪就一落千丈,继而产生孤独、失落、烦躁、抑郁等心理现象。这种自负心理会直接影响到他们的求职就业,最终甚至可能导致求职择业的失败。

【案例】 毕业生小D口才不错,在与用人单位代表面谈时自我感觉良好。一番海阔天空的高谈阔论以后,面试官提出一个问题,请他谈谈对单位的印象。小D自以为是地列出了一大堆单位存在的问题,并有点不屑一顾地说,解决这些问题其实很简单,然后滔滔不绝地说了一通自己的看法,好像是用人单位请来的顾问,结果被用人单位毫不犹豫地拒之门外。

【点评】 小D的失败是典型的自负心理造成的。自负在心理学上指过高地估计个人的能力,从而失去自知之明。在这种心理的支配下,不少毕业生在求职择业过程中,表现得自以为是,自负自傲,以为自己什么都懂,什么都会,夸夸其谈,胡吹海侃,结果给用人单位留下浮躁、不踏实的不良印象。试想,哪家单位愿意雇佣一个不知天高地厚、自命不凡、眼高手低的毕业生呢?

4. 失落心理

不少大学生在中学期间都是优秀学生,上大学后依然充满优越感,而且往往以"天之骄子"自居,对职业生涯规划抱有很多不切实际的幻想,认为自己在某些方面具有一定优势就一定可以在毕业后从事高收入、高福利的工作。这些平时认真学习、自尊自爱的大学生,都渴望在职场上能得到用人单位的认可,但现实的就业岗位大多数并不像大学生所想象得那么美好,因此,一旦发现现实与理想的差异较大时,就会引发挫败感和失落感。在失落感的影响下,导致一些大学生感到无能为力,甚至出现情绪低落、情感淡漠、沮丧失落、意志麻木等反应。受失落心理影响,他们可能变得不再敢迎接挑战,甚至自暴自弃。其实,产生失落心理很正常,但遇到挫折后就表现冷漠、自暴自弃则是一种消极的心理反应,也是一种逃避现实、缺乏斗志的表现,这种表现只会使自己在求职择业竞争中表现得更糟糕。

5. 矛盾心理

矛盾心理也可以理解为心理冲突,它是指两种或两种以上不同方向的动机、欲望、目标和反应同时出现,由于莫衷一是而引起的紧张心态。比如,现在很多大学生对自己定位过高,在找工作的时候经常会出现"眼高手低"的情况,待遇低的工作看不上,好的工作又找不到,这就形成了一个矛盾的恶性循环。以下列出一些大学毕业生在求职择业的过程中所面临的比较典型的矛盾心理表现。

① 有远大的理想,却不能接受现实的落差;

② 想做一番事业,却缺乏艰苦创业的心理准备;

③ 有较强的自我观念,但缺乏把握自我的能力;

④ 渴望竞争,却缺乏竞争的勇气;

⑤ 希望自主择业,但又不愿意承担风险;

⑥ 有胸怀远大的理想,重事业、重才智的发展,但又在实际价值取向上重物质、重利益;

⑦ 对自我抱有较充足的信心,但在遇到挫折之后,又容易自卑;

⑧ 既崇尚个人奋斗、自我价值实现,又有较强的依赖感等。

以上矛盾心理使得许多大学生在择业中感到十分迷惘困惑,从而导致就业时瞻前顾后、患得患失,失去了很多非常好的机会。

6. 嫉妒心理

嫉妒是指人们为竞争一定的权益,对相应的幸运者或潜在的幸运者怀有的一种冷漠、贬低、排斥,或者是敌视的心理状态,故一旦放任即可能产生嫉妒心,让人感受到难过的滋味,严重时,还会产生恨的情感。求职择业中的嫉妒心理表现为见不得别人好,当他们看到其他同学获得好的就业机会,不是首先从自身找原因,而是从内心产生一种嫉妒、愤怒、不平衡的情绪,觉得这种情形就不应该发生。嫉妒心理很容易使自己与他人关系走向疏远,甚至对立,导致人际关系逐渐冷漠,从而处于孤立无援的境地。因此,求职择业中的嫉妒心理同样也有很大的危害性。

【案例】 王某是北京某高校政法类双学位班毕业生,凭借个人努力,他获得到了一份待遇优厚、有保障还可以解决户口问题的工作机会,同学们也都很羡慕他。他也以为胜券在握,于是就回家游玩去了。没想到的是,该公司对应聘人员的性格以及与人打交道的能力比较看重,虽然他通过了笔试和面试,但用人单位出于谨慎,还是打电话到王波的宿舍调查情况。王波当天不在,寝室里的一名同学接了电话。这名同学一直没有找到合适的工作,看到王波找到了这么好的单位,心理有些失衡,产生了嫉妒心理。在用人单位问及王波平时表现如何的时候,这名同学在电话中说:"我们对他不太了解,他不怎么和我们说话和交往。"用人单位由此感觉王波可能在性格上存在一些问题,最终放弃了对他的录用,后来再也没有和他联系。王波直到毕业时都不知道真实的原因。一年后,他通过其他同学得知了真实情况,又气又无奈。

【点评】 嫉妒心产生的原因是多方面的,如心胸狭隘、虚荣心太强、名利思想太严重等,实质上是自私的表现。嫉妒心是就业竞争中的一种不当的以极端个人主义为核心的有害心理。要克服嫉妒心理主要还是要靠加强自我修养,正确对待他人和自己。如果大学生察觉到自己有嫉妒心理,就要通过自我意识的控制、调节,不要把心思放在对他人成功的嫉妒上,多多从改善自身做起,及时把这种不良意识排除在自我人格之外。如果别人在某些方面确有优势,而自己明显不足,就要坦然面对,审时度势,下决定采取行动努力去超越,或转移竞争方向,在其他方面努力做出成绩。

7. 攀比心理

攀比心理也是很多大学生都会有的心理,简单讲就是在看到别人拥有,自己也同样想得到的心理。通常产生攀比心理的个体与被选作为参照对象的个体之间往往具有极大的相似性，导致自身虚荣心和攀比心增强。其实，在求职就业过程中，由于每个人的能力、性格、生活背景、所遇到的机遇不同，因而在职业选择上本来并不具有可比性。但有的同学争强好胜、虚荣心强，容易引发攀比心理，以至于形成不切实际的就业期望值。当看到其他人找到比较理想的工作时，心里就不舒服、不平衡。严重的攀比心常会引发脱离实际且盲目不服气的极端心理，甚至导致产生极端行为。如有的同学由于对自我缺乏客观认识，导致自认为比别人强，而不考虑实际情况，结果，在择业过程中，当看到他人成功求职后，不选择从他人的成功中认真学习一些经验，反而在攀比心理作用下，不自量力地也要争一下，最后却事与愿违、处处碰壁，耽误了大量时间和精力。

【案例】 某高校会计学院小王是 2015 届毕业生，来自株洲攸县，直到毕业当年 3 月份他还未落实工作单位。刚好浏阳有一家制药厂要他，专业对口，又是在长沙地区。然而他本人由于看到其他一些同学都在长沙市区找到了工作，感觉自己并不比这些同学水平低，如果自己不在市区找到工作会很没面子。于是，他的择业意向就是：单位地点必须在长沙市，至于到长沙市的什么单位、具体做什么工作都无关紧要，除此以外，什么单位都不考虑。在这种心态下，他先后放弃了多家单位工作的机会，去了位于市区的单位工作，工作后却总是难以全身心投入这份并不适应自己的工作。

【点评】 小王的思想在当前毕业生择业过程中具有一定的代表性。不少毕业生相互攀比，接受不了其他同学择业去向好于自己的现实。于是，他们也效仿他人，把职业目标定位于经济发达地区，尤其是沿海地区的中心城市，最低的期望也是在省会中心城市。他们不是根据自身价值如何能得到最佳发挥而求职择业，而是把眼光只盯在同学的选择并进行横向比较上，看重的是经济文化发达、工作环境优越的一面，而忽视了这些地区人才济济且相对过剩的一面。在攀比心理影响下，他们择业的期望值居高不下，甚至还有逐年上升的趋势，从而导致主观愿望与现实需求之间的巨大落差。

8. 从众心理

从众心理是指个人由于受到来自某个团体的心理压力，而在知觉、判断、行为等方面尽量趋于与众人一致的心理活动。将多数人的意见和行为当成评价自己行为的依据是从众心理的一个典型特征。若一个人缺乏主见，不知道自己究竟喜欢什么样的职业时，往往会在从众心理的驱使下，作出与周围人一致的行为选择。这时，他就会觉得，自己的这种选择一方面更容易为该群体所接受，他也就自然而然地融入了这个群体，因而获得了一种归属感；另一方面心目中存在"多数人就代表正确"的意识，从众心理会使自己感到并没有落伍，与其他多数人的水平没有出现差距，不会被认为是另类。其实，这种从众行为忽略了人与人之间的差异性以及自己的兴趣与特长，盲目从众既是一种缺乏积极进取精神和独立意识的表现，也有可能使其失去获得真正适合自己的职业机会。

【案例】 小张毕业于某大学计算机系。毕业时，几位与他关系好的同学根据自己所学专业，决定到商业企业去工作。于是，他们纷纷行动，很快与几家公司签了约。小张深知自己的性格不适于从事商业气息太浓的工作，但几个朋友都去了，他想，自己不去不是显得太懦弱了吗？于是，他也和一家中型商场签了约，同时拒绝了一份比较适合自己的当计算机老师的工作。但是，工作没几个月，他便觉得自己实在无法融入单位的那种商业氛围之中,而且自己的优势不能充分发挥,因而他感到很压抑,情绪也很低落。最后,他还是决定回原先录取自己的那所学校当老师。

【点评】 小张择业过程中,之所以遭遇挫折,关键是因为他存在严重的从众心理。当一个人的行为动机是"别人都这么做,所以我也得这么做"的时候,他的行为就是从众行为。本案例中的小张受从众心理影响,放弃了适合自己的教师职业,却选择了一家自己并不喜欢的单位就业,结果非常不适应,最后不得不重新作出选择,重新开始教师职业生涯。本案例也给了我们一定的启发,为了消除自己的从众心理,首先,要培养自己的独立思考能力;其次,在生活中要不断完善自己的个性,增强自信心;最后,要充分认识自己,根据自己的情况寻找适合自己的工作。

9. 听命家长

听命家长心理是指自己不能做自己的主,很多事都要依赖家长来作出决定的一种心理倾向。目前,大多数大学毕业生是独生子女,他们从小就在家长的呵护下长大,早已习惯于自己的一切由家长做主,认为自己的职业规划应该听从父母决定和安排,自己只需顺从家长意见就行。特别是一些缺乏独立自主性格、"拼爹"意识较强的同学,知道将来的职业安排自有父母帮助解决,因而并不认为自己制订生涯规划有多重要;另一部分学生虽然在学校表现出一定的独立性,也能意识到职业规划的重要性,但大学毕业以后究竟是考研、出国、还是找工作,自己缺乏主见,常常也要听命于父母的安排。

以上所述心理障碍的症结究竟在哪里? 在校大学生需要对此作出认真思考。寄希望于外部环境来适应自己显然行不通,只有审时度势、未雨绸缪,充分利用在校学习期间,主动做好人生职业规划,从知识、能力、素质、心理等各方面做好充分准备,才能在未来求职择业的激烈竞争中保持一份冷静心态。

二、大学生求职心理障碍原因分析

大学生为什么在求职择业过程中会产生以上心理问题呢? 主要原因有以下几个。

第一,就业形势严峻。近些年来,大学生就业压力不断增加,这是显而易见的现实情况。每一年,由我国教育部所公布的数据均显示高校毕业生的人数不断上升,而就业率却在持续下降,这意味着每年都有大量高校毕业生处于失业困境之中。当前,大学生就业难主要表现为以下三个方面。一是每年都有数百万高校毕业生走进就业市场,但毕业生就业市场尚不够完善,存在着信息不对称、供需通道不够顺通等大量问题。二是目前经济发展具有不确定性,随着产业、技术与政策等的持续变化与调整,导致高等院校学科专业建设较为滞后,教育方式、专业配置、教学内容等均缺乏对就业市场以及用人单位实际需求的了解,导致一些大学生在毕业之后无法适应目前就业市场的需求。三是大学生及其家长对于大学生群体就业的期望值太高。如今的大学生基本上都是独生子女,生活条件十分优厚,因而极度缺乏吃苦精神,大量毕业生在就业时只愿意去沿海发达地区的高收入行业,而不愿到贫困地区就业,加之大城市就业竞争激烈,导致不少大学生面临"高不成、低不就"的就业窘境,由此也引发了不少心理障碍。

第二,大学生求职择业本身就充满各种不确定性。大学生求职择业不仅困难重重,竞争激烈,而且伴随着各种不尽如人意的不公平现象,如走后门、性别歧视、地域限制等。此外,求职择业经常是在各种矛盾中作出艰难选择,如理想与现实的矛盾,专业与爱好的矛盾,目标职业与地域的矛盾,讲究实惠与事业追求的矛盾等,这些矛盾都是大学生从来没有遇到过的。求职择业的不顺难免会使一些大学生处于一种心理不平衡的状态,甚至会导致出现心理障碍。

第三,大学生正处于心理还不够成熟的阶段。大学生正处于成长时期,处于求职择业阶段的大学生,一部分人的生理与心理已趋于一致,即生理已经成熟,心理"断乳期"也行将结束。但是,仍然有相当一部分大学生心理还不够成熟,生理与心理的发展有着明显的不同步性。加之具体生活体验不同,形成的个性心理特征也有较大差异,在求职择业中就表现出心理特征的复杂性、矛盾性和不稳定,面对复杂的社会,各种问题总是迎面而来,有些问题与自己的预期反差太大,如理想与现实的反差,独立性与依赖性的反差,热情与误解的反差,希望与失望的反差,预期与效果的反差等。面对这些反差,大学生常常会感到困惑不解和不知所措,久而久之就逐渐会产生一些心理障碍问题。

第四,求职心理准备不足。毕业生在择业过程中出现心理偏差和心理障碍往往是因为仓促上阵、缺乏必要的心理准备。主要表现有:自我认识不清,有时自我评价过高、自傲自大;有时评价过低,自卑自贱。在面对择业现实问题时,他们不能把握自我,顺利时,就忘乎所以;遇挫折时,就烦躁苦闷、自暴自弃,不能冷静、理智地对待现实。此外,有些毕业生缺乏对国情、经济发展状况的深刻了解,特别是对当前就业所面临的形势认识不足,就业期望值过高,不切实际,缺乏长远发展眼光,过分地看重眼前的工作环境、工资收入、社会地位等,不想通过自己的艰苦奋斗干出一番事业来,不愿意吃苦,只想走捷径,坐享其成,在困难和挫折面前,只会怨天尤人,缺乏积极竞争的精神和勇气。

第五,就业指导工作(尤其是就业心理咨询)滞后于学生就业心理的发展变化。学生面临就业,迫切希望有人帮助他们解决择业过程中的种种心理适应问题,维护他们的心理健康,保持应有的心理平衡。但有些高校在这方面的工作不到位,缺乏对学生进行必要的心理介入和疏导,过于放任不管,导致学生的不成熟心理问题一直得不到解决,最后发展得越来越严重。

【案例】　某高校信息学院信管专业某女生是 2018 届毕业生,在校期间,常常泡在自习室和图书馆,极少参加班级活动和社团活动。主要目标是考研,但是 2018 年 1 月报考研究生没有考上,在 2018 年实习期间,把希望和目标又寄托在 2019 年 1 月份的考研上。于是没有出去找工作,在学校附近租了个房子继续考研。由于是半学习状态,在 2019 年 1 月份的研究生考试中又失利。在 2019 年 5 月份该生选择了找工作。由于没有任何工作经验,同时已经不是应届毕业生,工作就更难找了。首先到了深圳一家流水线工厂工作了两个月,由于工作辛苦,她辞职了,又想报考注册会计师。但是在 2019 年 8 月份后又放弃了注册会计师的目标,又开始找工作,在网上不断地投简历,当有单位打电话过来时,由于投的单位太多,所以还要根据电话号码上网查看是哪家企业应聘的是什么职位,就这样忙活了一个星期,几乎每天要跑去两个单位参加面试。应聘了一个星期后仍没有回音,以为没有希望了,她又回到了湖南老家。当有用人单位决定录用她并电话通知要求其上班时,已经无法联系到她了。

【点评】 该女生心理一直处于矛盾状态,患得患失,且性格较急、心态不稳。大学期间就忽略了综合素质的培养,由于害怕找不到工作而把希望寄托在考研上面。其实,考研究生并不是适合每个学生的,对某些同学来说,考研只是一个不敢去面对现实的借口。另外,该生在找工作时也是病急乱投医,盲目投放简历。其实,在选择工作时一定要选择和自己能力相符合的工作岗位,不要跨度太大;另外也要选择自己愿意去尝试的工作,否则,虽然不断地面试,但由于盲目性太大,并不一定会有满意的结果。

第二节　端正求职就业心态

绝大多数大学生在毕业前未遭遇过什么大的挫折,即使碰到困难,也能得到家长、教师的及时帮助,所以他们对自己的估计往往不准确,心理承受能力较弱,再加之这一时期是人生情绪的波动期,任何不顺心的事都容易引起情绪的波动。大学生一旦踏入纷繁复杂的社会,会发现现实与在书本上所了解的情况完全不同,大量的困难甚至挫折都会出现,而且要靠自己独立面对和解决。因此,毕业生必须在求职就业前,端正择业心态、正确地评估自己,在求职过程中做好充分的心理准备,以最佳的状态去参加求职就业的竞争。

1. 做好求职择业心理准备

求职择业本身就是认识和适应社会的一个过程。在这个过程中无论是遇到困难,还是产生心理冲突、困惑,甚至有一些不良情绪等,都是正常的。面对激烈的市场竞争和就业压力,大学生要学会调节自己的心态,从容、冷静地面对求职择业这一人生重大课题,做好求职择业的心理准备。

（1）树立事业心和吃苦精神

大学生在学校期间要注意培养自己胸怀天下的情怀,利用各种机会不断增强自己的事业心和责任感,树立为社会发展作出自己应有的贡献。同时也要知道,追求事业发展并不是一件轻松浪漫的事,往往也意味着要吃些苦。目前多数用人单位的工作环境和条件并不是那么高大上,有不少单位甚至远离一、二线城市,文化生活较单调,工作也比较辛苦,这就要求毕业生必须具有强烈的献身精神和吃苦精神,抱着改造世界的理想,把祖国的需要作为自己的第一选择,到基层去,到最艰苦的地方去锻炼自己。

（2）坦然面对求职择业挫折

在求职择业过程遇到挫折时,要用冷静和坦然的态度对待之,客观地分析自己失败的原因,进行正确的归因。首先,在市场需求形势不佳、就业竞争激烈的条件下,出现求职失败是在所难免的,不能期望自己每次求职都能成功。其次,应把求职择业过程看作一个很好的认识社会、认识职业生活、适应社会的机会,通过求职活动来发展自己,促进自我成熟。最后,求职失败并不一定就是因为自己的能力不行,出现求职失败有许多原因,可能是因为你选择求职单位的方向不对,也可能是因为你的价值观与单位的组织文化不符合,还有可能是其他一些偶然因素。总之,要正确分析自己失败的原因,调整自己的求职策略,学会安慰自己,以便在下次的求职中获得成功。

（3）正确人生定位

大学生在求职就业过程中,要摆正自己的位置,正确处理个人与国家、集体之间的利益关系,个人利益应服从整体利益。在求职择业过程中,切忌好高骛远,要面对现实,权衡利弊,全面分析自己的专业素质能力等各方面情况,使之合乎实际。要放眼未来,从长计议,处理好远近目标的关系。目前没机会并不代表将来也没有机会,职业目标的实现可以分步展开,即使不顺利也不要对未来丧失信心,而应考虑如何把能做到的先做好。同时也应该知道,很少有一份工作能满足一个人的所有期望,因而在选择目标职业时,要以最重要的期望为目标,舍弃一些次要的目标,在鱼和熊掌不可兼得的情况下,果断地作出选择。此外,还要端正求职动机,不要患得患失,应尽全力去争取,抓住每一个求职机会。

（4）养成终身学习的好习惯

市场对大学生的需求分布于各行各业,从某种角度来说,大学生在学校学到的专业知识根本不可能做到"通吃"所有工作中所遇到的问题,何况社会总是在不断发展进步中,靠学校掌握的那些专业知识当老本吃一辈子极不现实。因此,同学们应该培养自己良好的主动持续学习的习惯,做好毕业后根据自己的实际工作长期坚持学习、不断丰富和提升自己知识水平及业务能力的思想准备。

（5）适当调整就业期望值

不少大学生在择业时考虑的首要因素是围绕工作收入、体面、稳定、地点、前途等因素,他们总是有一种眼睛向上的心理,把城市、机关、大公司、外资企业作为自己理想的择业目标,而不愿意到老、少、边、穷的地方就业。实际上,一些边远地区和基层单位特别需要人才,也能给毕业生很多施展才干的机会,却难以引起毕业生的关注。毕业生要在自己的思想上彻底转变就业观念,要根据自己的综合特质,正确调整自己的就业期望值。期望值过高,可能会屡屡碰壁,每次求职无功而返,自信心也容易遭受打击,搞不好甚至会一蹶不振。期望值过低,则显得畏首畏尾,甚至都不敢去应聘而错失良机。这些对择业来说,都是不利的。

2. 建立自信

自信是一个健全人必须具备的心理素质,它是前进的动力,成功的保障。古今中外,凡是有所成就的人,尽管各自的出身、经历、思想、性格、兴趣、处境等有所不同,但他们对自己的才能、事业和追求都充满必胜的信心。自信能让一个人积极适应环境,以艰苦拼搏的奋斗精神改变自己的命运,实现自己的人生价值。可以说,自信是成功者共同的秘诀。那么,怎么才能使自己在择业过程中建立自信呢?

（1）要相信自己的能力

每个人都有相当大的潜在能力。当一个人面临择业而忧心忡忡、担心失败的时候,多半不是自己真的不行,而是缺乏自信所致。要知道,虽然自己条件有可能并不过硬,但其他人也不见得比你强多少。要相信每个人都有自己的优势,都有可能在求职择业的竞争中占据一定的主动地位。比如,你可能在学习能力上不如他人,但你可能在吃苦耐劳和办事认真踏实方面就有着明显优势。

（2）要积蓄自信的资本

自信要有扎实的基础、良好的素质做资本，以雄厚的实力做后盾。如果通过学习和积累使自己各方面潜质和素质都得到提升，具备了真才实学和职场需要的能力，就自然会在求职择业时充满自信。

（3）及时总结经验教训

面对几次求职失败，一些学生总是抱怨就业形势的严峻，抱怨社会对应届毕业生的偏见。其实，怨天尤人只会令我们更加烦躁、沮丧，会使我们失去很多原来应该得到的机会，更会使我们失去奋勇向前的勇气。要知道，求职遇到挫折，再求职又遇到挫折，这也是一个递进的过程。纵然你暂时没有得到心仪的工作，可是要相信你得到的不只是"失望"，还有宝贵的求职经验，带着亲身获得的宝贵经验和教训，在接下来的求职过程中你将会表现得更加优秀，最终获得满意的工作。可是如果你只一味地抱怨并持消极态度，不懂得总结经验，吸取教训，以无数次的失望累加成绝望，最终就会成为真正的失败者。

3. 保持正确的求职心态

当今时代的特征是机遇与挑战并存。每一位处于求职择业阶段的大学生，将面临更加激烈的就业竞争，同时也将面临很多机会。面对机遇和挑战，只有保持一种正确的求职心态，才能使毕业生在公平的竞争环境中接受选择，展现才华。毕业生要保持正确的求职心态，建议注意以下几点。

（1）避免求职心态的情绪化

情绪对求职心态既有积极作用，也有消极作用。如果求职心态完全被情绪所支配，那么，就有可能削弱理智判断力，其具体表现为：如果遇到事遂人愿，则异常兴奋，眼前一片光明；一旦遇到麻烦，就满腹牢骚，顿觉前程渺茫。有些毕业生不想去小公司，觉得屈才，而对于大公司又担心别人看不上自己。这样一来反而进入了一种恶性循环，慢慢地连一份合适的工作也找不到，于是就出现情绪上的大起大落、自暴自弃，对自己也没有了信心，工作也更加难找了。其实，同学们应客观、理智地对待择业、就业的成功与失败，不要因一时的得失而被个人情绪所左右。要做到这一点，主要的方法还是提高自己的心理素质，以平和的心态对待挫折和失败。

（2）避免消极的人生态度

应届毕业生初入社会，没有工作经验，也没有找工作的经验，甚至也没有太多在社会上生活的经验，这就注定求职找工作是一个异常艰难的过程。在这个过程中，有些人可能是幸运儿，没多久就找到了很好的工作。但是对于大部分人来说，却一直处在一个"希望、竞争、等待、失望"不断反复循环的过程中：看到了一个适合自己的招聘信息，于是充满"希望"地投出简历，之后开始焦急地"等待"笔试面试，在笔试面试的过程中应聘者之间进行激烈的"竞争"，最后大部分人怀着"失望"败下阵来。当然，在这一过程中你也可能脱颖而出，成为跳出这一循环的幸运儿。事实上，求职找工作的目的就是早日从这一循环中跳出来，找到心仪的工作。

（3）克服盲目从众心理

在现实生活中，事业有成者通常都有很强的独立思维能力，他们独具慧眼发现一般人不能发现的机会，能捕捉到更多成才的路径。在毕业生求职择业问题上，从众心理表现为过多地把注意力集中在他人的就业取向上,如果其他人都只愿意到大城市、国家机关、事业单位和国企去工作,自己如果选择到基层、到乡镇、到艰苦的地方去工作,就感觉是件很丢面子的事。其实,到大城市、国家机关、事业单位和国企去工作并不一定是每个毕业生最佳的职业选择。我们应该努力克服盲目从众心理的影响,从社会需要、自身条件以及个人发展等方面考虑自己的职业,自主选择自己的择业道路。

4. 迎难而上并有所作为

在求职就业过程中,大学生要树立强烈的竞争意识,主动适应激烈竞争的要求。长期以来,不少学生在就业方面缺乏应有的竞争意识,他们不敢通过竞争去实现自己的理想及追求,消极等待"理想单位"相中自己;有的则盲目从众、随波逐流。有的同学总觉得择业人群强手如林,条件比自己优越的同学比比皆是,于是自甘落后,听天由命。这种无所作为的心理会让人在任何机会面前都会变得没有自信、萎靡不振、不敢抓住机会,结果导致自己求职就业的失败。要想在求职择业中取得成功,大学生就要有一种迎难而上并有所作为的精神。首先,要善于发掘自己的长处。要相信别人能做的事,自己经过努力也一定能做到。其次,要大胆地表现自己。多做一些力所能及、把握较大的事,通过积累这些较小的成功逐步增强自信心。再次,要不断完善自己。常言道"勤能补拙",一个人只有知道自己在某方面的不足,通过勤奋努力,奋起直追,才能弥补自己的缺陷。最后,在择业过程中,如果发现平时与自己水平差不多,甚至于不如自己的同学略胜自己一筹时,应当采取积极的态度,奋起直追,通过不懈的努力,实现自己的目标。

5. 理性看待社会就业问题

毕业生涉世未深,思想单纯,特别是当就业遇到困难时,往往不能从主、客观两方面辩证地分析原因,而是怨天尤人,感叹生不逢时。其实,在市场经济条件下,用人单位要生存、发展,关键依靠的是有真才实学的人才。通过关系谋职的现象只是局部和暂时的,随着改革的深化,这种现象将逐步减少,直至消失。据了解,在求职就业的成功者中,绝大多数人还是靠自身的努力,而求职就业失败的根本原因还是自身素质不足。因此,大学生在就业前应对社会需要什么样的人、不需要什么样的人有所了解,以便用社会需求的标准来严格要求自己,不断改善自己的知识和能力结构,使自己在激烈的就业竞争中做到有底气、有实力。

【案例】

小李的职业发展困境

小李是个来自农村的孩子。当时家乡种地需要的暖棚材料价格很高,父母觉得制造暖棚定能赚大钱,于是便萌生了让小李报考材料系的想法。一向缺乏主见的他遵从了父母的意愿,考入了某交大高分子材料系。

其实,从小时候在少科站接触了计算机,电脑一直就是他最大的兴趣。于是他在本科期间双管齐下,获得了材料和计算机双学士文凭。由于成绩突出,校方给了他材料系硕博连读的机会,看到别人羡慕的眼光,他把兴趣放到一边,顺理成章地踏上了学校为其铺就的光明大道,后来由于导师推荐改换专业方向,辗转 6 年完成了博士学位。其间,兴趣的驱动让他考取了微软的计算机认证,有过网站维护的兼职经历,但后来随着本专业课程的加重,便无暇顾及计算机的学习。

毕业后,研究型的科研机构他不愿意去,而想去的企业却需要应用型人才,他也曾想过靠计算机本科文凭求职,在喜欢的领域做些事,但他读博期间就再也没有学习过计算机知识,后来渐渐生疏了,相比计算机专业人才,他已经完全没有竞争优势,况且多年学成的博士专业要完全放弃,也未免可惜。结果,他空有名校博士的荣誉,却无路可走,百般后悔。

【启发】

小李的困境在于没有充分认识自身兴趣的影响因素,更多地囿于环境因素的影响。现在不少高校所开设的专业与招聘专业不对口,特别是一些热门专业具有时效性,而且随着机器人、智能化等时代的到来,使用人工的地方逐渐在减少,大学生职业生涯面临更多的不确定性,等待他们的甚至很可能是毕业即面临待业。因此,找准职业方向很重要。

【思考与研讨】

1. 本案例中小李的境遇说明了什么问题? 你从中受到什么启发?

2. 如果你发现自己选择的专业由热门转为冷门,未来就业也受到影响甚至出现了滑坡,你将如何调整自己的职业生涯规划?

第三节　收集就业信息

一、就业信息

收集就业信息是求职择业的重要步骤。就业不仅取决一个人的知识、能力、体力、社会和经济的因素,而且取决于对就业信息的掌握和利用。大学生在择业过程中,需要通过各种渠道收集与大学生就业相关的信息,谁能获得更多、更有效的就业信息,谁就有可能及时抓住机会,赢得择业的主动权。为了降低求职择业的盲目性,提高成功率,就要做到知己知彼,获得尽可能全面的信息,包括择业的社会环境、面临的就业形势、工作单位岗位对用人的要求、社会需要什么样的大学毕业生等。而应对职场纷繁信息的成功法则就是要对职场信息进行有效收集、整理、分析和筛选,汇总出有利于自己的就业信息,在此基础上,合理规划职业生涯的发展路径,加强学习,及时提升和完善自己,只有这样才能凭借良好的职场敏感度和综合实力达到成功求职择业的彼岸。

二、就业信息主要内容

一般来说,求职所需要的就业信息主要包括以下五个方面的内容。

1. 当前大学生就业市场的供需形势

就业形势反映了国家今后一定时期就业形势是否严峻,就业压力总量和结构性矛盾是否突出,对劳动者能力素质和就业技能是否有新的要求等状况,具体包括:社会经济发展形势、社会各行业、各类企事业单位经营状况和对毕业生的需求、目标用人单位对毕业生的基本要求等。大学毕业生了解这些信息,有利于扬长避短,找准自己的求职切入点。除此之外,大学生还要尤其关注社会对本校、本专业的需求情况等信息。

2．政策和法规信息

高校毕业生的就业事关广大学生及其家庭的切身利益,事关社会主义现代化建设。政策和法规不仅有着支持、规范、引导大学生求职择业的作用,而且还有着维护和保障学生合法权益的作用,有利于社会和谐稳定。例如:国家及学校有关毕业生就业政策及规定,《中华人民共和国劳动法》《劳动合同法》《反不正当竞争法》《国家公务员暂行条例》。

3．求职就业活动信息

主要包括何时召开用人单位现场说明会,何时举办招聘会或人才供需洽谈会,学校组织的有关求职就业咨询、培训、职业能力测评、用人单位宣讲会、模拟面试等活动信息。

4．求职就业过程中的成功经验和教训方面的信息

历届学长们在择业过程的经验、教训,就业指导教师的教学体会和建议等,都可为毕业生的成功择业助一臂之力。

5．具体用人单位的招聘信息

用人单位的招聘信息是求职择业的重要依据,因此,要主动获取相关信息,包括所学专业在具体用人单位的实际需求、用人数量是多少、用人单位经营状况、文化背景、单位发展前景、工作条件、个人福利待遇、个人晋升路径、对人才的重视程度及对毕业生到岗后的具体安排、使用意图等。

三、就业信息主要获得途径

获得大学生求职就业信息的主要途径有以下几个。

1．学校大学生就业主管部门发布的招聘信息公告

无论从哪个角度看,学校大学生就业主管部门都是收集、传递市场就业信息的主要渠道。学校大学生就业主管部门是连接社会用人单位招聘需求与大学生就业需求的中间环节,它们既与毕业生就业工作所涉及的各级主管部门之间保持着密切联系,同时也是用人单位选录毕业生所依赖的一个主要窗口。该部门对就业信息的占有量大于任何一个部门,同时其所掌握的准确度、权威性也没有任何一个部门可以与之相比。该部门对来自全国的、行业的、地方的用人单位招聘需求都有着比较完整的收集,信息可信度最高。因此,他们所提供的就业信息,无论是质量还是数量,都具有明显的优势,是毕业生获得就业信息的主要渠道。目前,各高校毕业生就业工作主管部门普遍以市场为导向,以服务毕业生为宗旨,在制订文件、公布信息、提供咨询、就业指导以及为用人单位举办各种校园招聘会等方面都可提供周到的服务。比如,它们除了经常发布一些与实习和工作相关的信息外,有的高校就业主管部门还会不定期地举办一些面试技巧以及与求职相关的讲座等,同学们都应该积极关注这些活动。

2．各级政府主管部门和就业指导机构提供的就业信息

各级政府主管部门和就业指导机构的主要职责,就是制订所辖地区的毕业生就业政策,交流毕业生和用人单位的供求信息,为毕业生就业提供各种咨询与服务,它们每年都要通过各种形式为毕业生提供各种真实可靠的就业信息。

3．新闻媒体、招聘网站发布的职场供求信息

大学生就业是近年来社会关注的话题之一。大学生可以通过各种新闻媒体如电视台、报纸、专刊、各大招聘网站等,了解有关就业动态和用人需求的信息。

4．亲朋好友及老师提供的招聘用人信息

一些亲朋好友及老师也是非常重要的职场信息来源,一定要充分利用。比如学校的老师在每年的社会实践教学、科研协作以及校外兼职中,总是会与一些专业对口的单位保持密切联系。通过他们,毕业生可以了解到用人单位的需求信息,还可以通过教师联系社会实践、实习单位以及推荐到相关单位求职,这些对毕业生择业成功都是很有帮助的。再比如,大部分校友都会在专业对口的单位工作,他们对所在单位引进人才需求情况了解较清楚,他们所提供的就业信息往往更具有精准性。毕业生可通过他们获得职业需求信息,不仅可信度更高,求职成功率也更高。

5．利用社会实践和毕业实习机会获得职场信息

毕业生在求职择业过程中,很大的障碍是供求双方缺乏了解。而毕业生的社会实践、实习可以说是其了解用人单位,并让用人单位了解自己的最好途径。毕业生在参与社会实践和毕业实习、毕业设计时,应该力求做到单位的选择和就业意向相挂钩。如果你的毕业设计乃至毕业论文正是实习单位要解决的技术攻关难题,那么通过实习展现自己才华的机会也极有可能成为你择业成功难得的机遇。

6．从各类"双选会"、招聘推介活动获得就业信息

各地方人才交流中心,还有一些高校,经常会邀请用人单位一起举办一些规模不等,形式多样的"双选会"或招聘会,这些活动往往具有时间集中、信息量大、针对性强、双方了解更直接等优点,是毕业生迅速了解职场信息,了解目标职业市场的结构,了解用人单位的规范和情况,成功择业的难得机会。特别是以学校为主体举办的"双选会"、招聘活动,专业更加对口,来参会的用人单位更有选才的诚意,毕业生更应该格外地予以重视。

第四节　提高自身综合素质

所谓职业需求是一定时期内用人单位可提供的不同职业岗位对从业人员的总需求量,它是影响个人职业选择的客观因素。职业需求越多、类别越广,个人选择职业的余地就越大。

职业需求对个人的职业素质培养具有一定的导向性,在一定条件下,它可强化个人的学习,也可引导个人调整知识结构和能力培养重点。前几章节介绍的制订职业生涯规划只解决了知道自己现在在哪,也知道自己要去哪的问题,但连接这两点之间却没有现成的道路,需要自己去努力积累,然后把积累的结果一点点连接起来,从而铺设成通往目标的路径。每一分努力,即使没有换得自己当时预想的结果,也会化作一笔财富,在未来需要

的时候,成为自己前进的助推器。为提高职场竞争力,大学生要加强综合素质的培养,主要包括在专业知识和技能、个人良好的习惯和性格、社会适应能力、人际关系协调能力、协同配合能力、承受挫折能力等方面不断提升自己的水平。要想提高自身综合素质,大学生应在以下几个方面多下功夫。

1. 大学生要在扎实的专业基础知识和熟练的专业技术方面下功夫

大学阶段依旧是累积知识的重要阶段,专业基础知识是从事岗位工作最直接的知识,也是以后安身立命的重要工具。因此,要在学精学深上下功夫。学精学深是指大学生对自己学习专业知识和技术的掌握既要具有一定的深度,也要有质和量的要求,对基本概念、理论体系、研究方法、国内外最新成果信息等都要有所把握。通过把学习的焦点集中在有关的专业课上,扎实掌握所学专业知识、专业应用领域、服务对象等内容,建立起与未来所从事职业的联系,从而进一步树立牢固的专业思想。大学生根据目标职业的需要,扎实掌握深厚的基础知识,不仅可以更好地完成学业,而且也可以提高解决相关领域专业问题的能力。

2. 大学生应建立合理的知识结构

知识结构是衡量人才质量的尺度之一,是人才创造能力发挥的基础。近年来科技发展迅猛,知识更新加快,但这里更新的绝不是基础知识,而应是知识结构的更新和重建。随着科技和经济的高速发展,大学生就业择业不可能再从一而终,职业岗位随时代变化的状况不可避免,要适应这种变化必须要有扎实合理的知识结构。为了应对不断变化的环境,防止原有知识结构退化或过时,在校大学生要在学好本专业知识的同时,通过跨系、跨学科、跨专业的学习形式,如参加辅修、选修课程等,不断更新和完善自己的知识结构,使自己的专业能力具有更宽泛的适用性。

3. 大学生应注意社会适应能力的培养

大学生的社会适应能力,是指提高大学生对大学生活以及社会生活的适应性,即提高大学生随外界环境条件的改变而改变自身的特性和生活方式的能力。社会适应能力包括个人生活自理能力、基本劳动能力、选择并从事某种职业的能力、社会交往能力、用道德规范约束自己的能力等。大学生适应社会的能力直接决定着大学生进入社会以后是否能够很好地适应当今社会的需要。大学生的社会适应能力是可以培养的。一是主动参加社会活动和社会实践,在实践中提高社会适应能力,如社会调查、学校集体组织的各项实践活动。二是要虚心向有经验的人学习。三是实践中培养分析问题、解决问题的能力。通过参加这些活动,调整自己的行为使其适应社会环境的发展,丰富自己的感性认识,磨炼意志,经受锻炼,找到自己的不足之处,利用在校期间抓紧进行弥补。

4. 提升人际交往能力

交往是人的社会性的需要,不管一个人是否愿意,都需要与他人接触,也要具备一定的人际交往能力。人际交往不仅仅是物质和利益的交流,更重要的是思想和情感的交融。人际交往能力也能反映出人的素质,人们在交往中所结成的人际关系好坏往往是一个人的心理健康水平和社会适应能力的综合体现。对大学生而言,人际交往又是青年自我意识成熟的重要途径。因此,人际关系的好坏,直接影响到大学生的社会适应能力和未来职场发展。人际交往能力的培养需要处理好以下几个方面的问题。

① 要尊重他人。在社会生活中,每个人总要同他人发生这样或那样的关系。人与人之间只有相互关心、相互尊重、相互支持、求同存异,才能形成团结和谐的良好局面。反之,如果总是从一己之利出发,彼此排斥,互不相让,就不利于团结。要处理好个人与他人的关系,尊重他人很重要,包括尊重别人的人格,尊重别人的劳动,尊重别人的感情、爱好、兴趣、个性、宗教信仰和民族习惯等。人的能力有大小,贡献和分工也不同,但在人格上是平等的,大家都要相互尊重、平等相待。

② 培养待人宽宏大度的品质。促进人与社会之间的和谐,需要我们每一个人都多一分宽容。对人要宽容,就是要心胸宽阔,能容人容物,不要自以为是,自命清高,对别人的处境漠不关心。要在根本利益一致的前提下求同存异、和谐共处。在人际交往中,要学会关注别人的需要、兴趣和感受,学会倾听和进行具有建设性的交谈,要求大同存小异,待人宽厚,能谅解他人的难处,原谅他人的缺点。同时尽量避免评论和争论,尊重他人的意见,真诚地从他人的角度看问题,学会理解他人,通过有效地交流信息增进相互间的感情。

③ 克服"社交恐惧症"。大学生毕业后,无论是经济活动,还是社会交往,都少不了接触各方面的人,如不能谈吐自然,害怕与人交往,将影响个人的人际关系。所以,增强自信心,主动且恰如其分与人交往,是每个大学生应努力具备的能力。

④ 善于发现和赞美别人的优点。与人交往过程中要以赞扬为主,实事求是地、适当地赞美对方,可以创造一种热情友好、积极热烈的交往气氛。赞美可以获得对方同样友好的回报。如遇到他人缺点需要指出时,应以不伤害他人的自尊心为前提,既承认别人的优点,又能以理服人指出问题所在。要多看别人的进步,多关注别人的成绩,适当比较自己跟别人的差距,让自己能够有一种想要超越别人的动力。树立奋斗目标,实现目标后奖励自己,让自己更加努力,更想不断进步。

⑤ 要学会倾听。学会倾听,是一种难得的修养,也是生活的智慧。倾听不是一言不发的沉默,而是真切的尊重。倾听时要注意的是专注对方,不能三心二意、敷衍了事;对无兴趣的话题,要尽量找出其中有意义的东西;见机把对方的内容和自己的感受简要地讲出来;刚听时不要有先入为主之见,听完后再找出主题和要点。

⑥ 主动关心他人。要把别人的困难当作自己的困难,满腔热情地帮助那些工作和生活上暂时遇到困难的人。要知道,在他人处于困难状态时,如果你能伸出援手,往往可以获得对方的极大好感,也可使双方感情迅速提升。

5. 培养个人良好的性格

一个人的成功,离不开良好的性格。而良好性格的形成,是一个逐渐的过程,不能操之过急。应从大处着眼,小处着手,从行为中养成习惯,从习惯中巩固出良好的性格。在现代社会中,人们应将更多的注意力放在情商的塑造和培养上,一个人的成功,是许多优秀品格和习惯综合产生的结果。以下几种性格特征对一个人的成功尤为关键。

① 自尊。自尊是人格健全者的标志之一。自尊心是性格中一种高尚的品质,自尊的人关心自我形象,积极向上,有目标追求。自尊会促使人积极向上,但自尊过了头往往是自卑的表现。自卑的人通常有两种表现,或是自轻自贱,妄自菲薄;或是狂妄自大,容不得别人的半点不同意见,实际上这也是缺乏自信的表现。

② 上进心。上进心是一种不断追求新成就的冲动,是不断支撑自己奋斗、向上的动力。如果一个人总是安于现状,不思进取,肯定不能取得新的成绩。要有主动自觉的上进心,不是别人要求的,而是自己主动想要做到的。比如在遇到困难时,不要放弃,要坚持做下去,多学习别人的优点,并改正自己的缺点。

③ 自信。自信心是建立在客观的基础之上,是成功人士必不可少的性格特征之一。很难想象一个没有自信心的人会有所作为。自信是坚强之源,自信是在肯定自己存在价值的基础上,了解自己的长处和短处,在工作学习中扬长避短,并相信自己的能力和努力。自信并不意味着没有失败,没有风险,而是具有面对失败的勇气、战胜失败的信念和把握成功机会的能力。性格中有了自信,在职场中就会敢于迎接挑战,完成艰巨的任务。

④ 责任感与信誉。面对困难,一个有责任心的人不会推诿逃避,不会寻找借口以求得心理的暂时安慰,而是敢于承担责任,并努力去获得成功。与一个有责任心的人交往,会有一种信任感和安全感。

⑤ 勤奋。成功是百分之九十九的汗水加上百分之一的灵感,勤奋的重要性不言而喻。从用人单位角度讲,最需要的就是积极主动工作的员工。一个勤奋主动的员工无论从事何种工作,都不会需要任何人的管理和监控,就能主动全力以赴地完成任务。他不需要人要求、强迫就能自觉而且出色地做好自己的工作。

6. 提高受挫能力

① 视挫折为鞭策

职场受挫是很常见的事,但一时受挫并不说明永远失败。据调查发现,大部分成功人士都曾经历挫折。从某种角度说,要感谢挫折,挫折使人成熟,让人清醒,促人奋进,青年人要把挫折看作是锻炼意志、提高能力的机会。实际上,挫折是一种鞭策,它对失败者并不是淘汰和鄙视,相反能促使失败者振作起来。大学生在面对挫折时,正确的态度应该是不屈不挠,成为战胜挫折的强者。

② 调整期望值

心理学家认为,从小一帆风顺、期望值高于本人能力的人,容易产生挫折感。为减少挫折感,可适当地调整期望值,具体可采用以下方法。

a. 分段设定目标法。就是确定一个总的奋斗目标,再将总的期望值分解成几个阶段性的目标,并逐步付诸实施。在实践过程中,如果发现自己阶段性期望过高,可以把它移到下一阶段,作为下一阶段的目标。

b. 自我调整法。就是把自己的期望按主次分成不同层次,首先满足主要的期望,然后根据实际情况进行必要的调整,直到个人的期望与社会的需要相互协调、吻合为止。如果出现挫折,就要从主、客观两方面仔细寻找失败的原因,实事求是地剖析自己的长处和不足,通过其他途径来达到目标,只要持之以恒,一定会实现自己的理想。

c. 适当进行心理调节。遇到挫折后要学会运用控制、激励等方法和技巧,进行心理调节与控制,尽快摆脱不良情绪,重新树立起信心。不妨参加一些有意义的娱乐活动,换换环境,放松一下自己,向亲人和朋友倾诉苦衷,合理宣泄,听取他们的劝告,这样可以得到较快的修复。此外,也可进行积极的心理调节,不妨使用心理暗示的方法,进行自我激励。比如对于求职失败,不要过于悲观失望,要有一种洒脱精神,总结失利的经验教训,找到差距所在,用自己成功的事例激励自己重新振作起来。

③ 培养坚韧不拔精神

坚韧不拔精神是事业成功的必要条件。历史上许多成功者都是靠着坚强的意志才取得了最后的辉煌。要养成坚韧不拔的性格特征,首先应树立远大的目标。每个人都有对未来的梦想,成大器者,必然抱有鸿鹄之志。坚强的意志表现在对已确定的目标,能做到百折不挠、坚持不懈,不轻易半途而废。此外,坚韧不是狂妄自大,也不是固执己见,它是建立在对自己能力合理评估的基础之上。

④ 提高挫折忍受力

生活里的不快情绪很多都是来自遭遇挫折。人遇到挫折后,都会产生挫败感,但每个人的感受程度不同。有人觉得天崩地裂,从此一蹶不振,有人却从挫折中吸取教训,从逆境中奋起。如何面对挫折?如何发泄心中的愤怒或悲哀?不同性格的人会有不同的情绪和行为反应。如果遭遇挫折,首先,应分析挫折的原因。有的挫折是由于客观因素造成的,如天灾人祸、运气不佳等。有的挫折是主观因素造成的,包括人的气质、性格、能力、努力程度、意志、策略的运用等。其次,要科学辩证地认识挫折。我们不能奢望生活中没有挫折,而应该考虑如何辩证地去看待它,从挫折中汲取经验教训,尽快地摆脱挫折带来的困扰。最后,建立积极的挫折反应机制,提高自己的挫折忍受力,以便从根本上达到减轻心理紧张、缓解情绪的目的,包括合理的抗争、积极补偿、重新确定目标、更加努力等。

第五节　落实求职就业计划

当确立了清晰的职业规划和目标职业后,就可以开始制订具体行动的时间表了。在此提供以下安排供参考。

8～9月,求职材料准备阶段。大学生在这一阶段最好将所选择职业中所有个人求职材料收集并整理好(如获奖证书、发表的论文或作品、参加各种重要活动的照片等)。

10～11月,就业信息收集阶段。大学生这一阶段主要是做好信息表格的填写;了解就业政策;分析各种就业形势;收集用人单位招聘信息;锁定就业意向。

11月,就职择业前综合准备阶段。这一阶段,大学生要尽量参加一些就业技巧的培训;同时做好个人自荐材料的准备;做好面试时所需的物质准备(如:服饰和资金等)。

12月～次年1月,首次求职实施阶段。这是面临的第一次择业高峰和机会,这一阶段大学生应充分利用所获得的就业信息,开始有针对性地择业并参与应聘。

1～2月,调整总结和反思择业中的得失阶段。这一阶段大学生要调整择业心态和目标,力争择业能力的再提高。

3～5月,第二次求职实施阶段,这是面临的第二次择业高峰和机会,这一阶段大学生应再次为择业成功而努力。同时,这一阶段也是考研失利同学择业的最佳时期。

6～7月,就业入职前期准备阶段。这一阶段,大学生要根据已确定的职业角色要求,做好入职前各项准备,参加用人单位组织的入职考试,了解用人单位工作要求,与用人单位办理就业手续、签订劳动合同,办理毕业离校手续等。

为了进一步准确了解目标职位,建议同学们可以先把自己想要去的几家用人单位的几个职位初步定下来,然后再进一步收集相关信息,并对信息进行分析、研究和比较。比如,你想去竞聘 A 公司的 B 职位,就要到 A 公司的网站上看一下,这个职位招聘报名最后的截止时间,这个公司对该岗位有什么特定的要求,再看看到这家公司应聘的流程是什么,需要准备什么等。

【本章思考与研讨】

1. 求职就业前需要做好哪些心理准备?
2. 抽出一定时间了解一下职场,然后把心得体会记录下来。
3. 你认为应该如何理性面对求职就业?
4. 如何提高收集就业信息的有效性?
5. 提高自身综合素质主要包括哪些内容?
6. 到学校的大学生就业主管部门了解一下办理求职就业的手续有哪些。

第八章

大学生求职陷阱的防范

大学生求职过程本来就面临许多困难，一些无良单位却利用大学生社会经验不足，以及急于就业的心理，趁机变相设置陷阱，诱骗大学生，在他们身上捞取钱财，导致大学生不仅求职上当、财产受损，心理也受到伤害，这无异于雪上加霜。为确保不掉入他人设置的求职陷阱，大学生要提高自我保护意识和辨别是非的能力，处处留心、留意，遇事三思而后行。

第一节 大学毕业生求职就业应享有的权利和应履行的义务

一、毕业生在整个毕业求职择业过程中享有的权利

毕业生作为就业市场的一个重要主体，享有多方面的权益，根据我国在《宪法》《劳动法》《高等教育法》《普通高等学校毕业生就业工作暂行规定》等法律、法规和政策中的有关规定，毕业生主要享有以下几方面的基本权利。

1. 获取信息权

就业信息是毕业生择业成功的前提，只有在充分占有信息优势的基础上，才能结合自身情况选择适合自身发展的用人单位。毕业生的获取信息权主要包括以下三个方面。

① 信息公开。即所有用人单位的招聘信息应向全体毕业生公开，为保证毕业生获得用人单位的招聘信息，一些省、市已建立起高校毕业生需求登记制度，凡需录用高校毕业生的用人单位，须到当地高校毕业生就业指导中心和有关高校办理信息登记，由当地高校毕业生就业指导中心通过高校向毕业生发布用人需求信息，任何单位和个人不得隐瞒、截留需求信息。

② 信息及时。即提供给毕业生的就业信息必须是及时、有效的，而不能将过时无利用价值的信息传递给毕业生。

③ 信息全面。即毕业生有权获得准确、全面的就业信息，以便对用人单位有全面的了解，从而作出符合自身要求的正确选择，而不应是受虚假信息干

扰,导致上当受骗。

2. 接受就业指导权

学生有权从学校接受就业指导,学校应成立专门机构,安排专门人员对毕业生进行就业指导,包括向毕业生宣传国家关于毕业生就业的有关方针、政策;对毕业生进行择业技巧的指导;引导毕业生根据国家、社会需要,结合个人实际情况进行择业,使毕业生通过接受就业指导,准确把握职业定位,合理求职择业。

3. 被推荐权

由于大学毕业生社会联系有限,获得信息的渠道不多,而用人单位也很难在短时间内就掌握每一名应聘学生的综合情况,因此,高等学校在就业工作中的一个重要任务就是向用人单位推荐毕业生,主要形式有学校推荐表、导师推荐信等。历年经验证明,学校的推荐在很大程度上往往会影响到用人单位对毕业生的取舍。毕业生享有的被推荐权包含以下内容。

① 如实推荐。即高校在对毕业生进行推荐时,应根据毕业生本人的实际情况向用人单位进行实事求是的评价、推荐;不能故意贬低或随意捧高毕业生在校期间的表现。

② 公正推荐。学校对毕业生进行推荐应做到公平、公正,应给每一位毕业生以就业推荐的机会,不能厚此薄彼。公正推荐是学校的基本责任,也是毕业生享有的基本的权益。

③ 择优推荐。学校根据毕业生的在校表现,在客观、公正、公开的基础上,还应择优推荐,用人单位录用毕业生也应坚持择优标准,真正体现优生优用、人尽其才。从而调动大学生平时学习的积极性,促进毕业生在就业过程中凭自身综合素质的提高来取胜,而不是靠托关系、走后门。

4. 职业选择自主权

根据国家有关规定,高校毕业生在国家就业方针、政策指导下自主择业。只要符合国家的就业方针和政策,毕业生就可以自主选择用人单位。毕业生可以结合自身情况自主与用人单位协商,直至双方签订就业协议。所在高校、其他单位和个人均不得干涉。任何将单位或个人意志强加给毕业生,强令毕业生到某单位就职的行为都是侵犯毕业生职业选择权的行为。

5. 就业公平待遇权

《劳动法》明确规定,"劳动者就业,不因民族、种族、性别、宗教信仰不同而受歧视"。用人单位在录用毕业生的过程中,对所有人应做到公正、公平、一视同仁。但在当前,由于各项就业监管配套措施滞后,完全开放公平的就业市场尚未真正形成,用人单位录用毕业生还在不同程度上存在不公平、不公正的现象,如有的用人单位变相搞性别歧视,对招聘女大学生设置很多无形的障碍,使得女性就业难成了困扰女毕业生就业的一大问题。类似的情况还有地域歧视、毕业院校、相貌歧视等。

6. 有在择业期(两年)内将其档案、户口在校保留两年的权利

毕业生如在毕业当年未能找到工作,或只是找到非正规就业单位,有权在毕业后的两年内将档案、户口放在学校保留,期满后学校则无义务再为其继续保存。

7. 国家和省(市)规定的与就业有关的其他权利

二、毕业生在求职过程中应履行的义务

(1)认真学习、正确理解并执行国家就业方针、政策,根据需要为国家服务。

(2)接受所在高校毕业教育和求职就业的指导。

(3)服从所在学校、院、系就业工作的安排和管理,完成校方布置的与就业工作有关的任务或事项。

(4)如实向用人单位反映自己的情况。

(5)遵守求职择业道德,服从学校、院、系有关求职就业的规范和纪律要求。

(6)履行就业协议。

(7)及时如实向学校通报就业工作落实情况。

(8)按时办理离校手续,做到文明离校。

第二节　求职信息安全隐患

求职信息安全是指用人单位提供给大学生的就业需求信息应具有真实性、完整性、合规性和合法性,且保证大学生在应聘过程中向其提供的个人信息不被泄露和恶意使用。

1. 用虚假信息诱骗大学生支付各种费用

一些用人单位钻目前就业市场机制不完善的空子,以高薪做诱饵,夸大或片面介绍单位的信息,以吸引大量对用人单位不了解的大学生前来应聘。比如,一些公司在面试的时候,为了能够招到人,它们将公司的优势以及员工的福利待遇说得天花乱坠,并以工资高为诱饵,使很多毕业生听后都很心动。然而,当真正入职工作的时候却被告知需要缴纳入职费、报名手续费、介绍费、保证费、服务费、培训费等相关费用,最后以"不符合条件"为由将报名者拒之门外。

【案例】

还没赚到工资先背上培训贷

在毕业求职时,小郭从网上看到了某科技公司发布的招聘信息,该公司正在招聘开发人员。投递简历后,小郭便应邀参加了面试。随后,该公司称小郭需要参加公司举办的培训,并要收取 1.98 万元的培训费。但这笔钱不需要小郭预先支付,只需要小郭以自己的身份在某互联网贷款平台上申请贷款,贷出的款项则交给公司作为培训费。为了尽快入职,小郭按对方的要求进行了贷款,公司也对他承诺培训结束后只要考核合格即可转正,月薪保证在 7 000 元以上,后期贷款将由公司偿还。但在培训后,公司既没有给小郭办理转正手续,也没有代其偿还贷款。这笔贷款就记在了小郭名下,加上服务费和利息,还没

有领取过任何工资的小郭就背上了一笔 2 万余元的债务。

与小郭同一批来到该公司的求职者共有 30 余人,他们均办理了培训贷款,而早在 2016 年,就曾有 40 余人因同样的方式吃了亏。因认为某科技公司与网贷软件运营公司恶意串通,欺骗自己签订贷款协议,小郭等人将两公司起诉至朝阳法院,请求法院判决这笔贷款应由科技公司偿还。2018 年 2 月,朝阳法院经审理认为,本案涉嫌犯罪,应交由公安机关处理,故裁定驳回小郭等人的起诉。

【小提示】 大学毕业生刚参加工作时,薪酬不高是很正常的。相反,如果出现一些单位声称,只要入职就可提供高薪酬时,毕业生就应该引起警惕,因为一些不法分子企图利用高薪待遇做幌子,接下来会骗取毕业生所谓的押金、培训费、服装费等。

2. 骗取应聘者的劳动成果

一些无良用人单位靠忽悠来占大学生便宜,故意混淆工作报酬,以有业绩底薪忽悠应聘销售岗位的毕业生来就职,但干完一个月并带来业绩后却连基本工资都领不到,原因是毕业生无法完成故意拔高的工作业绩。还有的无良单位以考察毕业生专业能力为借口,让应聘者完成某项工作任务,如编一个小程序、设计一个广告、改造一个工艺流程等,一旦工作完成后,便以各种条件不符为由,拒绝录用。还有些用人单位在招聘宣传上附加了"急聘""大量求聘"等字眼,表面看是求贤若渴,实则是超员招聘,其目的是在短期内廉价使用,再以优胜劣汰为名,白白"剥削"试用期劳动力。

【案例】 大学毕业生小张、小李、小刘都去应聘某广告公司的文案创作。负责人在面试后又要求笔试。笔试内容先是一些有关广告行业的基础知识及一些智商测试题,然后是按要求为单位开展某项活动做一个方案。负责人说:"我们只招一名人员,待我们研究后再做通知。"而事实上,三人并无一人被录用。他们的文案却理所当然地被公司无偿拿走了。

3. 偷梁换柱散布虚假信息

如今,在城市的大街小巷和一些新闻媒体上,有关招聘广告到处可见,可谓鱼龙混杂,泥沙俱下。一些不法单位编造出一些根本不存在的好工作并设下圈套,诱骗报名者上当。面对激烈的就业竞争形势,即将毕业的大学生,由于缺乏求职经验和社会阅历,对招聘信息的甄别能力差,再加上求职心情极为迫切,急于求成,特别是在求职过程中曾经遭受过一些挫折,不得不一再降低要求,饥不择食,甚至放松警惕,这也给一些动机不纯的用人单位利用虚假信息欺骗大学生上当受骗提供了可乘之机。加上我国目前各地人才市场对于用人单位到场招聘或发布信息的资质只进行书面审核,而对招聘内容的真实性缺乏更科学的鉴别,从而也给不法单位发布虚假招聘信息提供了机会。

【案例】 某传媒刊登一则招工启事,主要内容是某沿海城市一家涉外宾馆,招中层管理人员、财会人员数十名,限女性、懂英语、年龄在 18～30 岁。还大肆鼓吹这种白领丽人实行年薪制,年薪 8 万～15 万元,声称三五年即可购花园洋房、购私家车云云,导致许多人慕名前往。结果该公司在 370 多名报名者中挑出容貌比较出众的 43 名姑娘录取。可到达工作地点后,她们才发现所谓的"涉外宾馆"只不过是一家餐饮俱乐部(娱乐中心),她们全部被安排在酒店的一个大房间,让客人当面挑选。最后,她们都被逼迫成为"三陪女郎"(小姐)。后来虽然得到及时救助,可她们身心已经备受摧残,她们的人生理想和追求顷刻间已轰然倒塌,对整个社会的好感也被击得粉碎,心灵深处的创伤可能一辈子也难以痊愈。

4. 黑中介招摇撞骗

近年来,随着大学毕业生的不断增多,各种职业中介机构也应运而生。这些中介机构有不少是非法的职业介绍所和皮包公司,他们大多为一个人牵头,再聘用几个临时工作人员,挂靠在某机关、单位名下,一块牌子、一张桌子、一间房子、一枚公章就开张营业了。一些黑中介采取借用其他职业介绍公司的营业执照和人力资源服务许可证的方式,打着传递招聘信息的幌子,发布大量虚假招聘信息,实行诈骗钱财的活动,导致不少人上当受骗。他们常常夸大用人单位和职位信息,骗取学生的信任。

【案例1】

以招工为名,骗取求职者钱财

从2016年3月开始,孙某租用金州碧海商城某办公室,女子吕某为其提供了大连某职业介绍有限公司营业执照及人力资源服务许可证,以招工为名,巧立名目先收取一些费用,骗取求职者钱财。期间,孙某负责发布虚假招工信息及与求职者谈退费等事宜,吕某以招聘公司面试负责人的身份接待求职者,取得求职者信任后,以缴纳体检费、服装费、保证金等方式骗取被害人钱财。这个"黑中介"还找来了女子张某。张某明知公司实施诈骗行为,仍参与其中并负责接待求职者、陪同求职者取款、联系退费等事宜。截至2016年12月,这一黑中介共诈骗数十人,涉案金额数万元。

案发后,吕某投案自首。这个黑中介也被警方端掉。吕某赔偿了部分受害人损失,获得谅解。法院一审判处吕某有期徒刑8个月,缓刑一年,并处罚金人民币5 000元;判处张某拘役6个月,缓刑10个月,并处罚金人民币3 000元。

【案例2】

收取中介费却不提供承诺的相应服务

毕业生张某在一家职业中介的信息栏上看到招聘文员的启事,便前去咨询。该中介"电话联系"了招聘公司后,告诉张某职位空缺,她可以去试一试,但要交纳100元中介费用,并承诺如果这家不合适,可另外推荐,直到找到工作为止。面试后,公司让张某回去等消息。等了两个星期后,被告知未被录取。张某只好找到那家职业中介公司继续找另一家公司。经过面试,又等待了长达半个月,仍然得知没有被录取。当张某第三次折回中介公司时,中介公司告诉她没有新的空缺职位,让她再等等,结果就再也没有任何音讯了。

5. 网络求职问题多

利用网络获得求职信息虽然具有查询方便、信息量大、可选择面广,还可免去求职者奔波之苦,从而降低查找求职信息成本等优势,但完全依赖网络获得求职信息也存在一定的安全隐患。比如,发布招聘信息的网络平台本身可能并不具备资格许可证;一些人才招聘网站的诚信与保密技术都很不过硬;有些网站对发布的招聘信息不作认真筛选,使得虚假信息屡禁不绝等。面对网络上的不实招聘信息,靠求职学生自己去辨别真假难度很大,导致不时会发生一些学生上当受骗的情况。

【案例】 网络上的一些不法中介平台,抓住学生想要进入名企的心理,推出了"付费内推"等项目。这些平台往往声称自己与众多企业有合作关系,可利用这些资源内部推荐大学生去企业实习,但获得内部推荐的资格需要付费,费用从几百元到上万元不等。有的实习生交钱后,获得的岗位往往与自己理想中的工作完全不符,而且也无法获得退款;有的则是内部推荐失败,得到中介的反馈称"我们尽力了";更有甚者,被中介宣称的"预付500元安排笔试保过"所吸引,可收费后却再也联系不上中介了。

【案例提示】 大学生应该明白,如果自己有能力通过用人单位的官方渠道获得实习机会,何必要付费给那些坑人的平台去获得内部推荐的资格?那完全是不必要的支出。如果自身能力不足,即使有内部推荐,也不一定能够成功,因为正规单位在招聘新人时,更看重的是个人实力。因此,提高自身的素质和能力,才是获得进入优质用人单位机会的带有根本性的条件。

6. 诱骗大学生参与非法传销组织

对大学生求职安全最大的威胁是打着招聘的旗号,诱骗大学生踏入非法传销陷阱。一些不法传销组织看准了毕业生急于找工作的心理,经常趁着校园或网络招聘的机会,精心设计骗局,把自己包装成实业公司,潜藏在人才市场,主动与毕业生搭讪,以"高收入"和"高回报"来骗毕业生加入传销组织。一旦大学生陷入圈套后,再对其进行培训"洗脑",限制大学生的人身自由。

【案例1】 据《上海侨报》报道,2016年9月17日,被骗到广东佛山市顺德区的陕西西北农林科技大学刚毕业的刘某因拒绝加入传销,遭到惨无人道的毒打,被残忍地割烂右手三指,后又被扔到广州市芳村境内,幸被120及时救到医院。记者在芳村某医院见到了被打得面目全非的刘某,浑身黑肿,由于头部已严重受伤,眼睛也不能睁开,身上有多处血迹,左手血肉模糊,右手三指被刀割烂。

【研讨】 大学生为何容易误入非法传销组织?

【案例2】 湖南某高校会计专业的刘同学曾经对未来充满美好憧憬,但由于朋友的一个"美丽的谎言",使曾经朝气蓬勃的她甚至产生了轻生的念头。据她所说,数月前一个朋友给她写信说,其舅在安徽开了一家公司,并称那里有很多高素质人才,很适合大学生发展,现特意邀朋友去锻炼锻炼。此后,这位朋友还多次打电话并在QQ上留言,描绘了美好的发展前景,鼓励她放弃学业,"发展事业"。经不住诱惑,刘同学匆匆北上安徽三门峡,加盟到朋友的公司。

实际上,该公司是一家打着直销旗号的传销黑窝点。她说:"从此我过着非人的生活,每天的饭菜是白米饭、没油水的白菜冬瓜汤,晚上睡觉则在地上铺一张席子。而我见到的所谓'高素质人才'仅仅是用谎言和虚伪包装起来的。他们的工作是用欺骗的方式把价值几百元甚至一文不值的假冒伪劣化妆品以3 350元或者3 800元的价格卖给下线。"她还透露,在她待过的广西的那个传销窝点,至少有来自西安的大学生100多人,大部分都是正规高校的学生。

这些打着直销旗号挂羊头卖狗肉的传销黑窝点骗钱害人,使不少人家破人亡、人财两空,还有不少大学生因此把握不住人生航向,失去生活信心,失去了人格尊严。"我没有半句谎言,之所以要把这件事讲出来,是想告诉那些打算往这个死胡同里发展的,或者已经进了这个死胡同但还心存侥幸打算多捞一把的大学生,千万不要利欲熏心,天上从来不会掉馅饼,我自己在此期间还损失8 000多元学费和生活费。"刘同学说。

【案例分析】

传销组织惯用的方法一般是先安排学生以销售人员的名义上岗工作,然后公司让学生缴纳一定的提货款,再让学生去哄骗他人。有的同学在高回扣的诱饵下,甚至去欺骗自己的同学、朋友。上当之后又往往骑虎难下,最终只得自食其果,白搭上一笔钱不说,可能还伤害了与亲朋好友的感情。

7. 将个人信息泄露或恶意使用

在求职过程中,大学生却常常要面对这样的两难境地:一方面,需要提供个人的真实信息给用人单位;另一方面,又要谨防个人信息泄露并被人恶意使用。个人信息主要包括:姓名、性别、年龄、身份证号码、电话号码、银行账户、邮箱地址及家庭住址等在内的个人基本信息,这些信息一旦泄露或被人恶意使用,都可能会给大学生带来财产损失。比如,有人通过不法渠道购买到你的个人信息,用你的信息办理身份证,在网上骗取银行的信用,从银行办理出各种各样的信用卡,恶意透支消费,然后银行直接将欠费的催款单寄给了身份证的主人,别人冒你的名花的钱,却要你来还款。还有一些不法分子可能会利用你的个人信息干坏事,如果犯了什么刑事案件或发生什么事故,公安机关或交通管理部门可能会依据身份信息找到你的头上。

【案例】 2015年3月,6名在京的教育培训机构员工因非法买卖大量学生及家长个人信息,总计多达200余万条,涉嫌非法获取公民个人信息罪,当庭受审并认罪。

被告人之一杨某,高中文化,今年25岁,从内蒙古鄂伦春来京打工。据他称,2011年他到一家教育培训机构上班,发现公司掌握大量家长信息,就偷偷拷贝了一些准备出售。杨某先后在至少3家此类机构工作过,获取学生及家长个人信息总计200余万条。杨某在网上分批出售信息,共获利1万余元,平均每条信息5厘钱。

【提示】 现在的不法分子利用个人信息进行诈骗已经进一步发展到盗用亲属或同学的手机号、QQ号进行诈骗活动,如有的骗子利用学生的信息向家长骗称"你的孩子现在由于交通事故,正在××医院抢救需要住院费一万元"等,以此诈骗钱财。因此,在没有确定充分了解对方的情况下,不要轻易提供个人重要信息。

第三节 大学生就业陷阱成因分析

就业陷阱的存在有着深刻的社会背景,包括就业岗位的供给不足,就业工作管理体制不成熟,相关责任者意识缺乏,还与大学生自身就业过程中盲目跟风、不切实际等有关。此外,一些无良单位看准大学生社会阅历浅、思想单纯、家长不在身边的特点,利用他们在求职过程中处于信息不对称的弱势地位,采取欺骗手段,设置种种陷阱,专门坑害大学生。

1. 盲目跟风

大学生求职择业本应多关注岗位所提供的个人事业发展空间与锻炼机会,这是促进人生成长走向成功的重要因素。但随着高校毕业生逐年增加,大学生在求职择业中普遍存在一种盲目跟风现象,一些知名用人单位或者热门岗位受到大多数学生的普遍追捧。部分学生看到其他同学将这些用人单位或热门岗位作为目标职业,在没有搞清自己到底适合在什么单位发展,没有搞清自身条件是否符合那些热门岗位需求的情况下就盲目跟风,导致一些不法分子对大学生求职者设置求职陷阱屡屡得手。比如,以大单位招聘新人为诱饵,然后以种种名义骗取大学生钱财。

【案例】 某有限公司的"招聘启事"声称,应聘者一旦被本公司录用,即可逐步转入全民所有制企业,享受国家公务员待遇。这就意味着求职者只要入职,就可通过某种运作方式,逐步转变身份,最终可获得体面的工作和稳定的收入。导致不少大学生盲目跟风前去应聘,结果不仅上当受骗,还错过了不少其他更好的求职机会。

【案例分析】 本案例就是利用大学生盲目跟风的心理,以最终能进入国企为诱饵,诱骗大学生前来应聘,为继续欺骗和坑害大学生求职者埋下了伏笔。其实,这是个天大的谎言。按规定,国家公务员不可在企业兼职,企业员工也不可能享受国家公务员的待遇。目前,国家公务员只有经过公开招考和严格考核才能被录用,根本不可能有如此唾手可得的好事。

2. 求职心切

由于当下大学生求职压力大,看到其他同学相继落实了就业单位,自己难免产生求职焦虑心理。此外,有的大学生对未来一直没有职业规划,对于自己毕业后的发展前途感到迷茫,他们没有目标,就职时不知道自己适合做什么,结果盲目跟风。而那些号称"低门槛、高收入"的职位,正是骗子利用毕业生急于实现经济独立的心理而设置的,如果盲目追求这种职位,就很容易踏入陷阱。每年7月,都有一批高校毕业生离开校园、走入社会,他们中的一些在求职过程中,总是抱有侥幸心态,希望自己能撞到好运。出于急于自立、社会经验欠缺等原因,难以有效分辨用人单位的欺诈行为,使得不法单位用如此"低劣"的骗术仍能屡屡得逞。

3. 随意签约

大学毕业生和用人单位在签订合同时,随意性大,守信意识缺乏。比如,有毕业生在求职时,往往漫天撒网向许多用人单位散发自荐材料,一接到单位的签约通知,便匆忙且随意地就与之签约。而在签约后,学生发现该单位并不是自己的理想单位,遇到更好的单位后又马上与原单位解除协议,使用人单位陷入极其被动的局面,用人单位不得不重新招录毕业生,导致招聘成本的增加。还有的毕业生对签约双方的权利和义务不清楚,对就业协议书的基本内容不了解,甚至不屑一顾就签上自己的名字寄给用人单位,任由单位在协议书上乱填,当毕业生觉得自己吃亏时只好选择违约,从而造成事实上的诚信缺失。还有的毕业生在面对多家用人单位同意接收他时,干脆就与多家用人单位签订就业协议,结果只能选择其中之一时,不得不与其他已经签约的单位毁约。最终给用人单位造成诸多问题,甚至会影响自己顺利就业。

4. 信息误判

目前我国学生就业的整体秩序是好的,但还没有形成较为系统的大学生就业制度性安排,许多跨地区的就业落实亦无系统的信息规范和行为约束。大学生的就业信息有不少是通过非正式渠道获得的,信息的过滤和选择紊乱,经常会导致大学生被误导或误入招聘陷阱的情形。由于获得和发布就业信息的不对称,加之一些用人单位的夸大宣传,大学生很难准确掌握就业单位和就业市场信息,造成对实际情况的误判,事实上也加大了他们在目标单位选择上的盲目性,以致进入就业陷阱,最终影响准确的求职择业决策。

5. 竞争激烈

近年来,随着中国高等教育逐步实现了大众化,毕业后需要就业的大学生逐年增加,而在就业市场需求增长有限的情况下,大学毕业生初次就业率便出现了逐年下降的趋势,求职就业竞争日趋激烈。特别是在求职择业的选择上,大学生普遍热衷于往党政机关、事业单位和国有大型企业挤,使这些单位的岗位竞争更加激烈。在较大的就业竞争压力下,大学生极易产生急躁情绪,轻信用人单位的夸大宣传,甚至仅仅通过面试时的简单交流,就贸然答应用人单位提出的种种不合理入职条件,从而掉入用人单位设置的就业陷阱,导致个人权益受到损失。

6. 缺乏警惕

大学生在就业过程中由于种种原因,对就业的复杂性缺乏认识,缺乏就业安全意识,没有做到保持必要的警惕,导致在求职择业过程中,屡受就业陷阱的困扰,严重阻碍了顺利就业的实现。身处校园的大学生,绝大部分对社会缺乏认识,对就业的复杂性知之甚少,他们沉浸在学习和相对单调的大学生活中,没有认真了解或见识过社会不法分子设计的种种就业陷阱。临近毕业,面对求职择业理想和现实的巨大反差,加上又缺乏必要的警惕意识,特别是在就业形势非常严峻的现实面前,不少大学生对各种不实就业信息表现出偏听偏信,毫无抵抗力,很容易就会上当受骗。

7. 法制缺失

目前我国没有专门的大学生就业方面的立法,仅仅依靠《劳动法》约束用人单位的用工行为。由于法规较粗,缺乏细节针对性,其结果造成部分用人单位钻法律漏洞,轻则产生诸多就业歧视现象,如用人单位以没有工作经验为由拒绝招收应届大学生,还有的单位由于考虑自然附加成本的增加而限招女大学生,此外还有身高歧视、相貌歧视等。用人单位这些拒绝招录的理由本是大学生们无法改变的既定现实,却造成了部分学生的就业困难;部分用人单位重则设置就业陷阱,如本章第二节所述的各类侵害大学生求职择业权益的做法。

第四节　如何避免掉入求职陷阱

1. 向正规网站投简历

如今越来越多的大学生习惯选择通过网络来投递简历,虽然方便快捷,但也可能被不法分子利用。所以大学生网投简历,首先要选择那些正规、知名度较高的网站。因为正规的招聘网站会对注册会员的重要信息如联系方式、家庭住址等作保密处理,只向具有合法资质证明的招聘单位开放,但非正规网站就不一定能做到这点。在网上填写个人简历时,大学生尽量不要去一些不知名、甚至非法的网站,更不能使自己的个人简历处于无条件公开的状态,避免不法分子窃取信息。此外,大学生若接到陌生的网络招聘电话,尽量不要过多回答个人隐私问题,可以反问对方公司的具体信息,以便进行核实。一旦发现可疑情况,立即挂断电话或报警。

2. 现场招聘要谨慎小心

既然到现场参加招聘会,就要到正规场地,且有固定展台的招聘单位投递简历,因为这些单位都是经过人事部门审核批准后才能入场的,在求职可信度上相对有保障。此外,大学生在接到面试通知时,应多渠道了解该招聘单位的真实情况及背景等。对于承诺提供过于优厚待遇的用人单位,大学生一定要慎之又慎。对于招聘单位安排的面试场所,特别要谨防宾馆等临时租借来的场地,尤其是较为偏僻的场所,在出门前,最好给家人或朋友留下招聘单位的详细地址和联系电话,以备不时之需。另外,尽量不要选择在晚上去参加所谓的面试。

3. 警惕不法中介与招聘单位串通

部分非法职业中介机构通常会采取拖延时间、与用人单位共同欺骗等手段,骗取求职者信息费、介绍费等。求职者如果碰到那些"一间门面、一张桌子、一部电话"的职业中介机构或者"人才市场"要格外当心。

此外,市面上大大小小的求职中介往往会在求职高峰期开始发布大量招聘信息,不少中介与招聘单位勾结一起,在平台推出所谓招聘"内部资源",付费"简历免筛""优先面试",甚至还有"保录取"等诱人项目,吸引了不少求职者的注意。然而,这些所谓的承诺却是陷阱重重,并不一定能够达到求职者预期的结果,甚至可能有欺诈行为发生。

大学生对于中介提供的招聘单位信息,尤其是一些挂羊头卖狗肉的职位要提高警惕。正规的职介机构通常具备以下特征:有营业执照和招工许可证原件;明码标价;在醒目位置还公示劳动监察机关的举报受理电话;收费时能出具由税务部门监制的发票;服务人员也持有职业资格证等,这些一目了然的信息有助于对真假职业中介机构作出正确的判断。业内人士指出,对于大学生求职者而言,要练就一双"慧眼",切忌轻信一些平台提供的"捷径",尽量通过正规企业官网、线下招聘会等形式来获得真实准确的信息,不要被不良招聘平台的花言巧语所哄骗,一定要通过正规渠道求职。

【案例1】 2012年11月,杭州某高校应届毕业生小方在金华参加招聘会时,遇上一个主动凑上来的招聘人员。对方自称来自上海某国际商务公司,需要招聘一批外形条件相对不错的应届毕业生,择优派驻到美国、英国等地工作。对于这个工作机会,小方颇为心动,且正好与自己的国际贸易专业对口,于是立即递上了个人简历。对方没看一会儿,随即便说条件都符合,并留下一个地址,让她第二天上午9点钟去参加面试。可当小方如约赶到这个地址时,发现竟是藏在居民小区里的一个宾馆,而前一天的那个招聘人员就等在宾馆门口。小方很疑惑,问怎么面试地点会在这种地方?对方解释因为公司在金华没有分公司,所以临时安排一个地方当作面试场所。对方还说在她之前,有两个面试者已经上去了,催她赶紧上去。但小方思来想去,始终觉得不妥,找了个借口迅速离开。小方说,她事后和班主任及其他同学谈起这件事,班主任称幸亏她没进去,里面很可能是一个传销窝点或可能欲对女大学生不利的非法场所。

【案例2】 2012年12月,毕业后还未找到工作的金华某高校应届毕业生小许,在义乌人才市场附近的一家人才中介交了100元钱,由对方提供了一个到当地一家外贸公司网络部工作的机会,当时谈好待遇是月薪2100元,并口头约定如果工作不满意可再免费介绍。经过简单的面试后,小许马上被录用了。但公司告知他每个员工都要先到一线去熟悉公司业务流程,然后再回到正式岗位上。就这样,在试用期的三个月里,小许有时被安排清点货物,有时又要去招待顾客,忙得团团转,工资还只能拿到80%。原本想熬过这三个月,就能坐回办公室了,谁想试用期过后,公司仍没有要让他回原岗位的意思。小许几次去找人事部门理论,但部门负责人每次都推脱说让他再等一等,公司已经在安排。一气之下,他索性辞职再找到之前的那家中介,要求其重新介绍工作。谁知对方却不认账了,既不肯退钱,也不愿免费再介绍其他工作。

【提示】 对于一些迟迟找不到工作的大学生来说,有时会寄希望于中介机构。但如果不法中介和招聘单位串通一气,难免让人防不胜防。为避免此类事情发生,建议大学生一定要找正规职业中介机构,在支付服务费之前,最好就双方的权利和义务与中介机构签订服务保障协议,不要轻信一些职业中介机构的花言巧语和口头承诺。

4. 学会判断真假

在接受用人单位特别是企业的面试后,求职者最好通过多种途径了解一下该企业的背景,想方设法加强对企业的了解以免误入骗子们设下的陷阱。如上网查找该招聘单位的相关资料;通过登录当地工商局网站对企业信息进行查询,或打电话向工商部门咨询(电话:12315),以便确定该企业是否仍处于经营状态,年检是否合格;注意招聘单位的营业执照等相关证件是否规范;正规招聘单位一般会将招聘活动设在单位的办公室、会议室等处,而对那些以出租房作为招聘或面试地点的单位就要提高警惕了。

目前关于人才需求的信息非常多,求职者对搜集来的就业信息首先要辨别其真伪。一般来说,真实可靠的招聘信息都是经劳动、人事部门核准的,或通过高校就业指导中心向毕业生发布,或由人才市场电子信息屏及招聘信息橱窗公开发布,或在正规报刊、广播、电视、网站等媒体上发布。但也不能完全认为报纸、网络上的信息就肯定是可靠的,或朋友介绍的就没有可疑之处。遇到自己认为很重要的信息,在求职前一定要先打听清楚它的来龙去脉,通过自己能想到的各种办法去证实它的真实性,以免上当受骗。

5. 拒交各种名义的费用、证件以及保护个人隐私信息等

大学生要主动学习一些劳动法规和相关政策,提高自己的独立思考能力和维权意识。比如招聘单位以任何名义向求职者提出收取抵押金、服装费、产品押金、风险金、报名费、培训费等行为,都属于违法行为;另外,根据相关规定,任何单位都不能扣押应聘者的证件,如果用人单位以保证学生实习时间等为由要求扣压学生的证件,也是违反国家相关规定的。如果遇到这些情形,大学毕业生要坚决拒交各种名义的费用,对用人单位提出的所

谓押金、培训费、服装费等要求敢于说"不"。此外,大学生也不要将自己的身份证、学生证、毕业证等重要证件作为抵押物交给用人单位。

6. 不要轻信招聘承诺

大学生千万要保持清醒的头脑和高度的警惕,不要轻信用人单位的口头许诺,比如有的用人单位许诺高薪招聘到该单位的外地企业或某外地分公司、分厂、办事处工作人员,对于这种情况,无论其待遇有多好,建议大学生先不要急着去,最好到劳动保障部门咨询一下,确认后再办理相关手续。否则可能会吃大亏,被骗工、骗钱甚至被人贩子拐卖,到时悔之晚矣。此外,不要为高薪所迷惑,要知道,刚参加工作时,薪酬不高是很正常的。相反,如果出现一个不熟悉的单位承诺提供高薪酬时,毕业生就应该引起注意,因为不少不法人员就是企图利用高薪待遇的幌子,骗取毕业生上当。

7. 学会用法律武器保护自己权益

大学生求职者如果遇到用人单位或黑中介的欺诈行为,一定要学会用法律武器保护自己。为此,在应聘时最好多一个心眼,采取必要措施,注意保留和收集证据或信息,特别是保存好能证明该单位有欺诈行为并使自己遭受损失的证据或者信息;如果有条件,最好还要收集一些欺诈单位的身份信息、聊天记录、付款转账记录、电话记录等,这些都是事后获得法律支持的有力证据。

大学生也可通过互联网和其他渠道,检查用人单位的口碑如何,是否受到过投诉,是否有过欺诈记录。应特别注意,在求职就业过程中,不要以任何形式向用人单位支付任何费用。《劳动合同法》规定,用人单位招用劳动者时,不得持有劳动者的居民身份证和其他证件,不得要求劳动者以他人名义提供担保或者以他人名义领取财产。即使单位要求员工培训,其费用也是由单位支付。因此,一旦用人单位提出收费,很可能是有欺诈行为,至少不是正规用人单位,因为一般正规用人单位是不会在员工入职前就收取各种名义费用的。如果确实属于必要的费用,建议同学们最好避免使用现金等难以查证的手段,而是通过银行卡、支付宝等可以查询到钱款去向的方式支付,以便保留支付证据,以防不测。

【本章思考与研讨】

1. 大学毕业生求职就业过程应享有哪些权利和义务?
2. 求职信息存在哪些安全隐患? 你是否经历过? 有哪些经验和教训与大家分享?
3. 应该如何做才能有效避免掉入求职陷阱?

第八章 大学生求职陷阱的防范

第九章

求职应聘

如今,由于就业市场基本上是需求方市场,意味着用人单位面对大批求职者,可以有足够的余地进行挑选,对应聘者的要求也越来越高。大学毕业生面临的就业问题也越来越严峻,找一份自己称心的工作变得更加困难。为了在激烈的求职择业竞争中胜出,大学生必须要面对一系列求职挑战,提前打好基础,做好求职择业的各项准备工作。

第一节　树立正确的职业发展观

所谓职业发展观一般是指人们在职业生涯中,选择从事什么样的职业和通过怎样的路径实现自己的职业发展目标与成长的认知。树立正确的职业发展观,是成功入职的切入点。因此,树立正确的职业发展观对有志于为国家做贡献的大学生来说非常重要。

1. 保持清醒头脑是树立正确职业发展观的基础

大学生要有自知之明,能够正确结合自身条件进行自我职业定位,对影响职业需求的因素保持清醒的头脑。目前,不少大学生在求职择业过程中,缺乏明确的职业发展观,将求职择业仅仅作为是挣钱谋生和减轻家庭负担的无奈选择,而不是为了实现自己的人生理想和事业目标,不是为了向社会贡献自己的聪明才智。在这种职业发展观的影响下,难免在求职过程中就表现出很大的功利性和盲目性,不能做到知己知彼。表现为不知道自己可以做什么,喜欢做什么,适合做什么,不知道用人单位的事业发展平台、岗位和工作任务是否适合自己,甚至都不知道这个岗位的工作内容,就盲目地去应聘。可见,只有保持一份清醒的头脑,才能树立起正确的职业发展观。

2. 树立正确的职业发展观必须立足现实

现实是复杂的,充满了矛盾、困难和挑战,所以,求职择业不要对于实现问题视而不见,一定要立足现实。立足现实就是要对现实中个人职业发展的困难和问题能以一颗平常心去面对,使自己保持一种平和的心态。个人职业发展观应具有合理性,而合理性就是从现实而来的,如果你的个人职业发展观不能从实际出发或是在现实中不能实现,那么你的个人职业发展观就成了一种空想。比如,一些同学的职业发展观就是追求高大上,他们不顾个人实际综合能力有限,从一开始求职就想找一份既轻松、薪资待遇又高的工作,结果总是事与愿违。哪家公司愿意招聘一个能力有限又好高骛远的员工呢?为了提高求职的成功率,在自己心仪的事业上求得人生的成功,学生只有面对社会现实才能使自己的个人职业发展观具有可行性的基础。如果能得到理想的岗位,要保持头脑清醒,把自己的岗位作为实现自己事业发展的平台,坚持把自己的工作做好。如果初次求职失败,也不要心态失落、萎靡不振,要及时振作起来,总结经验继续挑战和超越自我。

3. 树立正确的职业发展观必须重视不断修炼和提高自己

职业发展观的形成是基于对决定或影响个人职业选择的主、客观因素进行认真分析和择优的结果。正确的职业发展观要求一个人能根据自身的兴趣、专长和特质,同时也考虑外部条件的支持与制约,最后将自己定位在一个最能发挥自身优势的职业位置上,选择与自身综合实力最匹配的事业去加以追求。有了这种追求,将会促使大学生有动力不断修炼和提高自己,包括认真学习,主动研究相关专业知识,设法提高综合能力,利用到第一线亲身实践的机会,获取第一手资料等,从而促进自身在观念、行为、心理和专业素质等方面的全方位改善。这对于大学生顺利适应职场要求,培养良好的待人处事方法,调整心理落差,端正求职择业动机,提高就业成功率等都是十分有利的。

【案例】

想出人头地的职业发展观是年轻人择业的误区

张文是个本科生,严格说起来,是个与研究生只差一步之遥的本科生。考研的时候,他的专业成绩不错,外语只差 1 分,本来是列为调剂生,可是在二选一的时候,一个排在他后面的人,因为后门硬,将他挤掉了,让他领悟到权力的任性和厉害。于是,张文下决心报考公务员,但是,谈何容易?连考三年,第一年、第二年,明明感到成绩不错,就是没有上线。第三年倒是获得了面试机会,但是,不过是多做了一回分母而已。最终,他的公务员之梦还是没有实现。可他还是不甘心,不肯脚踏实地去找工作,他认为打工就是进了地狱,只有当公务员才能出人头地,才算是进入了天堂,既然与天堂也只差一步,那就绝不能心甘情愿进入地狱。就这样,他将自己吊在半空中,不上不下,天堂不知何年有望,啃老却成了他不得不面对的现实。

【点评】 把事情理想化,想出人头地是大学生求职择业的误区。作为一个青年人,从小有不甘落后、不在人下、争强好胜、勇于攀登、永不停步的志气和精神,这是非常难能可贵的,也是值得赞扬的。争当第一,这是人生应有的积极向上的正确态度,是一种不可或缺的进取精神。但出人头地的思想则不同,一心想出人头地的人,他们不是把人生的目标定义为人类作奉献,视奉献为第一位,而是为了要超人一头,或一定要站在别人的肩膀上,去享受藐视一切的感觉,甚至以此作为炫耀的资本,内心期待着别人的仰视和羡慕。这种想法并不值得提倡,刚毕业的大学生不应该把金钱、权力和出人头地当做好工作的首要标准,不要盲目追求虚幻的东西,要做的应该是不断总结自己成长过程的经验教训,更快地提升自身素质,为自己在求职择业的竞争中取得成功打下良好基础。

第二节　求职择业蓄势待发

1. 理性看待就业形势

求职择业不是凭自己的理想按图索骥,而是按社会的需求作出选择。面临毕业,大学生自然会考虑到社会给自己提供了哪些职业位置,有多少选择的机会与可能;同时也会想到如何认识自己,调整自己,使个人作出最佳选择并能尽快适应就业市场的挑战。为此,大学生要认清就业形势,正视就业现状,主动了解国家有关政策和法规,了解自己所学专业在市场的应用情况和发展趋势等。

面对不断变化的环境,大学生要主动关心就业市场的动态,理性看待形势对自己求职择业的影响。比如,2019 年,我国经济下行压力持续加大,而高校大学毕业生却达到了创纪录的 834 万人。这些毕业生如潮水般涌入就业市场,并在全国 300 多个城市提供的各种职位中展开竞争。这么多人集中进入职场,使就业形势更加严峻,所有毕业生都能感受到与"求学压力"完全不同的"求职压力"。很多把自己求职目标锁定在一线城市的毕业生会发现,这些城市提供的招聘岗位实在是太少了。如果在校期间学的是一些冷门专业,毕业后更有可能会面临找不到工作的窘境。而那些曾经被认为是高薪且热门的专业,如互联网、金融、银行等部门,如今的日子也不一定好过。据智联招聘网提供的市场信息显示,2019 年第一季度招聘需求比上年同期锐减 39%,二季度锐减 37%,其中热门的互联网和电商提供的招聘职位,前两季度的需求也分别同比减少 22.5% 和 13.6%。作为金融中心的上海,在招聘网站上提供的招聘信息也是寥寥无几。2019 年 7 月,有媒体发布最新的"全国城市毕业生吸引力排行榜",榜单中北上广深意外的没有排名在前四,成都和杭州分别排在了第三和第五。其中成都这些年发展很快,人才流入也一直是名列前茅。面对就业竞争激烈的现实,大学生必须要正视就业压力,将压力变成动力,及时调整自己的目标职业选择重点,让自己积极行动起来,尽快充实、完善自己的综合能力,以适应就业形势发展的要求。

2. 分析和确认目标职业

职业岗位既是人们创造财富的物质条件,同时也是人们追求事业发展,实现自身价值的平台。因此,在大学期间,如果你发现自己非常喜爱或偏好某些职业,请不要犹豫,一定要充分利用时间去作一些必要的投入,如查找相关信息,不时地去了解该职业的最新动态等,同时尽快弥补自己在与之相关领域的专业知识和能力方面的不足,这样做的好处是求职时确保准备得更充分,心里更有底气,从而确保成功率更高。大学生在确立目标职业时,应以求实进取的精神,对目标职业的发展前途认真了解和分析,不要过分看重眼前的薪酬待遇,应该从其未来的发展前景和上升空间进行认真分析,从职业对个人培养、职业综合技能提升、事业发展空间等几方面进行价值衡量。在正式求职应聘之前,最好对自己心仪的目标职业作比较准确的分析,包括以下几个方面。

①行业分析。如目标职业所处××行业的现状及发展趋势,人—业匹配分析等。

②职业分析。如××职业的工作具体内容、工作要求、个人发展空间及路径、员工职业满意度、职业发展前景、人—职匹配分析等。

③用人单位分析。如用人单位类型、管理理念、组织文化、发展战略、目前发展阶段、工作内容和要求、员工素质、工作氛围、岗位分工、人员匹配程度分析等。

④地域分析。如目标职业所在××城市的发展前景、经济发展水平、文化特点、当地行政管理水平、法治环境、气候水土、人际关系等,人才分布和人力资源匹配分析等。

3. 用职业理想引领求职择业

所谓职业理想一般是指人们在职业上依据社会要求和个人条件,借助想象力而确立的职业奋斗目标,即个人向往和追求的职业境界。职业理想是人们对职业活动和职业成就的超前反映,与人的价值观、职业期待、职业目标密切相关,与世界观、人生观密切相关。大部分大学生孩提时代就有最初的职业理想,有的想当科学家,有的想当医生,有的想当演员。这种懵懂的职业理想随着人们的成长而变得更加成熟,特别是受过高等教育的大学生,树立正确的职业理想,将是他们人生启航的坐标点和职业归宿。

正确的职业理想有助于大学生在求职过程中正确处理国家、社会和个人之间的关系,合理地确立求职的期望值,自觉将国家需要与个人事业追求结合起来。因此,大学生求职择业不要偏离自己正确的职业理想,把职业理想作为人生职业目标实现的精神支柱,让职业理想作为奋发有为的动力,促进自己在学业上不断进取、顽强拼搏,用职业理想引领自己的求职择业,锲而不舍地按照自己的职业发展需要充实完善自我,为实现自己未来人生的职业目标而努力。

4. 确立符合实际的就业期望值

就业期望值是指个人对某项目标能够实现的概率估计,包括两层含义:一是目标本身是否具有价值,值得追求;二是实现目标的可能性,即概率。也就是说高校毕业生在追求自己认为有价值的目标的同时,还兼具获得这份理想工作的可能性,两者共同作用的结果就构成了就业期望值。从心理作用来看,就业期望值是个人的主观意愿,好比一把双刃剑,把握得好,可以成为激励毕业生奋发向上的动力;把握得不好,也会使毕业生在美好的愿望与无情的现实之间产生较大的心理落差,导致部分毕业生在求职择业过程中坐失良机。从目前情况看,高校毕业生普遍存在就业期望值脱离实际的情况,比如说求职择业期望值过高,导致一些毕业生在找工作的时候,挑肥拣瘦,待遇低的工作看不上,好的工作又轮不上自己,结果形成了恶性循环。

5. 树立对目标职业志在必得的信念

处在大学校园的大学生,对就业环境和就业压力知之甚少,整天沉浸在学习和相对单调的大学生活中,很多学生甚至没有明确的目标职业,即使有目标职业,也对自己实际综合素质与目标职业要求之间的差距了解有限,更缺乏在校期间为成功就业作好充分准备的行动。临近毕业,当真正面对求职择业时才发现理想与现实、实力与要求之间都存在着巨大的差距,结果慌了手脚。对大学生来讲,确立目标职业不应只是说说而已,要发自内心地喜欢它,让对目标职业的向往与追求变成一种创造条件、志在必得的强大动力,激励和促使自己自觉地投入精力，主动加强学习，具备与目标职业相关的知识和技能结构，努力缩小个人素质与目标职业要求之间的差距，力争成功实现自己从事目标职业的理想。

第三节 准备自荐材料

一、自荐材料的内容与投递

自荐即自我推荐，它是毕业生就业的基本环节。在确定了择业目标之后，大学生接下来即可准备自荐材料。自荐材料是反映毕业生个人总体情况和综合素质的主要材料，是毕业生与用人单位信息交流的载体，也是用人单位透视大学生的一扇"窗户"和决定是否面试的重要依据。因此，自荐材料都被称为大学生求职择业赢得面试的"敲门砖"。如今，不少用人单位为节省招聘时间，提高招聘效率，都要求毕业生将求职材料的内容浓缩到简历里，等面试时才要求毕业生提供相关证明材料。大学生在求职过程中要让用人单位认识、了解自己、选择自己，就必须通过多种途径和方法正确地宣传自己、展示自己、推荐自己，即成功自荐，才能获得进一步面试的机会。

二、编写自荐材料的要领

文体上，自荐材料属于实用文书写作中的说明文一类，其目的就是获得用人单位的青睐，增加就业成功率。因此，自荐材料切不可过分追求文笔超脱、言辞华丽而舍本逐末。具体要领如下。

1. 目标明确

写自荐材料的最大目的是自我推荐，把自己推荐给用人单位，让用人单位明白你的价值，进而提升就业成功率。凡有利于实现此目的的各种材料、各种组织编写方法都可以加以运用。

2. 针对性强

编写自荐材料时，应根据大致的就业意向，根据应聘的行业、职业或单位特点进行材料的合理组织、安排和撰写。要做到有针对性，就必须做到知己知彼，根据不同情况写出最适宜的自荐材料，以投其所好。

3. 客观实用

即内容要实事求是、简洁实用。在编写自荐材料的过程中要采取客观真实的态度，自荐材料的真实性是一个择业者的生命线，一旦用人单位发现自荐材料有假，求职者便会失去理想的就业机会。此外，你想竞聘的用人单位肯定也会同时收到很多份自荐材料，工作人员不可能每份材料都仔细研读。所以，你在撰写自荐材料时要尽量简明扼要，把重点和实在的内容展示出来就可以。

4. 突出专长

无论是与你的所学专业有关或是单纯从个人兴趣发展出来的专长,只要是与目标职业工作性质有关内容的都应在履历表上一一列出。大学生求职者在列出个人专长时应注意既不可夸大其词,也不要觉得无所谓,甚至不好意思。实事求是展示自己的专长将有助于招聘单位评估求职者的专长与应聘工作的要求是否相符,这些专长是否能给工作的顺利开展带来推动作用等。比如,同样应聘总经理助理一职的两个人,在其他条件相同的情况下,具有外语或计算机专长者(最好有权威部门发放的等级证书)一般会占优势。

三、自荐材料包括的内容

自荐材料包括:求职信(自荐信)、学校推荐表、导师推荐信、个人简历及有关的辅助证明材料(如推荐表、各种证书、作品复印件等)。这几种材料虽然单独拿出来都能使用,但各自的侧重点不同。求职信(自荐信)主要表明自己对求职的态度和自我推介,以便引起用人单位的兴趣和重视;个人简历主要说明自己过去的经历;学校推荐表和导师推荐信体现学校和老师对自己的认可承诺;证明材料强调自己所取得的成绩。缺了任何一个方面的内容,自荐材料都不完整。因此,最好是将这几种材料都准备好,以备不时之需,再根据实际情况综合使用。

个人简历往往是用人单位最初分析应聘者的重要信息来源,好的简历可以给用人单位留下良好的初步印象,也为进入笔试和面试环节奠定了良好基础。因此,大学毕业生一定要重视简历的准备。网上有很多简历的模板,同学们可以积极上网参阅。为了给用人单位留下一个好印象,同学们的简历尽可能写详细一点。当然,这也要根据你的专业而定,如果毕业于技术类专业,在简历上最好多写一些在技术领域作过或参与过的项目,担任过的角色,最后的成果如何,成果最后的应用情况如何,以及你是如何取得成功等;如果你是管理类专业毕业生,那么在个人简历中就要偏重个人素质的描述,最主要是把踏实肯干、追求上进的特点写出来,这样用人单位就会觉得虽然暂时还没有相关工作经验,但是有很大可塑性,同时又愿意踏踏实实工作,单位普遍喜欢这样的毕业生。

在此需要特别指出的是,有些大学生缺乏诚信约束,在自荐材料中弄虚作假。面对异常严峻的就业形势,一些大学生为了得到用人单位的青睐,达到吸引用人单位注意的目的,在自荐材料上做手脚,夸大自己的成绩,为自己任意添加求职的筹码等,表现出就业诚信意识淡薄。一些毕业生为在双向选择的就业竞争中找到好的归宿而耍小聪明,通过制造虚假证书欺骗用人单位,如在表上填写丰富的个人经历或者拷贝他人的诸如英语四、六级证书,计算机等级证书等。结果,在自己的个人简历和支撑材料上造假,反而是给自己设了一个陷阱。就业协议签订后,有的用人单位一经核查就发现了问题,原来的就业协议也就解除了,学生的诚信也受到极大损坏,为进一步求职造成了不良影响。

诚信是一个人立足于社会的基本要求。在严峻的就业形势下,大学毕业生面临巨大的就业压力,为了能够在社会上寻求一席之地,如果毕业生不从提高自身实力出发,费尽心机搞虚假包装,就会造成诚信缺失,误导用人单位。要知道,一旦毕业生在诚信上有不良记录,往往会导致用人单位对其实际能力也会产生怀疑,结果很可能对该毕业生弃而不用。

四、自荐材料的包装

封面(主题)设计和自荐材料的装订工作包含以下几个方面。

(1) 封面设计要有一个主题(标题)。

(2) 封面的设计风格与自荐材料内部主体内容风格要一致,具有同一性、整体性。

(3) 自荐材料最好采用 A4 标准纸,用计算机打印,装帧不要太华丽。

五、投寄自荐材料的一般程序

主要是通过招聘会现场投递、电子邮件方式投递、网络投递。无论哪种方式都力求确保联系地址、联系人、联系方式准确无误;保证投递过程便利、快捷、及时,要在用人单位规定的时间内寄到,否则会坐失良机。

第四节　自荐信的撰写

写自荐信是目前毕业生求职择业的一种比较常用的也是非常重要的手段。自荐信是向用人单位自荐谋求职位的书信,这是踏入社会、寻求工作的第一块敲门砖,也是求职者与用人单位的第一次联系,目的是为了推销自己。如何让你的才能、潜力在有限的信件空间里出彩,瞬间吸引住用人单位挑剔的眼光,这封自荐信起着极其关键的作用。

出于节约人力、物力和时间的考虑,不少用人单位并不采用大范围直接面试的形式,而是让求职者先寄送自荐材料,然后进行比较、筛选,之后,由用人单位通知求职者是否参加后续的笔试和面试等,因此写好自荐信十分重要。

每年有两次招聘高潮:第一次是元宵节过后直到 4 月中旬;第二次是 9 月到 10 月。面对求职高峰渐渐袭来,对于毫无工作经验的应届生而言,应如何写自荐信呢?一篇好的自荐信可以体现为什么你适合到这家用人单位工作,以及为什么这个职位非你莫属。具体讲,写好自荐信需要把握以下五点。

1. 说明个人的基本情况和用人信息来源

首先是介绍个人的基本情况,如姓名、性别、年龄、政治面貌、就读学校和专业等,最好能附有近期全身照片。其次,要说明获得招聘信息的来源,做到师出有名。假如你并没有招聘信息作为依据,而且也不知道对方是否要招聘新人,而你又非常希望到该单位工作,也可写自荐信投石问路,但必须说明你对该单位的印象和你愿意到该单位从事某项工作的强烈愿望。

2. 说明自己胜任某项工作的优势

这是自荐信的核心部分,主要是向对方说明你应聘某工作岗位的理由,如,你掌握了相关专业知识、有过实习经历、有一定专业技能，尤其是要突出你在胜任应聘岗位方面所具备的特长、个性和能力等。自荐信的内容要避免落入俗套，争取能起到吸引和打动对方的目的。

3. 介绍自己的潜能

大学毕业生正处于身心发育逐步成熟时期，可塑性仍然很强，所以要充分认识到自己巨大的潜能，并能利用自荐信展示自己的潜能。比如，向用人单位介绍自己曾经担任过的各种社会兼职工作及取得的成绩，实际上就是在表明自己有管理方面的潜能可以挖掘，具有发展和培养的前途；再比如，谋求会计岗位时，介绍自己可熟练使用和操作计算机、Excel 表格等，实际上是在表明自己具有可以承担会计电算化工作重任的潜力等。

4. 附上有关材料或文件

自荐信上应当说明信中所附的有关支撑材料或文件，如毕业证书、学位证书、获奖证书的影印件，发表作品的影印件，学校的推荐信或毕业生推荐表等，给对方以办事认真、考虑比较周全的印象。

5. 表达获得面谈机会的愿望

最后要表达出希望得到回信，并且热切地希望有面谈的机会。一定要写清楚自己的联系方式，包括详细的通信地址、邮政编码和电话号码等，必要时还应说明何时打电话较为合适，以便相互取得联系。

除上述内容外，在网上也有很多自荐信模板，建议同学们认真查阅一下，找一个最适合自己的模板，再结合自身需求进行修改。以下提供一篇范文，各位同学不妨予以适当参考，希望大家从这篇求职自荐信范文中有所收获。

【自荐信范文】

尊敬的招聘方领导：

您好！

如果我有幸让您在百忙之中拿起了这份简历，那么我真诚地希望您能把它看完！因为这是一个刚刚毕业，满怀热情的大学毕业生的个人求职自荐信！

我是湖南××学院数控技术 2016 届毕业生，进入大学校园以后，高考后的轻松、获知被录取的喜悦随风而逝。我意识到自己必须要从零开始，继续努力奋斗，迎接新的挑战。时光飞逝，大学四年是我思想、知识结构及心理成长成熟的四年。惠于学院的浓厚学习、创新氛围，融入其中四年使我成为一名复合型人才。学习期间刻苦认真，不仅学科成绩优异，而且还利用课余时间阅读了很多与今后工作有关的书籍，很谦虚地说：目前这些知识还是停留在理论阶段，但是我会不断继续学习，再学习，因为机会永远是留给有准备的人，我将一直准备下去，直到您能给我一个实践的机会！

虽然我缺少工作经验，但是我知道自己有两个优势：第一，我很好学，能很快熟练掌握新的事物；第二，我能吃苦，有一种为了目标不怕艰难、奋斗到底的精神，而这种精神，无疑会助我实现自己的梦想。

由于自己并没有实际工作经历，所以我只能向各位公司领导表达自己的态度：我一直认为态度决定一切，怎么想的你就会不自觉地怎么做，就会成为怎样的人。随信附个人简历表,希望您能从字里行间看出一个毕业生强烈的求职愿望、高度的工作热情,如果您能让我成为公司的一员,我会全心全力与公司同发展!

自荐人:杨××

第五节　求职信的撰写

一、求职信的概念

求职信要告诉用人单位所要应聘的职位。它通过表达求职意向和对自身能力、才干的概述,引起对方的重视和兴趣。正是由于有了求职信,阅读者才会对你简历上所写的经历和成绩感兴趣。所以,求职信无论在形式上还是内容上都必须给阅读者留下好的印象。

求职信与自荐信还是有所不同的。求职信是一种介绍性的,重点是告诉用人单位你所要应聘的职位,只是希望在用人单位谋个与某专业相关的职位,比如希望从事财务相关工作。而自荐信是在已知有一个公开职位需求的信息,也知道该岗位的具体要求的前提下,你与他人竞争这个岗位,通过简单介绍个人专长和优势,向对方表明你适合做该项具体工作的理由,着重说明自己和这个岗位的匹配程度,如希望应聘该单位急需的内部财务审计岗位工作。

二、求职信的内容

写好求职信很重要,通过求职信,要让用人单位了解如下内容。
① 你是谁? 主要说明本人的基本情况。
② 你是如何知道目标用人单位的? 说明求职信息的来源。
③ 要申请什么职位? 说明打算应聘的目标岗位。
④ 你了解目标用人单位的情况吗? 说明你对目标单位基本情况的了解程度。
⑤ 你为什么觉得自己适合这个职位? 描述你能胜任本岗位工作的各种能力。
最后,为表明你很渴望得到这一工作机会,再阐明一下希望得到答复和面试的机会,同时注明你的联系方式。

三、求职信的格式

求职信是呈递给求职单位的,它属于书信的范畴,所以其基本格式应当符合书信的一般要求。求职信的格式由抬头、正文、结尾、署名四部分组成。

1. 抬头部分

称呼:求职信的称呼往往比一般书信的称呼要正规一些,实际书写时要区别对待。如国家机关、事业单位、学校、企业的人事处领导。有些求职信,也可以不写名姓,而是给出一个概括性的尊称,如尊敬的领导/女士/先生,您好!

2. 正文部分

正文需要写明你的求职目标,阐述你为何能满足用人单位的要求。

首先,在正文部分要写明求职信息的来源及应聘岗位。

这部分要写明想申请的职位,以及如何知道该公司的招聘信息的。比如:

A:获取贵公司 2020 年×月×日在我校公布的招聘××(职位)的信息后,我寄上简历,敬请斟酌。

B:我希望应聘贵公司招聘的××(职位),我很高兴在×招聘网站上得知你们的招聘信息,我的专业是××,期望着能有机会加盟贵公司。

其次,正文部分要写明本人的基本情况。

这部分要阐明你能满足公司对人才的要求。所以,一定要写明你对目标用人单位或职位感兴趣的原因,以及所特有的、可以为用人单位做贡献的教育、技能和个人有价值的背景情况。

示例:"我勤奋努力,有较强的组织能力,并且善于协调处理好人际关系,我非常愿意把我在工作中已有的实践经验和我的责任心与热情贡献于贵单位。"

最后,在正文结尾部分提出面试请求。

在正文的最后一段,委婉地向招聘单位提出面试的请求。需要写明对招聘单位的希望,说明招聘单位"何时""何地""怎样"与你取得联系,当然,联系方法越简单越好。

示例:"如果您能在百忙之中回复我,给我面试的机会,我将不胜荣幸。我的联系电话是×××(你的电话号码,最好是直接能联系到你的手机号码)。"

3. 结尾部分

这部分内容基本上是标准的,应当真诚地感谢招聘人员的阅读。在结尾处要写上"此致敬礼",并亲自签名,署名要注意与信首自我介绍时的姓名相一致。不要忘记写明日期,日期一般要写在署名的右下方,用阿拉伯数字写,写明年、月、日。

此外,求职信一般要求同时寄一些有效证件的复印件,如外语等级证书、计算机证书、获奖证书以及简历和近期照片,方便招聘单位审阅。因此,不要忘记在求职信的左下角写上"附件"及其目录。

四、求职信的写作技巧

1. 态度诚实,摆正位置

首先,应该想用人单位需要我来干什么,而不应该写自己需要什么。

其次,应该写我能为用人单位做什么,而不是只想着从用人单位获得该职位后对自己有什么好处。

最后,在写求职信时要诚恳礼貌,切记自吹自擂、炫耀浮夸,也不要过分谦虚、缺乏自信。

2. 整体美观,言简意赅

求职信文字要整洁美观,信的内容要全面且言简意赅、详略得当。

3. 富于个性，有的放矢

求职信要避免千篇一律，不要让用人单位感觉你的求职信是在摘抄他人或复制粘贴的。一定要注意针对用人单位的实际需求，尽量把自己有别于他人的个性展现出来。

4. 以情动人，以诚感人

实事求是，优点要突出，缺点不隐瞒；恭敬而不拍马，自信而不自大。

5. 避免求职信中出现明显错误

写求职信时态度要认真，不要粗心大意，避免出现错字连篇、主次不分、无的放矢、条理不清、逻辑混乱、用词不当、礼节欠缺等硬伤。

【求职信范文】

尊敬的领导：

您好！

我是××医学院临床医学系的一名应届毕业生，我学的专业是临床医学，将于2020年7月毕业，很荣幸能有机会向您呈上我的个人资料。带着一份渴望与热忱欲在贵单位谋求一份适合我的工作。

作为一名医学院学生，我热爱我的专业，并为其投入了巨大的精力和热情，圆满完成了所有课程的学习，并取得了良好的成绩，同时我也努力学习英语等课程，英语水平熟练，具备一定的听说读写能力。我深知现代社会更需要"基础扎实、专业突出、素质全面"的人才，我积极参加社会活动，把握住每一个可以锻炼自己的机会。

在大学几年里，我参加过很多活动，如校运会、社会实践、校园文化艺术节大合唱及书法比赛等，为班级和系部争得了荣誉，并做了大量的工作，曾担任过宣传委员、生活委员等职务，还主动组织过一些有意义的活动，如各种体育比赛、联欢晚会、社会实践等，在寒暑假及业余时间，多次打工、做家教、参加勤工俭学。在此期间，曾多次获"优秀团员"称号，社会实践报告多次获二、三等奖，在大三期间我光荣加入了中国共产党。这些经历无形中锻炼了我的组织能力，磨砺了我的意志品质，也丰富了我的学习生活。也同时让我深深体会到团队精神的重要性。大学三年，我深深地感受到，与优秀学生共事，使我在竞争中获益；向实际困难挑战，让我在挫折中成长。

我曾在××医学院附属医院进行实习，实习期间注重理论与实践相结合，较好地掌握了临床常见病多发病的诊断治疗原则及预防方法，巩固了专业知识，业余时间我也喜欢看些与医学有关的杂志，来扩展自己的知识面，大部分时间都是在医院度过，实习生活丰富且充实。在此期间获"优秀实习生"称号。

祖辈们教我勤奋、尽责、善良、正直；××医学院教了我良好的技能、精良的医术，特别是培养了我诚信、守法、负责、清廉的品质和献身神圣崇高医学事业的理想信念及高度责任担当精神，我热爱医学事业，我愿为"救死扶伤，治病救人"这一崇高使命奋斗终生。我渴望在更广阔的天地里进一步提高自己的能力，真诚希望能够成为您领导的一员，为贵医院添砖加瓦！值此附上简历一份，冒昧求职，希望您能给我一次机会。

如能蒙您不弃,有幸成为您的职员,我将不负厚望,踏踏实实做好属于自己的这份工作,为医院的发展贡献自己的一份力量。

殷切期望您的佳音!

祝您工作顺利!!

　　　　此致

敬礼

　　　　　　　　　　　　　　　　　　　　求职人:张××

　　　　　　　　　　　　　　　　　　　　联系电话:

　　　　　　　　　　　　　　　　　　　　年　月　日

第六节　个人简历的撰写

一、个人简历的概念

简历是用于应聘的书面交流材料。它向未来的工作单位表明你通过大学期间的学习及实践,拥有能够满足特定工作要求的技能、态度、资质和资信。

成功的简历是一种自我营销的工具,实际上也是职业设计的驱动力。最重要的不在于简历本身,而在于简历创作背后的职业规划、目标定位、计划、实施和付诸行动。它将证明你能够解决未来用人单位的问题或者满足单位的特定需要,从而确保你能够获得一个面试机会。

简历的作用是展示求职者的优势和特性,在此基础上获得面试的机会。个人简历是你带给面试官的第一印象,根据心理学研究,第一印象往往是最重要的。所以,你必须通过简历策划让你脱颖而出,让用人单位的面试官对你"一见钟情"。

为了增加简历的反馈率以及面试的机会,为了能找到合适的工作,简历有必要从内容上到形式上进行策划。特别需要提示的是,个人简历没有必要做得很华丽、很冗长。用人单位重点看的是内容,不是看封皮或里面花里胡哨的彩页。除了个别艺术设计类专业外,一般专业的大学毕业生最好把简历写得简单一些,只把有关自己实力的最重要内容写下来,有闪光点能让用人单位对你感兴趣就算达到目的了,没必要添加华丽不实之词。对于应届毕业生而言,虽然阅历少、经验不足,但至少在教育背景和在校期间获奖情况等方面可以挖掘出一些亮点来。

通过简历,要让人力资源管理人员了解如下信息。

① What can you do? 你能做什么?(人力资源管理人员希望以此来了解你的能力)

② What have you done? 你曾经干过什么?(人力资源管理人员希望以此来了解你的社会经历)

③ What do you know? 你都掌握哪些知识、专业技能与特长?(人力资源管理人员希望以此来了解你所掌握的专业知识和技能)

④ Who are you？你是怎样一个人？（人力资源管理人员希望以此来了解你的个人综合情况）

二、个人简历的形式

① 表格式：是用表格的形式列出自己的基本情况和学习、工作的经历，使人一目了然。

② 时间顺序式：是按年月顺序，列出自己的学习、工作经历。

③ 学习工作经历式：是根据需要有选择列出自己的学习、工作经历，充分表现自己的技能、品德。

个人简历不要太长，一般以一两页为佳，内容上一定要突出自己的能力、素质和工作态度。很多同学写的个人简历内容过于庞杂、贪多求全，恨不得把所有的事情都写上，结果，如同是大杂烩，没有重点和亮点，反倒让用人单位搞不清楚应聘者究竟想表达什么。

三、个人简历所包含的内容

① 个人信息

② 求职意向

③ 教育背景

④ 专业技能与特长

⑤ 社会实践

⑥ 奖励与荣誉

⑦ 兴趣与爱好

⑧ 自我评价

附件：各种证书、作品、推荐信复印件

四、个人简历撰写原则

撰写个人简历时，大学生要从用人单位角度换位思考问题。首先阅读你简历的往往是用人单位的人力资源管理人员，因此，你要了解他们在阅读学生简历时的普遍心理和习惯。建议个人简历的撰写最好遵循以下原则。

① 用语得体。人力资源管理人员经常会对投递上来的简历抱有一定怀疑态度，担心内容言过其实。因此，简历的用语要得体，书写要工整清楚，内容不要掺杂太多水分。

② 言简意赅。人力资源管理人员都很忙碌，没有时间和耐心去看你写在简历中的大量信息，然后从中找到与拟招聘岗位需要有关联的内容，他们甚至看一份简历不会超过 1 分钟。因此，简历的内容要简洁精练，切忌拖泥带水。

③ 亮点突出。人力资源管理人员经常会拿你和其他人作比较。因此，在撰写个人简历时，要在确保信息真实的情况下，学会找到自己的优点和长处并重点加以强调，特别是要展现你的核心优势，突出你的与众不同之处。

④ 表达流畅。人力资源管理人员一般不会给你过多的表现机会,你要有一种成败在此一举的心理准备。因此,简历的撰写要能充分表现自我,格式要便于阅读,没有废话,文字表达要流畅,有较强的吸引力。

五、个人简历制作应注意的几个问题

简历制作的内容实际贯穿整个大学期间。你在大学期间所培养出来的素质及能力将通过简历首次展现给你未来的用人单位,通过简历说服你的未来用人单位,让他们认可你。因此,制作简历时应注意如下几点。

① 个人简历并不等同于求职信。求职时,个人简历不能单独寄出,必须附有信件,即求职信。求职信与个人简历的撰写目的一样,都是要引起招聘人员的注意,争取面试机会,但两者有所不同。求职信是针对特定的个人来写的,而简历却是针对特定的工作职位来写的;简历主要是用来叙述求职者的客观情况,而求职信主要表述求职者的主观愿望。相对于简历来说,求职信更要集中地突出个人的特征、优势及求职意向,从而打动负责招聘人员的心。

② 简历是一份材料,重在证明个人的身份详情、学习经历、生活经历、学习成绩以及工作经验等。

③ 求职简历不同于工作简历,不仅要反映自己能做什么,做过什么,还要反映你做得如何,效果如何等。比如在性格描述方面,如果写成:"性格开朗淳朴、与人为善、正直诚实、责任感强、组织能力强、踏实刻苦。"就不如修改为:"性格开朗淳朴、与人为善。在大学期间被推举为'宿舍舍长',并连任两年。"更有说服力了。

同样,在描述组织能力方面,如果写成:"组织能力得到学校领导肯定,受到同学们的好评。"就不如写成:"在 2018 年组织全校开展××活动中,承担××任务,效果突出,师生反映良好,同年底被评为 10 名最佳组织者中的第 3 名。"

【个人简历范本】

个 人 简 历

个人信息

一、基本情况

姓名:张××

性别:你的性别

出生年月:你的出生年月

家庭住址:你的家庭地址

毕业院校:××大学

专业:人力资源管理

毕业时间:2020 年 7 月

政治面貌:你的政治面貌

联系电话:你的移动电话(或家庭电话)

电子邮件:你的电子邮件

照片

求职意向：人力资源管理及相关工作

教育背景：武汉××学院

外语水平：英语　　　等级：四级

二、掌握的基本技能

① 英语技能：如果目的是强调自己英语口语能力强，除了英语口语考试的成绩证明外，如果在工作经历的某项中有一句"工作语言为英语"，说服力就更强了。

② 计算机技能：不要用"熟悉"一词，这说明你不熟练、不常用，可以说"熟练操作"。如果你的学习成绩较好，可以重点介绍一下专业课程的成绩(如国家计算机等级：二级；C语言：三级 A 和相关专业课等几门课程的成绩)。

③ 其他技能：如果你有其他特长，比如获得某职业证书等，在此可以列出。

三、实践经验

对你在单位实习期的工作作一个简单的介绍(如在某单位实习的情况)。

四、获奖情况

如技能大赛、奖学金等荣誉能为自己加分不少，如果没有请删除此栏。

五、本人性格

开朗、谦虚、自律、自信(根据个人情况填写)。

六、自我评价

平时工作能吃苦，耐心、热情，能够热爱自己的工作，尽心尽力为病人负责，把病人当作亲人一样看待，具有良好的沟通能力(根据个人情况填写)。

第七节　投寄材料

在大学生求职择业过程中，招聘会或就业市场在用人单位与大学生之间架起了见面、沟通的桥梁。在招聘会或就业市场上，用人单位向毕业生介绍宣传自身的发展情况，同时收集众多毕业生的自荐材料(有的单位可能向应聘学生发放登记表)；毕业生则在了解用人单位的大致情况后，将自荐材料和登记表交给招聘单位。从某种意义上说，大学生参加招聘会或就业市场活动，双方只是初步结识，即大多数学生仅完成了个人自荐材料的递交工作。当然，也有一些毕业生与用人单位"一见钟情"，当场签约。

为了提高效率，毕业生可以有选择地去几个招聘会或就业市场，没有必要为"广种薄收"而盲目地去"赶场子"。今天去一个招聘会，明天进一次人才市场，这样既浪费时间和精力，效果也不会太好。另外，毕业生可以将自己的自荐材料通过邮寄等方式直接寄给用人单位，用人单位可以依据此材料进行分析和判断，最后决定是否通知你去参加面试或笔试。

此外，目前有越来越多的用人单位招聘新人采取网上申请(网申)的形式。所谓网申是指求职者到各用人单位的招聘网站上去应聘并投放个人简历。使用网申系统的目的是为了节省人力资源,将一部分不符合招聘条件的应聘者通过电脑先筛选出去;而另一个目的就是通过信息的收集,成立人才数据库,方便用人单位以后根据需要寻找合适的人才。

在网上递交完应聘申请后,有的用人单位还会要求应聘者再填写一些基本信息,也有的单位可能会要求应聘者再回答几个问题,如"你为什么选择我们单位的这个职位?"等。甚至有的用人单位会立刻发一个在线测试链接给你,如果你不做,单位是不会看你的简历的。当然,也有的单位是在看完你的简历之后,再考虑是否让你做在线测试。

在线测试一般分为以下四种。

① 情景判断能力测试:就是让你看一个情景,然后来选择对应措施。

② 文字推理能力测试:让你看一段文字,然后让你作出分析,以考察你的理解和逻辑分析能力。

③ 数字推理能力测试:就是数学能力测试题,以此考察你的计算和推理能力。

④ 逻辑推理能力测试:一般是图形推理题。

如上所述,有的单位是在网申后立刻就要求你做题,所以建议同学们早一点开始练习在线测试题。其实,网上有很多题库,同学们可以拿来做一些练习。

如果在线测试分数达标,那么,用人单位接下来通常会通知你准备参加该单位的视频面试或电话面试等。

第八节 参加笔试

一、笔试的概念

笔试是用人单位在招聘新人时常用的一种书面考查方法,尤其是在国家机关、事业单位、大型国企、外资企业以及一些高科技企业招聘时,更是被普遍采用。笔试的目的是测评应聘者特定的专业知识、专业技能以及运用相关知识技能解决实际问题的能力。与面试相比,笔试是一种相对初级的甄选方式。有的用人单位将笔试作为面试之前的第一轮甄选,主要目的就是选出那些符合单位组织文化、具有单位所需的思维方式和个性特征的应聘者。还有的用人单位则将笔试作为面试的一种辅助手段,侧重于考察那些在面试中考察不出来的素质,如书面表达能力等。

笔试不仅在卷面上考核你的知识水平和能力,同时也在考核你在其他方面的素质。比如,书写是否工整,卷面是否整洁,答题是否细心等。因此,大学毕业生应该珍惜并认真对待笔试。

对大学生来说,从小学到初中,从初中到高中,从高中到大学,虽然久经考场,对考试很有经验,但是招聘中的笔试,对大学生来说还需要格外引起重视。一不小心,在笔试过程中出错过多,无法展现自己的优势,结果可能就会失去很好的就业机会。

二、笔试的类型

按考试的侧重点分类，目前求职过程中的笔试形式一般有以下几种。

1. 专业知识笔试

专业知识笔试主要是检验应聘者担任某一职务时是否能达到所要求的专业知识水平和相关的能力要求。专业知识考试的题目专业性很强，如外资企业、外贸企业对应聘者要求考外语；科研机构招聘人员要考动手设计能力；公检法机关录用干部要考法律知识等。值得注意的是，这类考试方式已被愈来愈多的"热门"单位所采用。

对本科生而言，专业知识笔试主要考察基础知识、基本技能，而不是很高深的学问，一般都是专业基础课，比如电路分析、模拟电路、会计学、财政学等。

2. 文化素质笔试（综合能力测试）

文化素质笔试是为了检验毕业生的实际文化素质，由用人单位给出范围或特定要求，让应聘者通过作文来考查其知识、思维、文字表达能力的一种笔试方式。笔试内容除了涉及写作能力、逻辑思维能力、数理计算分析能力外，有些时候还会涉及时事政治、生活常识、情景演绎，甚至智商测试等。如要求文科学生运用某一原理，或某一历史知识，分析某一社会现象和问题；要求理工科学生运用某一专业知识，解决某一实际设计或开发问题等。综合能力测试兼有智商测试的要求，但测试难度更高，比如，应试者要在规定的时间内对一组数据、一组资料进行分析，找出其合理的地方和存在的问题，并设计出解决问题的方案。这是对学生阅读理解能力、发现问题、分析和解决问题的能力，以及知识面等素质的全方位测试。尤其是参加具有国际背景单位组织的笔试，有时候都是用英语进行，相对来说难度更大一些。对于参加实力较强、规模较大用人单位的笔试，建议可以参考国家公务员考试的教材，有很多智商题、情感测验、性格倾向测验以及很多综合性问题测验等，了解和掌握这些题型的应答对参加大型用人单位的招聘笔试是很有帮助的。

3. 技能笔试

技能笔试是为了检验应聘者的实际工作能力或专业技术能力。这种考试往往是针对特定的工作岗位来设计。比如用人单位要招聘一名秘书，为了考察应聘者是否具有这方面的技能，会通过下面的题目来测试。

① 阅读一篇文章，写读后感。

② 自编一份请示报告和会议通知。

③ 听取 5 个人的发言，写一份评议报告。

④ 如果某公司计划在 5 月份赴日本考察，写出需作哪些准备工作等。

专业技能笔试也经常针对研发型和技术类职位的应聘，这类职位的特点是，对于相关专业知识的掌握程度要求比较高，题目特点主要是涉及工作需要的技术性问题，专业性比较强。这类考试的结果，常常与同学们在大学四年期间的学习成绩密不可分。所以，要成功应对这类的考试，需要坚实的专业知识基础。

一般大型公司，如 IBM，Microsoft，Oracle 等，在招聘研发人员（R&D）职位时都会进行这样的笔试。例如,微软的笔试题目主要以 C、C++ 和数据结构为主,对应聘者的编程经验要求非常高。最后经过笔试筛选,淘汰 90% 的候选者,由此可见笔试对技术性职位的重要性。在很多大公司或者外企的应聘考试中,英语笔试也是绝对需要的。

对于技术性岗位,大公司和小公司笔试内容的侧重点有很大区别。一般小公司注重实用性,考试的内容比较具体、详细,目的就是要求新人入职后可以快速上手、到岗后就能派上用场。大公司则强调基础、潜力和知识面,所以考得比较宽泛。

4. 论文笔试

论文笔试是检验求职者分析、综合、比较、归纳、推理等思维能力的方法。其形式采用论述题或自由应答型试题。一些对学术水平和文笔写作表达能力要求较高的单位会安排这类笔试。笔试的最大长处,是有利于考查求职者的思考和文字逻辑表达能力,从而能够检查求职者思想认识的深刻程度。这种测试往往会出现不同的答案,易于发现人才,促进智力发展,远比简单的测验题更能判断一个人的水平。论文笔试要求毕业生讨论问题要深刻、有见地。

5. 心理测试笔试

心理测试是用事先编制好的、用于测试被试者心理素质的标准化量表或问卷,要求被试者在一定时间内完成,根据完成的数量和质量来判断其心理水平或个性差异的方法。一些特殊的用人单位常常以此来测试求职者的态度、兴趣、动机、智力、个性等心理素质。智商测试和心理测试主要被一些著名跨国公司所采用,它们对毕业生所学专业一般没有特殊要求,但对毕业生的素质要求较高。它们认为,专业能力可以通过公司的培训获得,因此有没有专业训练背景无关紧要,但毕业生是否具有不断接收新知识的能力是至关重要的。这类测试尤其是会计师、审计师等职业所要求的。

三、笔试前的准备

笔试从某种角度来说,能更深入地检验毕业生的综合素质,毕业生平时的知识积累程度,对知识是否真正理解和掌握等,通过笔试能得到较好的体现。用人单位的出题方式远比学校灵活多样,更侧重于能力,而不是单纯的知识。因此,在笔试之前,毕业生应对它进行深入的了解,做到知己知彼,不打无准备之仗。

1. 保持良好的身心状态

求职过程中的笔试毕竟不同于学校平时的考试,临考前要注意以下几点。

① 要适当减轻思想负担,不可给自己施加过大的压力,否则适得其反。

② 笔试的前一天要注意休息,保证充足的睡眠,避免考试时精神不振,影响正常思维。

③ 要适当参加一些文体活动,从而使高度紧张的大脑得到放松休息,以充沛的精力去参加考试。

2. 了解笔试类型,做到有的放矢

不同的笔试类型,有不同的考试内容,毕业生在考前应作详细的了解,针对不同情况作出相应的准备。比如公务员考试就有明确的考试范围,并有指定的参考书,考生复习相对有针对性。而一些用人单位的笔试则相对灵活,范围也比较大,没有明确相关的参考书。毕业生可围绕用人单位划定的大致范围翻阅一些有关的图书资料。笔试成绩与毕业生平时的努力也有很大的关系,如果毕业生兴趣广泛,平时注意吸收各种信息,考试时就能驾轻就熟、得心应手。

3. 笔试的知识准备

① 理论联系实际。现在的求职考试越来越强调用学过的知识来解决实际问题,具有很强的实用性。换句话说,现在的应聘考试主要是考核应聘者对知识的运用能力。因此,在复习过程中必须始终突出一个"用"字,通过各种实践,把学到的知识运用到工作实际中去解决各种具体的问题。

② 系统化掌握知识。在知识与能力这两者中,知识无疑是基础,没有扎实的基础知识,也就无从谈什么能力的培养和提高。掌握知识的一个有效方法就是把零散的知识化为系统性知识。但是应聘笔试往往范围大、内容广,存在着一定的随意性和盲目性。因此,凡是与求职有关的一些知识,如文史知识、科技知识、经济知识、法律知识和一般的电脑知识,均要系统地复习一遍。

③ 提高阅读能力。提高阅读能力,对扩展知识面和回答应聘考试的各类问题很有益处。要提高阅读能力,首先得坚持进行阅读实践。知识的获得,主要依靠传授;能力的提高,则必须通过实践。复习时经常做些阅读训练,有助于阅读能力的提高。在作阅读训练时,一定要做到"眼到"和"心到",特别是"心到"。即对每个问题都仔细揣摩,认真思考,分析比较,综合归纳,努力提高自己的阅读能力。

④ 提高快速答题能力。为了适应招聘考试中的题量,还应该尽快培养自己快速阅读、快速思维和快速答题的能力。因为现代阅读观念不只着眼于信息的获取,而且还特别重视速度。所以在准备笔试的时候一定要提高做题速度。

四、笔试技巧

① 做好复习。对大学专业知识进行必要的复习是笔试准备的重要方式。一般说来笔试都有大体的范围,可围绕这个范围翻阅一些有关图书资料,复习巩固所学过的课程内容,温故知新,做到心中有底。

② 满怀信心。笔试怯场,大多是缺乏信心所致。要客观冷静地对自己进行正确评估,克服自卑心理,增强信心。临考前,一要适当减轻思想负担;二要保证充足的睡眠;三要适当参加一些文体活动,从而使高度紧张的大脑得到放松休息,以充沛的精神去参加考试。

③ 提前准备。提前熟悉考场环境,有利于消除应试时的紧张心理。还应仔细审阅考场注意事项,尽量按要求做好。除携带必备的证件外,一些考试必备的文具(钢笔、橡皮等)也要准备齐全。

④ 沉着答卷。拿到试卷后,首先应通览一遍,了解题目的多少和难易的程度,以便掌握答题的速度,然后根据先易后难的原则排出答题的顺序,先攻相对简单的题,后攻难题。

这样就不会因为攻难题而浪费太多时间,而没有时间做会答的题,遇到较大的综合题或论述题,则应先列出提纲,再逐条论述。在答完试卷后,要进行一次全面复查,特别注意不要漏题、跑题。要及时纠正错别字、语法不通、词不达意等错误。特别值得注意的是必须做到字迹端正、卷面整洁。因为招聘单位往往从卷面上联想应聘者的思想、品质、作风,字迹潦草、卷面不整的人,招聘单位先不看你答的内容,单从你的卷风就觉得你不可靠;而那些字迹端正,答题一丝不苟的人,招聘单位会认为你态度认真、作风细致,对你会更加青睐。

从上述内容可知,笔试的目的是通过考试使用人单位对求职者的知识面有个比较客观的了解,如果笔试通过了,用人单位则按考试成绩排名从上到下留一部分人,通知选中的这部分人参加后续的面试环节,这部分人只有通过面试后才能被正式留用。这里所说的面试就是部分专业人员或用人单位领导面对求职者进行询问,设置一些问题,看求职者的应变能力。如果笔试和面试都通过了,就说明求职成功,最后就是等待用人单位的录用通知了。有关面试的详细内容请参见接下来的第十章。

【本章思考与研讨】

1. 如何树立正确的职业发展观?
2. 你对当前就业形势有哪些了解?你对自己目标职业有哪些了解?
3. 请尝试准备一份自荐材料。
4. 请写一封自荐信和求职信。
5. 投寄材料包括哪些?
6. 参加笔试要注意哪些要求?你做好准备了吗?

第十章

求 职 面 试

　　面试是众多用人单位考核求职者综合素质的重要手段之一,因此,大学生毕业求职时,多数用人单位都会提出面试的要求。在大学毕业生求职的几个环节中,面试也是难度最大的,尤其是对那些初入职场的应届毕业生来说,因为缺乏经验,面试常常成为一道难过的坎儿,有很多毕业生顺利通过了简历关、笔试关,最后却在面试环节铩羽而归。

第一节　面试的概念

　　面试是供需双方相互了解的过程,是一种经过精心设计,以交谈与观察为主要手段,以了解求职者有关信息为目的的一种测评方式。面试要求求职者在规定的时间、地点接受用人单位面对面的测试,是择业过程中的重要环节。通过面对面的沟通、交流,用人单位可以了解大学生的表达能力、思维能力、处事能力、仪容仪表,以及对一些问题的看法和其他一些不能通过笔试反映出来的综合素质。由于面试与笔试相比较具有更大的灵活性和综合性,所以许多用人单位更愿意用这种方式来深入了解求职者。

　　面试在招聘中的作用已经变得越来越重要。现在的用人单位越来越看重求职者的综合素质,诸如自信心、合作性、分析解决问题的能力等。能否在面试过程中表现出良好的素质,将会左右面试官对求职者的印象。世界著名跨国公司三井物产(中国)负责人事工作的王维岭先生说:“面试能不能成功,也许在你踏进大门后的最初 3 秒钟就被决定了。面试首先考核的就是求职者的外在气质,求职者的衣着、发型、走路姿势,以及与面试人员打招呼、接送文件的举止,这些不经意间完成的动作,正是公司对他们外在气质的考察过程。”此外,面试也是求职者全面展示自身素质、能力、品质的最好时机,面试过程发挥得出色,可以弥补笔试或是其他条件如学历、专业上的一些不足。因此,大学生在面试之前要做好充分准备。

　　面试需要一定的技巧。面试是职场生涯的开始,刚刚毕业的大学生在面试过程中常常缺乏自信、不知所措,自己的优势和特长没有得到很好的发挥,结果导致面试失败。其实只要理解和认清面试背后所反映的用人单位的真正意图,认真做好必要的准备,掌握一定的技巧,那么,在面试过程中正常发挥并不太难,也就是说面试没有大家想象的那么恐怖。关于技巧,同学们可以在报纸杂志、网络等媒体上查找到一些关于面试的细节和技巧介绍。毕竟,面试是用人单位给求职者提供的一次展示自我的机会,也是求职者扭转工作方向的重要一步。因此,求职者一定要抓住这个机会,与面试官既要坦诚相见、良好互动,又要斗智斗勇,展示自己最好的一面。事实上,用人单位并不关注面试问题的答案有多么正确,或许他们根本就没有标准答案,只是想考察一下求职者的思维敏捷、随机应变程度,以及表达能力、承受压力的能力。所以回答问题时一定要让自己保持思路清晰、行为稳重、说话有条理,同时要时刻注意自己是在与领导交流、沟通,切莫出现唱"独角戏"、自说自话,或夸夸其谈的情形,要保持冷静稳重、有条有理地与单位领导交流的状态。

关于用人单位面试背后的逻辑,从根本上讲,任何单位都是珍惜和渴望人才的,面试只是为了对求职者有一个大概的了解。从某种程度上来说,面试时,只要不让面试官感觉你很不适合这个岗位,一般都会给你提供一个试用(期)的机会去体验一下实际工作,这个体验工作的过程才是真正让用人单位决定你去留的关键。如果能在试用期阶段表现优秀并做出成绩,那么,接下来就不是单位要不要你的问题,而是你要不要选择留在这家单位的问题了。用人单位普遍珍惜人才,关键要看你是不是真正的"千里马"了。

目前,部分学校已经建立大学生面试模拟评价中心,同学们应积极参加本校的模拟评价中心组织的一些训练,提早积累面试经验。此外,同学之间也可交互扮演角色进行演练,以适应面试气氛。通过面试模拟训练,一方面可以锻炼自己,积累经验;另一方面可以根据在模拟面试中提前暴露出的问题,及时进行修正,争取在真正面试时能正常发挥,避免临场出错,毕竟用人单位只给你一次面试机会。

第二节　面　试　分　类

为了提高效率,现在不少用人单位常采取以下几种面试形式。

1. 视频面试

视频面试就像考托福一样,面对屏幕出现的每个问题,给你几十秒准备时间,然后有几分钟回答时间,对着电脑一直说就可以了。为应对这类面试,建议同学们提早做好准备,多练习一下对着镜头说话,让自己逐渐习惯这种方式。此外,视频面试时一定要穿正装,后面的背景一定要干净整洁,这样容易给面试官留下比较好的印象。

2. 电话面试

电话面试相对复杂一些,电话另一方是真人和你进行电话交流,通常会问诸如以下这些问题:你的求职动机是什么?你对自己的简历有什么要补充说明的?以及其他类似的话题。电话面试有时候是在没有任何通知也没有任何安排下出现的,电话突然响起来,你就需要马上把自己的神经紧张起来以应答电话中的面试官了。对于人的心理与应变能力的考验相当大,有人会因为紧张而结巴,有人甚至会因为过分急于表现自己而突然忘记事先准备好的谈话内容。因此,大学生平时就需要训练应对突发情形时的心理质素。

3. 结构化面试

也称标准化面试,是根据所制定的评价指标,运用特定的问题、评价方法和评价标准,严格遵循特定程序,通过面试官与求职者面对面的言语交流,对求职者进行评价的标准化过程。结构化面试的题型包括背景性题目、知识性题目、情境性题目、智能性题目、行为性题目、意愿性题目,各有各的特点和功能,为面试内容和要素服务。另外,结构化面试一般有时间限制,由 7～9 个面试官面对 1 个求职者进行面试。结构化面试的特点,一是向所有的求职者提出同一类型的问题。问题的内容及其顺序都是事先确定的。二是根据工作分析的结构设计面试问题。结构化面试测评的要素涉及知识、能力、品质、动机、气质等,尤其是有关职责和技能方面的具体问题,更能够保证筛选的成功率。三是采用系统化的评分程序。每个问题都有确定的评分标准,针对每一个问题的评分标准,建立系统化的评分程序,能够保证评分一致性,提高结构化面试的公平性和有效性。

4. 非结构化面试,亦称"随机面试"

这种面试所提出的问题没有遵循事先安排好的规则和框架,问题也是五花八门,面试官可以任意地与求职者讨论各种话题。优点是过程自然,面试官可以由此全面了解求职者的情况,求职者也感觉更随意和放松,更容易敞开心扉。缺点是由于结构化和标准化程度低,求职者心中无数,相互之间可比性不强,容易在求职者心中产生公平性和可信度的质疑。

5. 基本评价面试

这种面试就是在面试官面前,安排你与其他参加面试的求职者组成小组一起完成某项指定任务,比如给你们一个案例,让你们组成一个团队,每个人在完成这个任务中扮演不同角色,或者是让你们分别就某个问题做一个宣讲等。在你们开展小组活动过程中,面试官会在旁边观察你们每个人的表现,并且给你们打分,打分是根据申请不同的职位所需完成的任务来定,最后表现优异的同学可以胜出并进入下一轮应聘环节。

6. 最终面试

如果通过了个人简历审核,也通过了前述环节的笔试和面试,晋身最后面试的人就要面对用人单位更上级领导(通常是部门最高领导)一对一面试你了。在这一过程中,上级领导通常会针对你的简历提出一些具体问题,如你在以前的实习中学到了什么,为什么你本科的某门课成绩不是那么高,等。总之,能走到这一步,表明你有很大概率可能被录取,这时,只要能做到冷静、自信、真实地回答面试领导的问题就可以了。

无论上述何种面试,通常在面试结束前,大多数的面试官会丢出一些问题给求职者,最常见的是:"你还有没有什么问题或疑问想要提出来的?"面对这一问题,求职者的回答很重要,因为结束面谈时,提出问题的真正意图,通常是面试官用来测试你对这份工作有多大程度的诚意和期待。如果你提出的问题不妥当,或是不知道该从何提出问题,甚至回答没有问题时,都很可能会让面试官感觉你只是在应付面试,希望深入了解用人单位情况的动机很有限,这也从一个侧面说明你对获取这份工作的意愿还不够强烈。比如,如果求职者说"只要你能让我入职,让我做什么都可以"之类的话,用人单位多半是不会接受这样的人的。因为求职者的这种说法恰恰反映了他对自己没有很好的认知,没有搞清楚自己究竟适合做什么,可能没有做好任何准备,只是抱着一种碰运气、"先落脚,走哪儿说哪儿"的心理。即便有的用人单位会给这样的大学生求职者提供职位,也不会配以良好的薪水,更不会考虑后续的精心培养和重用。因此,求职者应该更积极、主动地利用面试这最后一关的机会,适时地提出问题,这不但有助于加深面试官对你的印象,而且也可趁此机会进一步了解这家单位的背景、组织文化以及职业发展机会是否适合你。

最重要的是,如果你能够在面试时,提出一些比较有水平的问题,被录取的概率将会大大提高。比如,在面试过程中,你可以结合没有涉及或是涉及不充分的问题与面试官展开交流,一般常见的问题有:单位提供多长时间的培训计划?我的工作需要经常加班、经常出差吗?这份工作需要承担的基本责任是什么?能否描述一下单位内一个典型的工作日吗?多长时间进行一次有关工作表现的考核?凡是与"工作"相关的问题,都是适合交流讨论的好问题。所以,无论如何,前往面试前,先准备10个可以反问面试官的问题,以便到时候可以派上用场。至于薪水待遇、年假天数、年终奖金、福利措施等问题,有些用人单位的面试官在面试时,会直接向求职者作介绍。如果对方没有提及,对求职者来说,在找第一份工作时,就不太适合主动提出有关福利待遇方面的问题,除非你有其他人所不具备的优势,能让用人单位觉得非你莫属。

第三节 面试测评的主要内容

从理论上讲,面试可以测评应试者任何素质,但在人员甄选实践中,并不是以面试去测评一个人的所有素质,而是有选择地通过面试去测评最容易取得效果的内容。面试测评的主要内容如下。

1. 仪表风度

面试中对仪表风度的观察,主要是看求职者的体型、外貌、气色、衣着举止、精神状态等,以此来推断求职者的品位、形象和气质等。像国家公务员、教师、公关人员、企业经理人员等职位,对仪表风度的要求较高。研究表明,仪表端庄、衣着整洁、举止文明的人,一般做事比较有规律,注意自我约束,责任心强。大学生求职者在面试时一定要注意着装得体、举止大方、表情文雅,回答问题时要语言得体、态度认真。

2. 专业知识

作为对专业知识笔试的补充,面试对专业知识的考察更具灵活性和深入性,所提问题也更接近空缺岗位对专业知识的需求。通过对求职者掌握专业知识的面试,考察和了解大学生求职者掌握专业知识的深度和广度,以及专业知识更新水平是否符合拟聘职位的要求等。

3. 工作实践经验

面试官一般会根据查阅大学生求职者的个人简历或求职登记表,就一些实践能力问题作一些提问,查询求职者有关背景及过去实习、实践、兼职工作等情况,以补充、证实其所具有的实践经验。通过对实践经验的了解,还可以考察求职者的责任感、主动性、思维力、执行能力及处理问题的能力等。

4. 口头表达能力

主要是为了考察大学生求职者面试过程中是否能够将自己的思想、观点、意见或建议顺畅地用语言表达出来,表达的内容是否有条理、完整,引例、用语是否确切;发音是否准确;说话时的姿势、表情如何等。口头表达能力考察的具体内容包括:表达的逻辑性、准确性、感染力、节奏、音量等。作为大学生求职者在面试时要注意:谈话一定要注意前后连贯、主题突出、思路清晰、说话有说服力。

5. 综合分析能力

面试中,对于面试官提出的综合性问题,求职者需要通过分析抓住本质,回答时表现出说理透彻、分析全面、条理清晰,展示出自己宽广的知识面和多角度综合分析问题的能力。有的同学寄希望于把自己介绍得天花乱坠,特长有没有都先自我吹嘘一通,这样做其实很容易被他人识破。要知道,面试官都是身经百战、非常专业且见识过各种求职者的精英,所以,对那些不靠谱的应答,只要面试官深入问一些稍微专业一点的知识或问题,那些自吹自擂的求职者可能就回答不上来,结果弄巧成拙。

6. 应变能力

应变能力是指面对意外事件等压力,能迅速作出反应,并寻求合适的方法妥善解决问题的能力,即应对变化的能力。应变能力主要是考察求职者对面试官所提问题的理解是否准确,对于突发问题的反应是否机智敏捷,能否保持情绪稳定,不手忙脚乱;能否迅速找到解决办法,且考虑周到细致、合理,处理问题的思路是否妥当等。

7. 执行能力

一般是考察求职者能否准确、迅速地理解上级布置工作的意图,能否恰当地处理交办的任务。主要在于考察求职者对于已认定的事情能否坚持下去;工作节奏是否紧张有序;是否能将上级的意图解码为自己具体任务并显示出一定的执行能力。

8. 人际交往能力

主要在于观察求职者遇到难堪问题后的反应,能否做到与人为善,对他人有亲和力等。在面试中,通过询问应试者经常参与哪些社团活动,喜欢与哪种类型的人交往或打交道,在各种社交场合经常扮演何种角色等问题,并根据这些问题的回答可以了解求职者的人际交往倾向和与人相处的能力。

9. 自我控制能力

自我控制能力对于国家公务员及许多其他类型的工作人员(如企业的管理人员)显得尤为重要。一方面,在遇到上级批评指责、工作有压力或是个人利益受到损害时,能够克制、容忍、理智地对待,不致因情绪波动而影响工作;另一方面,对平凡且重复性工作有耐心和韧劲。

10. 工作态度

主要是通过面试了解求职者对待工作抱有什么样的态度,通常从两个方面了解:一是大学生求职者对过去学业生活,包括对待专业学习、课外活动、完成学校布置的任务,以及社会实习实践活动等的态度;二是了解求职者对应征职位的态度。在过去学业生活中态度不认真、做好做坏无所谓的人,在新的工作岗位也很难做到认真负责。用人单位普遍更加看重的是那些工作认真、脚踏实地、懂得自己价值的求职者。

11. 上进心强烈程度

主要是考察求职者对自己是否有较高的要求,责任感是否强烈,能否令人信任地去完成所分配的任务;能否适应承担具有较高难度的业务等。建议毕业生面对用人单位的面试时不要总强调自己是多么愿意学习,多么追求上进,而是应该多介绍一下自己的上进心具体体现在哪些方面,如获得优秀学生表彰、获得奖学金以及其他表彰或奖励等,回答问题时也应该尽量突出对自己的高标准要求、自信心、坚强的意志、强烈的责任感等,让面试官知道,如果单位接收你,你能为组织带来更多的价值和益处。

【案例】　有的同学在面试时,为表示自己的上进心,提出求职的动机之一是"能学点东西就好"。曾经有一个非常有成就的学生在面试的时候告诉用人单位,他没有选择另一家单位的原因是因为那里可学习的东西太少,期望在这里能学到更多的东西。结果这家单位并没有录用他。原因是这家单位认为他虽然很有能力,但这样的人才如果在学到东西后再跳槽,会给用人单位带来很大的损失。

【案例分析】

对于"学东西",很多人都有一种片面的理解,认为学习就是指学习专业知识、业务知识,如学习英语、计算机等。很多大学生求职者在面试的时候都会询问用人单位将来能给自己提供怎样的培训机会,出国还是在国内,包括一些深造的机会,却从不问用人单位在工作中采用什么样的方式激励一个人工作得更好,对个人工作的标准有多高,对个人培养的方向是什么。表面上看,本案例表现了大学生好学的特点,显示出大学生强烈的求知欲和主动性,有利于获得用人单位的好感,但是对用人单位来说也存在着两个很大的风险:一是他强调的是获得而不是给予,会让用人单位对其工作的稳定性产生怀疑;二是他强调的是学习某些专业知识而不是培养综合素质,自己过于看重用人单位表面的学习和培训机会,而忽视了自己长期的素质训练机会。其实,在工作中更加重要的是训练素质,包括思考问题的方式、解决问题的能力、完成任务的执行力、心理承受力、职业道德和职业修养等,这些才是一个人发展中更为核心的东西。

12. 求职动机

主要是了解诸如求职者为什么来本单位工作?为什么对某类工作岗位最感兴趣?在工作中追求的是什么?应聘单位所能提供的职位或工作条件等能否满足其工作要求和期望?有的同学抱有"一步到位"的心理,他们对工作百般挑剔,有一点不合意就不愿意接受。比如有的学生是学技术的,但是又不想找技术类工作,而想做管理工作,虽然他不是学管理的,却认准了要从入职起就做管理工作。这类学生不明白的是,如果想做管理,从做技术工作开始也是可以的。用人单位普遍会提拔有长期工作经验、有实际技术能力和业务经验的人承担管理岗位职责,很少单位愿意给一个刚刚毕业于某大学的技术专业应届生提供管理岗位。

13. 业余兴趣与爱好

主要是了解求职者在休闲时喜欢从事哪些活动,喜欢阅读哪些书籍,喜欢什么样的电视节目,有什么嗜好等。通过面试,可以了解一个人的兴趣与爱好,这对录用后的工作安排有好处。通常,人们对某些活动感兴趣,往往会对与该活动有关的职业表现出肯定的态度,并积极思考、探究与之相关的事物,同样的道理在工作上也可以表现出来。比如有的同学喜欢文学写作,那么安排该同学从事文字编写类工作则显得更具合理性。因此,单位在安排他的工作岗位时,就可能会考虑根据他的兴趣安排作一些文案、文字编写或广告策划之类的工作。

14. 其他问题

面试时面试官还会向求职者介绍本单位及拟聘职位的情况与要求,讨论有关工薪、福利等应试者关心的问题,以及回答应试者可能提出的其他一些问题等。比如,有一个研究生刚毕业,面试时要求薪资 8000 元,低了不行,结果总是不能如愿。他不明白,自己很优秀,为什么不能拿到"应该"的薪水。其实,他不知道,在单位中薪资的确定不是简单的通过谈判谈出来的,而是通过个人入职后的职责、业绩、能力等综合因素考核和评审出来的。不同的单位会有不同的薪资标准,个人首先要根据用人单位的规范接受相应的待遇,而不是提出自己认为合理的薪酬。另外,现在的用人单位很难在不完全了解一个人真正实力的情形下,就冒险养一个能力与薪资可能不匹配的人。

第四节　面试基本礼仪

据哈佛大学有关专家研究表明,人们在与陌生人交往时,一般在 7～30 秒就会将穿着、谈吐、举止不合格的人淘汰掉。因此,对于大学生求职者而言,掌握面试的礼仪,向用人单位展示自己优雅的举止和良好的仪态,是求职成功的关键。如果在求职面试过程中能注意以下礼仪和技巧,会大大增加面试印象得分。

1. 面试时的服装穿戴礼仪

加州大学洛杉矶分校的一项研究表明:面试第一印象55％取决于穿着、化妆,38％取决于行为举止,7％取决于谈话内容。恰当的服饰搭配往往会给人留下清新、自信、干练、庄重等良好印象。虽然对大学生求职者录用的最后决定性因素极少是取决于服装穿戴,但很多大学生在第一轮面试时就被淘汰确实是因为他们的穿着不太得体。因此,大学生在应聘时要特别注意自己的服装穿戴。

首先,服装的选配要根据自己的求职定位,既要表现出有教养、职业化的面貌,又要表示出对用人单位的尊敬。因此,大学生在应聘面试时一定要注意服装穿戴。男生的最佳面试服装是西装,特别是在应聘外资企业、港台企业、国有大中型企业、法律、银行、保险等行业的职位时,衣着尽量以简单稳重的造型为佳。深色的西装搭配浅色衬衣及丝质领带,配上黑色的皮鞋和深色的袜子是最佳选择。对女生而言,职业化的套装搭配上中跟皮鞋会让你看起来更加精明、阳光、成熟。如果要应聘艺术、广告设计、大众传媒等行业的职位,可以穿着款式新颖时尚并能体现个性的服装。如果对于一个特定的公司不能确定该选择什么样的服装,那么最稳妥的办法是穿套装,这样的穿着会显得你很重视这次面试且对该用人单位充满敬意。而那些看上去复杂、夸张的款式则不合适在面试时穿着,容易给人留下不踏实、不稳重的印象。

其次,在选择面试服装时,要注重"协调搭配"的原则。"协调搭配"既是职场着装的原则,也是面试时穿着的座右铭。第一,在服装的色彩方面,讲究"三色原则",即全身的服装及鞋、包等配饰物件的色彩要控制在三种颜色以内,注意整体协调,忌讳颜色对比过于凌乱、夸张、花哨。当然,黑白对比是允许的。第二,在服装款式方面,讲究穿着要端庄、简洁,要保持衣服的平整性。女生忌穿过于性感、暴露、薄透的衣服。第三,着装应与自身条件、气质相吻合。每个人的形体都有优点、缺点,要扬长避短,千万不要盲目模仿别人,要根据自己的体型、肤色等特点去选择最适合自己的面试服装。

2. 面试时的行为举止礼仪

面试的成功率其实很大部分取决于面试官对你的"好感度",所谓"第一印象"非常重要。所以在面试之前,必须确保自己在形象、气质上得体有度。

首先,要保持阳光、友善的面部表情。人的面部表情,能够传递丰富的内心情感,是个人修养、魅力和气质的外在表现。面部表情主要包括微笑和目光。微笑是一个无言的答语,可表达多种含义。它既可以表示欣赏对方,表示领略对方的意思,也可表示赞同他人意见,此外,微笑更是展示友善、易于相处的人格魅力。面试时,要充分发挥微笑的魅力。发自内心、亲切自然的微笑才最富有魅力,最让人愉悦欢心。有些大学生面对招聘者过度紧张,面部表情严肃僵硬,结果反而给人造成不自然、缺乏自信的印象。

其次,要恰当地使用目光。目光是心灵的窗口,恰当的目光和眼神能体现出一个人的智慧、自信以及对用人单位的向往和尊重,友好的目光也可向他人传达自己的坦诚、实在和涵养。面试时,要注意用真诚的目光与对方交流。面试过程中,自己的目光应正视对方,以示自己在倾听。一般连续注视对方的时间要把握在几秒钟以内。同时应将目光放虚,切忌聚焦,让对方感到你的诚意。此外,面试时切忌总是低头,不敢抬头正视对方,这样很容易给对方以缺乏自信的感觉;眼神飘忽不定也容易给人留下心不在焉的印象;如果你两眼总是死死盯着对方,也会让人感觉不适。因此,要善用目光的变化,灵活使用目光来表达自己正在与对方进行沟通。

最后,行为要自然、大方、得体。俗话说"站有站相,坐有坐相",面试过程大方得体的行为容易给人留下自尊自重的良好印象。比如进入面试房间时,要先敲门,得到允许后再进入。进门后应转过身去正对着门,用手轻轻将门合上。入座时动作要轻而缓,女生必须两腿并拢,男生可稍微分开,双手叠放或平放在大腿上,身体保持挺直并可稍稍前倾,自然放松,面带微笑。握手时要讲究"尊者优先",一是不能主动伸手;二是对方伸手后要热情友好,要把握好握手的力度和时间。递物或接物时要双手接送。递面试材料时,应面带微笑,注视着对方,将材料的正面朝向对方,双手送交对方或放在桌上。特别提示,面试前一定要将手机关机或者设置到静音。

3. 面试时的语言礼仪

在面试过程中,语言作为一种最基本的媒介形式,包括了听话和说话两方面。语言礼仪是否到位,在很大程度上关系到面试的成败。所以大学生求职者在面试时必须注重礼貌谈吐,遵守语言的规范,讲究说话的艺术性。

① 认真倾听。专注倾听对方说话,是对说话者的一种尊重。在面试过程中,大学生求职者在倾听时要做到虚心、专心、认真、耐心,要自然流露出一个有教养、懂礼仪的人应有的表情。比如,面试时,面试官的每一句话都是非常重要的,你要集中精力专心、认真地去听,最好要用目光注视着面试官,保持自然的微笑,身体微微倾向对方,表示对说话者的重视。同时要记住对方讲话的内容重点,适时地作出一些反应,如点头、会意地微笑。特别需要注意的是,切忌轻易打断面试官的话。即使自己不同意对方的观点,也不要急于辩解,等面试官说完再委婉地阐明自己的看法和态度。如遇面试官发言过长、乏味,也应控制自己的厌烦情绪,否则会留下不懂礼貌、不尊重他人的印象。此外,面试时最好能记住面试官的姓名与职位。

② 要做一个善于表达的说话者。面试官一般较欣赏谈吐优雅、表达清晰、逻辑性强的求职者,自然、自信、谦虚的态度以及合适的语言表达技巧,往往更容易受到用人单位的青睐。因此,自我介绍时要面带微笑、精神饱满、信心十足,谈话时注意发音清晰,咬字准确,语调得体、自然,音量适中,语速适中;面试时还要注意谈吐文明、礼貌,要尽量多用敬语、尊称,表达你对面试官的尊重;面试时还要注意语言要精练,切忌语言啰唆、讲话散漫,作自我介绍、回答问题时一定要简明扼要;此外,讲话要充满自信,言之有据,思路清晰,有时过于谦虚反而会给人留下虚情假意、缺乏自信、没有主见的印象。但自信不等于自负,自以为是、夸夸其谈也是不受欢迎的。

掌握谈话技巧也很重要。比如,对敏感性较强的问题可以采用委婉、谦虚的语气去询问,像薪资问题,不要直接问对方:"我的月薪能达到多少?"可以换种提法:"我可否知道我在贵单位的发展前景会如何?"或:"转正后我的薪资会有怎样的变化?"在回答一些令你感到冒犯或者与工作无关的问题时,口气和态度一定要婉转、温和。

③ 巧用肢体语言。除了讲话以外,肢体语言也是重要的公关手段,主要是通过仪表、姿态、神情、动作来传递信息,包括:手势语、目光语、身势语、面部语、服饰语等,它们在交谈中往往起着有声语言无法比拟的效果,是职业形象的更高境界。肢体语言对面试的成败作用很大,有时一个眼神或者手势都会影响到整体评分。比如适当微笑的面部表情,就可显示出一个人的乐观、豁达、自信;服饰的大方得体,能反映出大学生风华正茂、有知识、有修养;机敏友善的眼神,展现出大学生聪慧灵敏、善解人意,这些特有的魅力,可以在面试官眼中形成一道绚丽的风景,增加你的求职面试得分。

有些大学生求职者过于紧张,双手都不知道该放哪儿,而有些人过于兴奋,边侃侃而谈,边舞动双手,这些行为都是不可取的。面试时不要有太多小动作,更切忌抓耳挠腮、用手捂嘴说话,这样显得你过于紧张,无法专心交流沟通,这些都是不成熟的表现。此外,切忌为表示亲切而拍对方的肩膀,这对面试官来说是一种非常失礼的行为,很可能会拍走你被录取的机会。

4. 面试时的时间礼仪

准时赴约是一种守信行为,同时也体现了对他人的尊重和礼貌。迟到是面试的大忌,如果你面试迟到,那么不管有什么理由,也会被视为缺乏自我管理和约束能力,缺乏职业操守应具备的守时意识。对一个用人单位来说,面试往往会一次安排很多人分批进行,你如果迟到了几分钟,甚至可能意味着本次面试机会的丧失。

面试以提前十分钟左右到达场地为宜,不要过早,提前半小时以上到达面试现场会被视为没有时间观念,但在面试时迟到或是匆匆忙忙赶到也是致命的。到达面试现场后,不要急于进入办公室,可在外面略作准备。遇有恶劣天气,更要提前半小时出发,确保准时到达。

5. 面试结束时的礼仪

面试结束时,不论是被顺利录取,还是被用人单位拒绝,都要注意对单位面试官以礼相待。要知道,用人单位可能会根据需要增加录用人的数量,如果在被单位拒绝的条件下仍然表现出彬彬有礼,给面试官留下好的印象,反而可能又获得录用的机会。

面试结束后,要对用人单位的面试官抽出宝贵时间来与自己进行面谈表示感谢,并表示自己"非常希望有机会成为您的同事","将以在这家单位工作为自豪",或通过短信等方式表达自己对入职用人单位的渴望和对招聘人员的感谢。这样的表述既保持了与用人单位面试官的信任关系,又表现出自己良好的人际关系能力。

第五节　面试时的自我介绍

通过向用人单位介绍自己的基本情况,可以展现个人素养、能力和才华。具体需要注意以下几点。

1. 千万不要背诵简历

有时候,面试官会规定自我介绍的时间,你应该怎样应对呢?面试官规定的自我介绍时间较短时,比如要求你"做一个 1 分钟的自我介绍"。遇到这种情况,你可以精选事先准备的 3 分钟自我介绍内容,突出"做成过什么,效果如何"来展现你与应聘职位相关的能力。需要记住的是,通常情况下,每分钟 180～200 字的语速是比较合适的。这样的语速可以让对方感到舒服,同时也能更加有效地传递信息,增加面试官对你的印象分。你可以根据这样的语速大约计算出自我介绍所用的时间。

① 1 分钟的自我介绍时要简洁,突出重点,清晰表达自己的基本信息,包括姓名,籍贯、学历、爱好等。

例:大家好,我能够站在这里面试,有机会向各位考官请教和学习,我感到非常的荣幸。希望通过这次面试能够把自己展示给大家,希望大家记住我。我叫××,今年 22 岁,××族,法学本科。我平时喜欢看书和上网浏览信息。我的性格是……

② 3 分钟的自我介绍可以添加一些个人经历、实践收获、在校获奖成就等,但也要突出重点,不能长篇大论,以免给面试官一种在吹牛的感觉(可以在网上搜索一些成功人士的自我介绍来借鉴);实际上,面试官已经快速看过你的简历,因此你没必要再背诵一遍。正确的做法是简单复述简历,更重要的是把简历中的亮点提炼出来。

③ 如果面试官没有特别强调,那么自我介绍 3 分钟最合适。你可以把自我介绍划分为四个部分,然后分配时间:第一部分主要介绍自己的姓名、年龄、学历、专业特长、实践

经历等；第二部分主要介绍个人业绩，可着重介绍相关的在校活动和社会实践的成果；第三部分可谈谈对应聘职位的期许和对本行业的看法；第四部分介绍自己的优势，谈一下为什么觉得自己适合这份工作。

例：您好，我叫××，是××大学××专业的应届毕业生。虽然我没有很多成就来证明自己，但是一直以来我学习努力，脚踏实地，在校期间培养了自己良好的学习生活习惯。我性格开朗，容易适应新环境，喜欢交朋友，有合作精神，有一定自信……四年的大学教育，培养我成为一个敢于承担责任、对人真诚、具备很强的环境适应能力、对待生活乐观积极、拥有吃苦耐劳精神的青年。在专业方面，我的主攻方向是网站推广策划，能熟练地运用 Dreamweaver、Fireworks、Flash 等网页制作工具进行网站设计开发的相关工作。

2. 有意识地将面试话题引向有利于自己展示亮点的方向

面试的过程，也是与面试官博弈的过程。而自我介绍，实际上是排兵布阵的一个很好机会。你所说的内容，很可能就决定了面试官接下来问题的走向。所以在作自我介绍时，先不要对自己履历中的亮点做过多的展开描述，点到为止最好，这样容易引起面试官进一步了解的兴趣，使他在后面的面谈中继续追问与这些亮点有关的问题，而这恰恰是你需要展示的强项，也是最需要让用人单位了解的内容。也就是说，在面试过程中一定要充满自信，关键之处说话要留有余地，一步步引导面试官，使面试过程朝着你所希望的方向发展，将面试的主动权控制在你的手中。

3. 注意把握时间

在一些面试中，面试官会要求你在一定时间之内简要介绍一下自己的情况，建议大学生求职者尽量控制在规定的时间内完成介绍。因为在介绍自己的同时，面试官常常也会利用这个机会阅读一下你的简历。如果你介绍用时太短，面试官可能还没有来得及看完你的简历材料，这会让他感觉你缺乏经历和阅历。如果你用时太长，特别是当你还没有说到重点时，面试官可能已经由于超时打断你，让你无法全面阐述自己简历中的重点和亮点，这也可能会影响你在后续面试中的自信心。所以，建议毕业生求职者在面试前，按照前面介绍的要求，提前训练自己在 1 分钟、2 分钟、3 分钟这几个时间段内作自我介绍的能力，以应对面试时不同的时间要求。

4. 不要怕面试失败

由于各种原因，面试失败是常有的事。关键是自己要保持一种平和的心态。面试时，自己由于紧张或准备不充分，可能会发挥失常，导致面试失败。对此大可不必心灰意冷，更不要对自己失去信心。要学会自我反省，找到问题的症结所在，争取下次避免出现类似的情况。就好比与别人吵架，初次交手时被别人骂得无言以对，心有不甘地回家后，一定会复盘琢磨这事。琢磨一阵后，你会突然发现，此时脑洞大开，会有数不尽反击对方的招数，恨不得把对方揪出来再重新吵一架。同样的道理，正是因为面试时受到了挫折，让你感到丢了面子，才会让你憋了一股气去反思自己，思考着如何吸取教训、提高自己，无形中反而促进了你在以后的面试中表现更好。

第六节　自我介绍主要内容

通常,自我介绍可以分三个部分。

第一部分是背景介绍

主要包括:学历背景、专业、获奖情况等。

第二部分是经历介绍

主要是通过具体经历或事例向面试官证明自己具备匹配该职位的能力。如曾经参加过某单位的实习或参加某项国家级(或省级)大学生技能比赛等。这里介绍一种 STAR 法则对自己的经历进行展开说明。

情景介绍(Situation):主要是简单介绍一下曾参加实习、实践等活动时的情况,如去哪里实习? 如何获得此机会? 或者是参加由××组织的竞赛等。

任务介绍(Task):主要介绍你当时承担的任务是什么? 你的角色是什么?

行动介绍(Action):主要介绍你当时做了些什么? 具体怎么做的?

结果介绍(Result):主要介绍当时任务完成后的结果或效果如何? 是否获奖? 获什么表彰? 这一经历让你学到了什么? 收获是什么? 心得体会及后期如何改善的构想?

第三部分是对个人突出亮点的介绍

现在不少同学的自我介绍很容易与其他人的表述发生雷同,如每个人都曾经当过学生干部、都获得过奖励等,虽然这样的学生干部经历可以在面试时获得一定加分,但却不容易给面试官留下较深刻的印象。所以说,一定要在自己的经历中挖掘出比较突出的亮点事例,让面试官眼前一亮,印象深刻。如参加大学生创业比赛获得风险投资 5 万元;××策划比赛获得一等奖;获得××设计大奖等。这样更容易使面试官认为你是一个有一定经验、见识较广、能力较突出的人,把你这样的人录用到用人单位一定会带来新能量。面试官也喜欢从你的经历中进一步深挖你所匹配工作的潜能,所以,大学生深度挖掘和整理自己经历中的亮点很重要。

需要注意的是:在做自我介绍时,无论是撰写,还是面试,都切忌用"勤奋肯干、学习能力强、分析能力强"等空洞无物的词来形容自己,一定要言之确凿。比如,你可以说:"在××公司实习期间,在完成自己工作后,我又主动帮助他人分担了一些××工作,虽然感到比较累,但通过多做事,我又意外地学会了……"

再比如,你可以说:"在工作中,我发现做××事有更好的解决方法并向领导提出了建议,最终被采纳。"这样的表述更能反映出你做事的态度和能力。

此外,尽量围绕岗位需求进行自我介绍。这就要求你在面试之前,要充分了解自己适合做什么和岗位具体需求的基础上,进行人—职匹配度分析。比如,销售岗位更需要性格外向,善于结交朋友的人;银行工作更需要擅长与人沟通,同时具备一些资源(包括家庭提供的资源)的人;网络公司更需要有一定软件开发经验且认真踏实的人。再比如,你应聘程序员岗位,如果你强调自己"身体好、享受编程、愿意加班"等,效果通常就比较好。

总之,要让面试官看到你的性格特点适合拟招聘岗位的用人需求。

【案例】

自我介绍范文(部分内容)

去年暑假期间,我在北京×××互联网公司实习(Situation)。实习期间我负责×××任务(Task),在参加编写××软件市场推广方案中,我通过分析目标客户群,提出了编写方案(Action),该方案最终获得通过并执行,当年就获得2万新用户(Result)。

【范文分析】 这样的经历表述就比只用一些很虚的形容词更富有说服力。面试时通过讲述事例,简单地说明了你的数据分析能力、文稿撰写能力、策划能力和执行力等。注意,这里之所以没有直接展开讲述具体的细节,是为了给面试官后续面试时继续详细了解相关内容留下空间(如面试官可能会继续追问你的推广方案是什么;你是怎样分析目标客户群的等),通过这样准备好的自我经历介绍,可以大大提高你在面试时的自信心和面试成功率。

【练习1】 以下是同一个学生对自己实习经历的总结。

(1)我曾经在××公司实习时做销售,实习期间工作勤勤恳恳,完美地完成了上级交办的任务,并获得领导和客户的一致好评。

(2)我曾经在××公司实习半年做销售,实习期间,共销售出××件商品,总计收入××元,为单位创造利润××元。在10位同期实习生中的业绩排名第二。

【练习2】 以下是另一个学生对自己实习经历的两种不同的总结。

(1)我的实习是在一家自学考试培训机构作培训教师,半年实习期间,因工作努力而得到了领导的重视和学生们的喜爱。

(2)我的实习是在一家自学考试培训机构作培训教师,半年实习期间,我所培训这个班的学生模拟试卷平均成绩由最初的45分,上升到平均成绩75分,在8个培训班中由排名第五,上升到第二。

【分析】 并不是每个面试官都了解你的实习工作要求,通过具体数字,更加具有说服力,同时也更容易使面试官了解你的个人能力。

【思考与研讨】

试分析练习1和练习2中两种不同面试陈述的区别有什么不同,你认为哪个效果会更好些?为什么?

【面试时自我介绍范文】(1分钟时间)

尊敬的各位主管:

早上好!

我叫××,来自××市,现在就读于××大学,专业是化学工程与工艺,出身××山区的我从小养成了勤劳务实,不怕吃苦的习惯。在大学的几年中,我掌握了扎实的理论知识,并培养了较强的实践能力,我的大部分学习时间都是在图书馆中度过的。

我在学校期间养成了自学的好习惯,先后获得了三等奖学金和计算机等级证书。在大一时,加入了环保协会、青年志愿者协会,在几次活动中使我得到锻炼,并利用周末时间做家教和电脑促销员,使自己得到工作经验的同时也补给了生活费。我的生活自理能力也比较强,这次来到这里面试,希望大家给我一个机会,让我能与大家一起共创辉煌!

我的介绍完毕,谢谢!

第七节 用人单位面试过程常见的问题以及问题解析

切记，没有充足的准备，不要随便去面试！否则你将一次次失去机会。以下给出一些常见的面试问题供大家参考。

一、性格、工作期望和职业理想方面

① 请简单介绍一下你自己。

② 你描述一下你自己的性格和倾向。

③ 你有什么兴趣与爱好？

④ 你通常与哪种人相处最融洽？为什么？

⑤ 你认为什么人最难相处？你会如何去面对他们？

⑥ 你认为在哪种工作环境中最能发挥你的才能？

⑦ 你有没有制订自己的人生目标？是什么？

⑧ 什么是你选择工作的首选因素？

⑨ 五年以后你对自己的工作有什么期望？

⑩ 你对自己的事业有什么长远打算？你打算如何达到它？

⑪ 你认为要怎样才能算事业成功？

⑫ 如何处理你曾遇到的困难？

⑬ 你认为自己是不是一个有野心的人？

⑭ 你的职业理想是什么？

【问题解析】 第1条至第5条问题是用人单位想了解求职者是否能够与其他人和谐相处，主要考察求职者的处事能力、协调能力以及团队精神。后面几个问题用人单位是想从中了解求职者的价值观是否与单位价值观相符，主要考察求职者对用人单位的价值观与组织文化有多大程度的认同，以确认求职者能够真正融入单位中去。因此，对于求职者来说应该更多了解用人单位的相关背景和业务，以及行业发展前景等相关知识。

二、学校生活与学习计划方面

① 你在学校最喜欢和最不喜欢的是哪一门课？为什么？

② 你认为考试成绩能否反映你的实际才能？

③ 在这几年的学校生活中，你最难忘的经历是什么？

④ 你从课外活动中学到了什么？

⑤ 你有没有考研、出国留学或其他方式继续深造的打算？

【问题解析】 从以上问题用人单位能够了解求职者的学习生活以及在校园的基本表现,从而去考察求职者具备什么样的基本素质与技能。这一组问题其实与前一组问题是丝丝相扣的。因此,如果求职者信口开河、随意应答,很容易陷入前后矛盾的困境,这样用人单位就会怀疑求职者的诚信。因此,面试前应该做好准备,仔细想好这些问题,避免前后矛盾。

三、申请职位与部门方面

① 你为什么申请这个职位?
② 你为什么想加入本公司工作?
③ 你对本公司有多少了解?
④ 你了解这份工作的职责吗? 哪一方面最吸引你?
⑤ 你认为自己最大的优点和缺点在哪方面?
⑥ 假如你被录用了,将如何开展工作?
⑦ 你为什么认为自己非常适合这份工作?
⑧ 你认为自己的哪些经历会有助于你即将担任的这份工作?
⑨ 你认为在本公司成功发展需要什么样的条件?
⑩ 你还申请了什么职位? 你若被多家公司同时录用,如何选择?
⑪ 你能否到外地工作或者经常出差?
⑫ 如何工作需要的话,你能否加班?

【问题解析】 仅仅一次不长的面试过程中,用人单位如何去判断求职者的求职诚意与职业素质? 最常用的方式就是通过这些问题深入了解求职者对职业的态度与职业素质,从而判断求职者是不是用人单位所需要的人才。而对于求职者来说,对用人单位的了解同时也表现出对它的尊重与向往,而这些主动的态度恰恰是公司判断求职者是否有诚意的一个很重要的标准。用人单位了解求职者的优点与缺点不是单纯通过这些来确定取舍的标准,而是从职业发展来考虑的,求职者如果就事论事地谈缺点,往往会陷入困境。因此用适当的语言来客观地评价自己的缺点时,还应该提出克服这些缺点的方法,面试人员其实对求职者有什么样的缺点(除非是致命的)并不感兴趣,而是想了解求职者认识问题和解决问题的能力。

四、工作经验方面

① 你有过什么工作经历、实习经历、社会实践和社会经验?
② 简单描述一下你参加某一次活动的情况以及你的职责。
③ 你从学校和社会的一些实践活动中学到了什么?
④ 在这些活动中,你最喜欢什么? 不喜欢什么?
⑤ 在学校和社会活动中,你遇到的最大困难是什么? 如何解决的?
⑥ 你认为在学校获得的工作经验能否应对得了新工作?

⑦ 在学校中你和同学相处得如何?

【问题解析】 面试人员希望能够从你有限的社会经验中衡量你到底在多大程度上符合这份工作的需要,因此作为求职者应该强调在学校各种活动中或者社会实践中所得到的经验能够运用到这份工作上。求职者应该注意的是不随便去指责别人,这会让面试人员觉得求职者不够成熟与宽容,从而会怀疑求职者的处事能力与协调能力。

五、工作技能及语言能力方面

① 你有没有参加过一些专业考试? 成绩如何?

② 你的计算机水平如何? 会使用哪些软件?

③ 你的普通话水平如何? 能否用普通话作自我介绍?

④ Please briefly introduce yourself in English(请用英文作一个简单的自我介绍)。

⑤ 除了中文和英语,你还懂得其他语言吗?

⑥ 你有没有参加过与你申请职位相关的培训?

【问题解析】 面对这些问题,求职者应该如实回答,切忌夸张失实。现在一些毕业生在简历中描述自己的计算机或英语水平时爱用"精通""流利"等稍显张扬的词语。但这些能力往往很容易被当场进行测试,求职者一旦有所闪失,用人单位便会认为你夸夸其谈,华而不实,会有受骗上当的感觉。求职者应该从所学知识与应聘职位要求方面向面试人员描述自己在这方面能力的培训以证明自己符合从事这份工作岗位职责的要求。

六、时事问题方面

① 你看了最近的政府工作报告吗? 对此,你有什么想法?

② 你认为最近政府的哪些措施会对本行业发展有重要影响?

③ 你主要关注媒体哪些方面的报道?

【问题解析】 大学生要主动适应现代社会的要求,关心时事,并能从中敏锐地发现相关信息(如国家的产业结构调整对相关行业、企业的影响、带来的机遇等),如果在这方面有比较独到的见解,面试官往往会对你刮目相看。这些问题主要是考察学生独立思考问题的能力,从中发现求职者是否关心国家大事,是否能够广泛吸取各方面信息,并能够提出自己的观点。

七、假设性问题方面

① 假设有顾客不满意你的服务,并要投诉你,你会如何处理?

② 假设由于你的失误而使工作出现问题,但你的上司并不知情,你会怎样处理?

【问题解析】 用人单位利用这些问题,主要是对求职者的应变能力和反应进行评估,而这些问题往往都会和单位的工作处境相关。求职者在回答这些问题时首先要镇定,慌张和不理智在这时是最大的致命伤,同时还应能够很快作出反应,迟钝或停顿时间过长都会给招聘人员留下不好的印象。

八、求职者向面试官询问的问题——主要是与该职位相关的问题

① 对于担任该职位的员工,单位有什么期望和要求?(该问题能够显示你对该职业的兴趣与诚意)

② 未来几年,单位会有什么新的发展计划?(该问题显示你对该用人单位的兴趣,你亦可从中了解更多有关该单位的发展潜力,未来发展方向等资料,以决定自己最后的去向)

③ 用人单位对于员工在业余时间的进修是什么态度?(该问题表示你有兴趣去进修及在该行业发展)

【问题解析】 这个时候是求职者表现自己的最后机会,因此求职者应该借此机会对自己之前的失误或者不足加以补救,同时表现出你的最大诚意。此外,你也可借此机会对用人单位作进一步了解,作为你最终选择的参考。注意,在提出薪酬待遇时不能操之过急,最好由招聘方提出。同时对薪酬应该做到心中有数,但不要给人以斤斤计较的感觉。应聘之前应该对相关行业及相关职业的薪酬有个大致了解,同时最好先能确定一下自己的底线,但除薪酬外,求职者还应将该单位的员工福利如假期、发展空间、行业前景等因素考虑进去,这样作决定时就不会目光短浅,也更能符合自己事业发展的整体规划。

第八节　回答问题的技巧

1. 把握重点

一般情况下,在回答问题时要结论在先,议论在后。即先将自己的中心意思表达清晰,然后再做叙述和论证,论证时要做到把握重点、简洁明了、条理清楚、有理有据,否则,长篇大论,自说自话,会让人不知要表达什么。由于面试时间有限,求职者精神太紧张,多余的话太多,很容易离题,反倒会将主题冲淡或漏掉。比如,面试时,面试官常常会问:"如果你获得这个职位,将如何开展工作?"这是你必须回答的一个简单问题,通常在职业生涯规划中都会涉及这个内容,如果你在大学期间制定过职业生涯规划,这个问题就很容易回答上来。

2. 避免抽象

面试官提出问题是希望了解一些求职者的具体情况,切不可简单地以"是""否"作答。针对所提问题的不同,回答时一定要将细节作适当展开,有的需要解释原因,有的需要说明程度。如果回答时不讲原委,过于抽象,往往会给面试官留下不认真、不严谨的印象。比如,用人单位常问求职者:"你了解我们单位吗?""你为什么喜欢这种工作?""你找工作首先考虑的因素是什么?""到本单位上岗之前,让你先到基层锻炼两年,你愿意吗?"回答这些问题时,一定要事先做一些准备,不要临阵应付,以致不能作充分的阐述。建议在用

人单位约定与你见面后,马上着手进行面试准备,尽可能对用人单位和面试官的情况作一些调查研究,你对情况了解得越多,真正面试回答具体问题时心里越有底,用人单位也就越能感受到你的诚意。

3. 弄清问题

面试中,如果对面试官提出的问题,一时摸不到边际,或难以理解对方问题的含义,以至于不知从何答起时,可将问题复述一遍,并先就自己对这一问题的理解,请教面试官并确认自己的理解是否准确,对不太明确的问题,一定要搞清楚,这样才会有的放矢,不至于答非所问。

4. 见解独到

面试官接待求职者一般较多,相同的问题可能已经问过若干遍,类似的回答也听了很多。因此,面试官会有疲劳、乏味、枯燥之感。所以,只有精辟且独到的个人见解和具有个人特色的回答,才会引起对方的兴趣和注意。

5. 实事求是

面试遇到自己不知、不懂、不会的问题时,回避闪烁、默不作声、牵强附会、不懂装懂的做法都不可取。诚恳坦率地承认自己不知道,反倒会赢得面试官的信任和好感。其实,对于大多数面试来讲,面试官不仅要考验面试者的专业知识能力,而且有些时候还要看他们的临场反应能力如何,考察其诚实的态度等。因为在工作过程中,总是很难避免出现一些意外的情况。若是不能及时正确应对的话,很有可能会对工作带来影响或损失。

6. 巧用信息

面试之前,在校园宣讲会上或其他场合,你可能曾经看到过用人单位的宣传片、PPT,或者听到过用人单位的一些标语、口号、单位介绍,甚至关注过媒体对目标单位的有关报道,这些都可能成为你面试时有利用价值的信息。你可以在简单描述用人单位重要或有特色的信息基础上,在赞美用人单位的同时,把自己希望获得目标职业的心情借机联系起来表达一下。

【本章思考与研讨】

1. 面试主要有哪些类型? 各自的特点是什么?

2. 面试测评的主要内容有哪些?

3. 面试时要注意哪些基本礼仪?

4. 面试时如何作自我介绍?

5. 与同学一起,分别扮演不同角色,根据面试过程常见的问题作一次模拟面试,相互研讨并指出存在的问题和改进意见。

第十一章

就业角色转换与职业适应

即将告别熟悉的校园进入职场,对大学毕业生来讲意味着将要面对一个完全陌生的环境。初入职场的你们,是否各方面都已做好了准备?是否能顺利适应岗位要求?是否能很快展现出自己良好的风貌?就人生第一份职业而言,它不仅是一份单纯的工作,更重要的是它会使大学生真正体验职场,进一步认识社会、认识自己,从一定意义上讲,第一份职业也是自己的职业启蒙老师。

第一节　职场与学校的不同

职场是指一切可以开展职业活动的场所,包括所有机关、企事业单位。部分学生习惯了过去的学校生活,习惯了那种清晰的线性发展轨迹——努力学习就能考出好成绩,一切按部就班。结果一到用人单位后就会发现,职场比你想象的要复杂得多,根本不是只要做了一二三,就一定能达到四那么简单,职场至少有以下几点与学校完全不同。

1. 职场更看重能力

在学校看重的是学习成绩,只要你认真努力,再加上一定的天赋,一般学习成绩都不会太差,而学习成绩优秀的学生也普遍容易受到学校的奖励和表彰。有些在学校期间学习成绩很好的学生入职后,尽管也很认真努力,但由于多种原因,暴露出在能力上的不足,任务完成的质量总有问题。要知道,进入一个行业,步入一家用人单位,占据其中一个岗位,表明你有从事这项工作的能力。对用人单位来说,看重的也是你的工作能力,以及你的工作质量和成效。为了规避风险,很少有用人单位愿意不论能力高低和贡献大小,仅凭关系或个人意愿就让一个人长期占据某个工作岗位。如果你因个人能力或劳动态度等原因不能胜任工作要求,不能为单位带来效益,这就意味着你在该单位继续工作的意义将大打折扣。因此,在职场上,同学们一定要避免表现出不求进取、自甘平庸、能力低下的状况,要以学无止境的心态,努力向其他人学习,不断提高并发挥自己的综合能力,以适应来自职场的各种挑战。

2. 职场充满竞争

学校里的竞争主要体现在学习努力程度和获得机会方面，总体上竞争并不激烈。而进入工作单位后，面对的则是激烈的竞争，特别是在企业工作更是如此，如果不努力，随时可能被淘汰，轻则降职、调整岗位、减少待遇；重则处分、下岗、裁员等。要想在职场立足，需要有自己的"核心竞争力"。什么是你的核心竞争力？简单讲就是你在单位里可被替代的机会成本有多大。也就是说如果你离职的话，单位到底要付出多大的成本去弥补你离开所造成的损失，是立刻、一个月、还是一年，时间越长，证明你的"核心竞争力"越大。而核心竞争力是一个综合素质的体现，牵涉到能力、贡献、创新、执行、为人以及潜力等方面。

3. 职场相信适者生存

世界丰富多彩且变化多端，能够在这个变幻的世界中保持自我且不被抛弃，自己需要做的就是成为一名聪明的"适者"，不仅让自己成为这个世界中具有价值的一分子，而且运用自己的能力让这个世界变得更公平、更美好。世界选择了我们，而我们却无法选择世界，大千世界，物欲横流，聪明的人一定会顺应世界的发展与变化。比如，很多职场人，希望得到领导的重视，也希望领导能够一视同仁、一碗水端平。但事实是，绝对的公平是不可能的。机会面前永远不会是人人平等，而是适者生存。所以，清楚自己的作用很重要，找准自己的定位更重要，想要什么，想要在职场上成为什么样的人，由你是否能适应职场所决定，而不是由单位决定，更不是公平与否那么简单。

4. 职场不喜欢过于逞强

在职场中，一味地逞强，处处表现的锋芒毕露、目空一切未必就是好事。若处理不当反而适得其反，使自己陷入不必要的人际关系危机中，工作也会遭遇更大的阻力。大多数情况是，那些过于逞强的人到头来都会碰一鼻子灰，甚至惹祸上身。一些刚从学校毕业出来的大学生，对自己没有正确的认识，认为自己掌握的知识很多，入职到用人单位后绝对能大展身手，因此，目空一切，自我感觉过于良好。可实际情况却是自己所学的专业技能和单位的要求之间还有很大差距，再加上过于逞强的性格，在单位中更是显得格格不入。因此，在职场上，要学会待人诚恳，不要自命不凡、恃才傲物，有时候，一定程度的"示弱"不失为一种以退为进，争取更多优势的手段。

5. 职场提倡包容

在学校期间，如果你和同学不能相处融洽，仍然可以保持自己的个性，孤芳自赏。但在职场则不同，职场上的人来自五湖四海，每个人都有自己的个性，因此，在职场上要学会相互包容，得罪人是要付出成本的。实际上，在得罪人的过程中，不知不觉就已经支付了成本。因为职场是一个利益交换的地方，同事也好，上司也好，都与你非亲非故，他们没有任何理由被你得罪后而采取忍耐的态度。当你斤斤计较、得罪了他们，就算今天不还以颜色，等到有一天你犯在他们的手中，他们必然会狠狠地报复你。在很多单位，如果你与同事关系不好，不仅会被组织认为没有团队合作精神，而且很可能将成为被踢出局的人。

6. 职场追求效益

任何用人单位安身立命的根本，是为社会承担一定的任务和使命。这些使命就是在必要的时间、地点,将商品及服务提供给有需求的消费者或客户,并从中获取相应的社会效益和经济效益。用人单位的本质决定了它必须是能够给客户提供需求产品和服务的单位。正因为如此,单位用人的原则必然是要求员工在单位的协作体系中完成特定的工作任务,为组织在获得效益、实现社会职能方面作出自己的贡献,并通过各种经济效益指标对员工进行考核,而且还将考核评价结果与个人的物质利益挂钩,甚至与个人的荣辱升迁挂钩。

7. 职场重视遵章守纪

学校对学生的管理相对宽松,除了对学生学业管理较严格外,其他方面则较为放任。学校通过人才培养方案、教学大纲和学生守则等形式,为在校大学生提供了清晰的学习任务和专业发展要求,大学生在大学里的学习时间可弹性安排,少许逃课没人管你。在学校期间如果发生违反校规校纪情况,比如迟到、逃课、旷课,结果只是耽误你自己的学业,与其他同学没有任何关系。学校管理层在学术上也鼓励师生讨论甚至争论,并能一视同仁公平对待每个学生。虽然学校对各类课程都有着较为严格的考试要求,如果成绩不达标或犯其他错误,学校主要是通过批评、警告、严重警告、记过、留校察看、开除学籍等形式的纪律处分,但不会在经济上有任何处罚。而在用人单位就完全不同了。用人单位普遍重视规章制度建设,包括比较严格的各类规章制度、员工工作规范、业绩考核标准、奖惩制度等。特别是在企业,一切以经济效益为导向,员工规章制度执行程度如何,不仅与薪酬待遇挂钩,甚至会与是否下岗、裁员等联系起来。如果完不成任务,或是出现其他不称职行为,除了处分、降级、撤职、留用察看、开除等行政处分外,通常还会伴有罚款、扣除员工提成等经济上的处罚。

8. 职场工作节奏快

大学生在校园里的生活有一定规律,基本是宿舍—教室—食堂—图书馆"四点一线"的生活方式。校园学习环境充满着学术界所特有的科学、严谨、轻松的氛围,学校每年还会安排较长的寒假和暑假,使学生的自主时间相对比较充裕。而大学生在进入职场并成为职业人后,不仅没有了寒暑假的大段空闲时间,个人可以自由支配的时间少了,而且也再没有了校园安逸的学习环境。大学生会发现面临的环境是职场的竞争激烈,快速的工作节奏,人在职场如逆水行舟,不进则退;为了完成任务,职业人会经常性处于高度紧张的工作状态。特别是在企业工作,追求经济效益至上,加班更是常态,甚至成了"996"一族(即早九点上班,晚九点下班,每周工作六天),每天还要花费大量时间挤公交来往于居住地和单位之间,有时还要承受着不同地域的生活环境和习惯。

第二节　大学生与职业人的区别

1. 承担的角色任务和责任不同

大学生在校期间是以学习科学文化知识、培养专业实用技能、掌握为社会服务本领为主要任务,通过接受教育、储备知识、锻炼能力,使自己在德、智、体、美等方面实现全面发展。大学生通过参加相关课程,凭借良好的记忆能力和学习能力,最终完成学校规定的学业任务。而职业人的角色是在单位内部协作系统中以特定的身份去履行自己的岗位职责,依靠自己的知识和能力,通过分工合作,为社会和他人提供符合要求的服务,保质保量完成自己分内的本职工作。

2. 完成任务的形式不同

大学生在学校的学习活动主要是一种个人行为,每位学生为自己的行为负责。学生什么事情都可以尝试去做,甚至个人在学习上出现失误,都不会影响到他人和学校,更不用承担什么责任。而职业人的任务则主要是根据分工和职责,依靠自己的能力,与其他人配合协作,利用工作岗位的资源为社会和他人提供产品或服务。职业人如果在工作中出现失误,轻会给单位造成一定经济损失,重则可能会给单位带来重大负面影响,个人可能还要因此承担相应的责任,甚至受到经济或行政处罚等。因此,大学生成为一个职业人后,必须要学会服从单位的管理要求,迅速适应用人单位的环境,消除个人独善其身的做法,培养自己遵守单位规章制度的工作态度,不断增强与同事的合作意识,树立团队合作精神。

3. 完成任务所依靠的能力不同

大学生在学校期间主要任务是学习,大学生的学业生活,以抽象性和理论性为主要特点,要达到良好的学习效果,主要依靠脑力投入,体力投入相对有限,除了靠天赋外,还需要其他能力的配合,主要包括:良好的学习习惯和记忆力、逻辑分析能力、持久学习的主动性、学习耐力等;而职业人在职场的主要任务是做好本职工作,实现协作系统为本岗位所制订的各项考核指标。为完成任务,职业的投入形式主要是靠脑力和体力相结合,所需要的能力包括:理论联系实际的能力、动手操作能力、思路转换为行动的能力、日复一日持久如一的劳动能力、成果转换能力以及创新能力等。

4. 处理人际关系不同

大学生在校期间,由于有着相同的教育背景,文化层次接近,同学之间共同语言比较多,关心的主题也基本相同。因此,学校里的人际关系相对要单纯得多,相互间既很少有什么经济利益矛盾,也没有上下级利害冲突,即使与他人产生矛盾,相互间不再来往,也可以独善其身,不会影响到他人的学业生活。但进入用人单位后,职业人之间的关系相对于学校同学之间、师生之间的关系要复杂得多,不仅包括了单位内部上下级关系、同事关系、师徒关系、部门之间关系,还要包括外部的与主管部门关系、客户关系、业务关系等。其中不少关系牵扯到经济利益,比如,你与客户关系搞僵了的结果就是直接影响到全单位的经济效益,不少新入职的毕业生可能在开始时会感觉不太适应,不经意间如果没有处理好某个人际关系,就可能对自己所从事的工作任务或单位效益产生不同程度的影响。此外,不少用人单位的高层管理者比较专横跋扈,听不得不同意见,甚至动辄训斥下属员工,有时还会以免职、裁员相威胁,年长的职业人对此已经见怪不怪,不得不逆来顺受。

5. 自立程度不同

不少大学生做惯了好小孩、乖小孩,凡事都由父母做主、老师安排,有困难可以向父母求助；学习上有问题可以依靠老师的帮助；个人经济困难可以向社会申请帮助，做事总等着别人敦促，自己不善于安排计划，缺乏主动意识，总指望别人体谅你，永远拿自己当孩子看，享受特殊的关照等。而成为职业人后，就意味着自己是一个独立的人，要独立完成自己的分内工作，并对结果负责。只有学会独立履行自己的职责，完成规定的任务，才能在社会立足，也才会有自己可持续性的发展。从用人单位的角度来说，任何单位对职业人都会有两个基本要求：一个是潜力，主要是看你未来发展和成长的空间；另一个是贡献，主要是看你在入职后会带来什么样的影响和价值。作为职业人，凭的是自己的知识和能力为单位做出"贡献"才能安身立命，在用人单位，职业人要考虑的是我能带来什么？我能为单位创造什么？只有那些能为用人单位带来实际贡献的职业人才是最受欢迎的。

【案例】 王帅是机械设计制造与自动化专业的毕业生，他今年初应聘了潍坊一家大型国有企业。王帅十分庆幸自己把握住了求职机会，而且实习期间感觉这个工作非常适合自己。即将走上工作岗位的他，却突然有种莫名的担忧：自己到一个陌生的环境中去工作，能行吗？周围的同事都是名牌大学的本科生、研究生，自己仅是一个地方院校的专科生，在一个学历如此强势的工作环境中，自己将来能有出人头地之日吗？自己是不是注定要"甘为人后"？

【案例启发】 不少毕业生入职前的心理准备明显不足：一方面，为自己即将走向社会，实现自己的人生价值感到高兴；另一方面，在入职之前表现出复杂、矛盾的心理，有的毕业生对未来工作期望过高，有的却产生了焦虑、急躁、抑郁、恐惧等不良情绪反应。所以，毕业生要调整好心态，做好心理准备，客观认识自我，正确对待挫折，实现角色转变，积极参与竞争。

第三节　打造良好第一印象

到用人单位入职后，面对即将在一起工作的同事们展示良好的第一印象非常重要。这是因为第一印象对个人形象的形成往往起着先入为主的作用，如同深刻的烙印，很难改变。第一印象良好，即使以后有表现不足的地方，别人也会对你宽容一些；如果第一印象不好，想要再挽回，则需要付出更多、更大的努力。因此，对于新入职的大学毕业生来说，如何打造良好的第一印象，让第一印象为自己以后的职场生涯加分，关系到自己能否很快融入这个新集体，能否尽快适应职场，这一点每一位大学生都要引起足够的重视。在此，给出以下几点建议。

1. 穿着要干净得体

要获得良好的第一印象，首先在职场要注意自己的穿着装扮，着装一定要得体、大方，身上不要有异味。一位西方服装设计大师说："服装不能造出完人，但是第一印象的80%来自于着装。"大学毕业生第一天入职时，一定要准备好一身得体的衣服，都说人靠衣装，所以选择一身适合自己工作性质的服装，尽量给人留下干练的感觉很有意义。许多大公司甚至对自己职员的穿着装扮都制定了统一"标准"，所谓标准自然不是指穿着好看或指定某种衣料服饰，而是"观感"的"水准"。有一家保险公司的市场调查人员发现，他们对农民推销保险时，穿戴整齐的业务员往往比穿得一般的业务员在业绩上好得多。可见，虽然农民本身由于职业的原因，无法像职业人员那样衣冠楚楚，但对穿着整齐的人，总是更容易有信赖感。因此，任何人都不要过分嘲笑"先敬罗衣后敬人"这种社会风习。

2. 放松心情常带微笑

在与同事相处过程中，要使别人感到轻松自在，首先你自己就必须表现得轻松自然，无论遇到什么严重的事情，心理上都要尽量放松。工作中不要总是神色严肃、面无表情，或做出一副永远苦闷的样子，要随时保持微笑，最好的笑容是目光接触他人时充满温馨与自然，而不是强作笑脸装出来的。当你步入坐满员工的办公室或工作场所时，至少微笑着用目光照顾及所有的人，不要避开众人的目光，这会使你显得极具亲和力。面对初相识的陌生人，微笑可以化解入职时的尴尬，也能给人留下阳光的感觉，所以微笑待人可以给你带来很好的人缘。

需要指出的是，在职场上，注意不要把自己的负面情绪传递给他人。自己处于情绪低潮时，如果在与他人交往当中不断释放出来，满面愁容、对人爱答不理，很容易使他人感到压抑。因此，要及时觉察和处理好自己的"情绪"，避免给他人带去负能量。

3. 注意职场礼仪

职场礼仪是一个人在职场必须要重视的礼仪。一个人礼仪的水准往往体现出他素质的高低。自己的行为举止符合职场礼仪，可以给别人留下良好的印象。不少职场菜鸟不懂职场礼仪且经常犯错，站没站相、坐没坐相，言谈举止夸张低俗，导致给人留下较差的印象。以下是职场中常见的一些礼仪建议。

① 坐姿。大学生入职后在办公室工作居多，面对同事，要养成入座轻而稳的习惯，女士着裙装要先轻拢裙摆，而后入座。双肩平正放松，两臂自然弯曲放在膝上，也可放在椅子或沙发扶手上。双膝自然并拢，双腿正放或侧放。

② 站姿。在现代职场中，虽然不必那么讲究，但站姿规范、优雅还是容易让人感到舒服。比如，男士主要体现出阳刚之美，抬头挺胸，双脚大约与肩膀同宽站立，重心自然落于脚中间，肩膀放松。女士则体现出柔和与轻盈，"丁"字步站立。站立并与他人谈话时，注意保持一定的距离，尽量保持身体的挺直，不可歪斜。有些人不注意站姿，比如依靠着墙壁、桌椅而站；双腿分开的距离过大、交叉等，都是不雅观和失礼的行为。

③ 交谈。初次在单位与人交谈时，可以从交谈几句无关紧要的话题开始，切忌坐着闭口不语，一脸严肃的表情。交谈时应注意把握说话速度、声音的高低和语气、动作、手势、神情以及其他吸引别人注意的能力等。要知道，别人正是根据这些特点来形成对你的印象的。无论你是面对一个人还是面对一百个人说话，一定要记住眼睛始终望着对方，手中不要玩弄物品，那样会显得心不在焉，是不礼貌的行为。此外，不分场合滔滔不绝、自说自话，也难以让他人所接受。再有，耳语是被视为不信任在场人士所采取的防范措施，在大庭广众之下与同伴耳语是很不礼貌的事。

④ 手势。手势礼仪的基本要求是自然优雅、规范适度，不要给人留下"指手画脚"的印象。手势是人际交往时不可缺少的动作，是最有表现力的"体态语言"。它可以加重语

气,增强感染力。手势能辅助表情达意,又可以展示个性风度,在"体语"大本营中,它是一个引人注目的"角色"。切记,说话时不要用手指着对方,这样是很不礼貌的。

⑤ 行走。在单位通道或走廊行走时,尽量靠右侧,遇到同事、主管要主动问好。在行走的过程中,应避免吸烟、吃东西、吹口哨、整理衣服等行为。上下楼梯或电梯时,应以尊者、长者、女士先行。多人行走时,注意尽量不要并排行走,以免占据路面太多空间,妨碍他人行走。

⑥ 递接物品。递接物品是日常生活工作中的常见的举止动作,但这一小小的动作往往却能给人留下难忘的印象。递接物品的基本原则是举止要尊重他人,如双手递物或接物就体现出对对方的尊重。而如果在特定场合下或东西太小不必用双手时,一般要求用右手递接物品。

4. 尽快熟悉业务

有的新入职的大学生由于缺乏实际工作经验,开始工作时往往不知从何做起,从而容易在心理上造成很大的负担;也有的新入职大学生眼高手低,急于表现自己的才能,结果往往因不切实际而以失败告终,不仅给单位造成损失,也给同事留下不踏实的印象。其实,要想迅速进入工作状态,非常重要的一点就是入职后要谦虚谨慎,尽快将分派给自己的工作任务熟悉起来,包括工作内容、任务要求、业务流程、操作规范、岗位职责、考核标准等。只有做到知己知彼,才能尽快适应并顺利工作。在第一个月内,最需要做的是将有关的业务知识和本岗位业务规范、技术要求、操作流程等彻底研读一下,开始时或许会觉得很吃力,但这绝对是必要的。如果对自己的任务或部门的工作有任何疑问或不懂的地方,一定要开口去向老员工请教询问,不要闷着头只顾自己做事。除了对自己的部门,也要尽力去了解和熟悉其他与本岗位有关联部门的工作规范和要求。

5. 认真对待本职工作

新员工如何对待自己的工作是留给别人良好第一印象非常重要的一环。大多数人的工作内容平凡、具体、琐碎,看似简单和容易,实际上要把简单的事情年复一年地做好,也很不简单。初入职场的人在接手新工作后,应该表现得比别人更勤快,别人才容易很快接受你,即使你有很多工作或业务不懂,别人也会看在你非常勤快的分上耐心教你。比如,你可以主动要求并承担一些大家可能不愿意做的分外任务,即使有些任务对你来说有一定困难,但为了尽快适应工作,也要尽量承担下来,然后抓紧时间学习并向老员工主动请教。如果你从入职开始就表现出对本职工作的热爱,愿意为之付出努力,别人就会觉得你有进取心,有发展空间,是个可造之才,将来一旦有好机会,别人很自然会想到你;如果你对待工作表现出一种无所谓的态度,工作起来懒懒散散、漫不经心、得过且过,别人就会觉得你没有什么出息,也不会有什么前途可言,一旦有什么好的机遇,别人也不会留给你。

此外,要认识到,职场充满竞争,即使是同事之间,也应该把竞争看作是一个正常自然、无法回避的客观事物。竞争的结果往往会导致工作效率的提高。所以说,参与竞争可促进自己能力的提高,要做到,谦让但不是退让,要积极应对竞争或机会,该出手时就出手,当仁不让。

6. 遵守规章制度

毕业生从入职第一天起就要养成遵守单位规章制度的好习惯。有的同学在上学的时候就拿学校对学生的管理制度不当回事,散漫惯了,上班之后也是这个作风,无视单位的规章制度,工作不规范、执行力不足、业务不配合、开会迟到、上班迟到,反正就是借口多多。从做人的角度来说,遵守单位规章制度是职业人必须要做到的,是一种严肃端正的工作态度,不遵守单位规章制度不仅会影响到其他需要协同工作的正常进行,而且败坏了组织风气,对其他人产生不良影响。因此,不遵守单位规章制度的人很难被领导和团队信任。

7. 工作要有责任感

熟悉业务一定要带着一份责任感。责任感是一个人的思想素质、精神境界、职业道德的综合反映。责任感虽然无形无状、难触难摸,但是力量巨大,影响深远。责任感是工作的动力,能够创造不凡的业绩,如果缺乏责任感,表现懒散,工作就难以有起色,甚至可能一事无成。一个人有了责任感,就会有积极主动的态度、深入扎实的作风、认真负责的精神;就会有不甘落后的志气、百折不挠的勇气和奋力开拓的锐气,就会有坚持在实践中经受锻炼、勤奋好学、主动向老员工虚心求教的学习态度。虽然做到这一切会很辛苦,但是有辛苦才会有收获,特别是一个人能够在自己有限的人生中,碰到好的环境和条件,做一点具体的事情,同时自己也相应地得到提高,也许这就算不上是辛苦了,而是一种幸运。

8. 保持良好工作心态

大学毕业生保持良好的心态去工作是至关重要的。正如一位哲人所说,心态决定一切。它能够左右一个人的思想、影响一个人的行为,甚至决定一个人的命运。心态良好就会宁静而祥和,感到生活温暖;就会迸发出干劲和活力,感到工作愉悦。如果心态不好,就会在顺利时自以为是、傲气十足、得意忘形;处于逆境时则怨天尤人、牢骚满腹、烦躁不安;在利益面前就会斤斤计较、患得患失,甚至会为了牟取一己之利而不择手段,这样不仅伤害单位的利益,最终也会害了自己。要学会在行为上适应工作要求,不要怕吃苦,更不要拈轻怕重,要学会从艰苦的工作做起,保持良好心态,视艰苦工作为自己积累人生阅历的财富,以积极的价值取向引导自己的行为。

9. 保持职场自信

初入职场,保持自信很重要。在自我认知的基础上,要相信自己能很快适应工作岗位的要求,承担起有一定复杂性要求的工作任务。虽然在刚开始的时候你可能会做错无数事情,但坚信只要自己能够及时吸取经验,慢慢地,在同事和前辈们的帮助下,你的业务能力适应性、整体协作意识、独立工作意识就一定会养成。在完成艰巨任务的过程中,要充分发挥自己的主观能动性和创造性,一定要保持信心和耐性,相信自己有超越自我的能力,凡事要进行具体分析、具体对待,敢于迎接挑战,然后脚踏实地的工作,自然而然的,就会惊喜地发现,你的职场适应力很快就提升上来了。

10. 为人谦虚谨慎

初入职场的大学毕业生可能有着自身的不少优势,如有的人是名牌大学毕业,有的人是研究生毕业,有的人是留学回国的海归,还有的人在大学期间是学生干部等,来到工作单位后却发现单位多数老员工在各方面都不如自己,于是很容易产生骄傲和看不起人的心态。要知道,在比你年长的职工面前显露出目中无人或自命不凡的态度都是职场新人的大忌。不要忘记,已经在职场工作多年的员工都有着丰富的工作经验,而且在人际关系上也明显更有优势,他们已经形成自己的圈子,且关系密切,分布在不同的部门工作,如果你对某个老员工表现出不恭敬,甚至得罪了他们,他们的小圈子就可能会联合起来对付你,作为在单位中没有任何人缘的职场新人,你将不得不处处受人冷眼。所以,作为职场新人,谦虚谨慎十分重要,再有本事也不要给人留下恃才傲物、看不起人的感觉,何况你也有很多不懂的事需要向老员工虚心请教。因此,保持谦虚和尊敬他人的态度,既可以促进同事间的交流,也能促进同事间的团结和人际关系和谐。

【案例】

由于缺乏真诚合作精神,最终没有通过试用期

薇薇刚刚大学毕业,在一家杂志社就职。由于初涉职场,不谙世事,第一天上班,她见了周围的同事,连声招呼都不打。眼看着对面走过来一位同事,她赶紧将头扭向一旁;有同事向她打招呼,她也似乎装作没听见。她还带着学生时代的稚嫩思想,穿衣服依旧我行我素,刚进公司就穿得像个朋克一样。她好像看不惯任何人,每天一到单位就坐在办公桌前捣鼓一些什么东西,有时别人请她帮忙,她也爱搭不理的,极不情愿的样子。虽然长得很漂亮,但冷冰冰的脸上从来没有笑容,让大家都对她敬而远之。她工作很努力,但是同事们都觉得她一进单位就这样目中无人,以后合作起来肯定很费劲。当她获得一点成绩时,就更加我行我素、旁若无人……由于给别人的第一印象很不好,周围的同事没有愿意与她交往的。

有一次,上司交给薇薇一项不大不小的任务。完成这项任务说难也难,说易也易,对于有工作经验的同事而言,简直太容易了,而对于没有工作经验的薇薇来说,简直太难了。为了有一个出色的表现,在极短时间内完成任务,薇薇就向周围的同事请教。可鉴于她给别人留下的不好印象,没有一个人愿意帮她,大家都等着看她的笑话呢!

最终,薇薇未能完成上司下达的任务,试用期没有通过。

【案例分析】 在职场中,不少新入职的毕业生都会像薇薇一样,不知不觉中就给人留下了不好的第一印象,这样做对第一份工作来说影响很大。好不容易得到了第一份工作,谁都不想把它搞砸了,相信薇薇也一样。但薇薇却因为最初的一些行为,给大家留下了不好的第一印象,得到了不少"负面"分数,而最终未能过"试用期"这一关。可想而知,即使薇薇通过自己的努力,过了试用期,能在单位长期留下来,那么,她在这里职场生活也不会很乐观。

第四节　初入职场的自我调适

许多毕业生走上岗位以后,对新环境会有诸多的不适应,主要表现在心理上、体能上、工作上、人际关系上和工作技能等方面。因此,每位大学毕业生从学校走向职场都要经历

一个职业适应过程,同时也必须要过好职场自我调适这一关。

所谓自我调适是指个体运用一定的心理学原理和方法,促使自己的心理和行为能力获得积极改变的过程。自我调适的作用在于使大学生在遇到困惑、挫折、困难和冲突时,能够客观地分析问题的症结,有效排除心理障碍,从而使自己保持一种稳定而积极的心态,达到心理平衡、行为理性的目的。

1. 心理适应

心理适应主要指人的各种个性特征互相配合起来,适应周围环境的能力。一个人能否尽快地适应新环境,与他(她)的心理适应水平高低有很直接的关系。时代的发展变化,以及各具体单位的千差万别,使大学毕业生在入职后会突然发现,现实中单位内的复杂性远超想象,工作中遇到的情况也并不是完全按照自己的期望进行和发展,不仅包括工作内容、任务关联、考核标准、管理风格、执行措施,还包括工作环境条件和人际关系等,这一切都比大学毕业生心理预期的要微妙复杂得多。面对现实,大学毕业生原先的设想发生了动摇,由此便容易产生心理不适应感,不知如何应对。这种不适感的程度,取决于自己原有期望的弹性大小、期望与现实的差距以及自我调适能力大小等因素的影响。

心理适应还体现在情绪的反应上。在完成任务过程中,无论成功或失败,反应都要适度,做到"成不骄,败不馁",正确支配自己的情感与行动,对得与失的刺激做出合适的反应。特别是身处逆境时,要能发现现实中的光明面,及时总结经验教训,增强自信心;受到挫折或失败时不灰心,尽快调整好自己的心态,及时摆脱消极情绪的困扰,避免情绪的大起大落,保持工作热情稳定向上。

2. 体能适应

既然步入了职场,就表明你已经从一名学生转换成了一个职业人。原来的许多生活习惯就得改变。也许在学校的时候,你喜欢睡懒觉,与同学朋友聚会到深夜,或者是熬夜等行为,导致经常上课迟到或者上课时无精打采,甚至上课时睡觉,这在学校读书期间也许不会带来什么严重的后果。可是,在工作场合,任务急、要求高、劳动强度大、加班加点,甚至经常出差,还要配合各项指标的考核。面对如此强度的工作压力,如果你犯些什么懒病、娇病,很容易在上班时间不能做到全身心投入工作,由此引发的事故或任务完成质量问题都可能会给你带来非常严重的后果。所以,面对工作压力,为了自己的职业前途,你不仅需要有高度投入的状态,而且还需要放弃自己的一些休息时间,必要时加班加点。其实,工作过程全身心投入、勤奋实干不但可以使自己获得熟能生巧的高效率,而且还可以开发自己的潜能。当然,建议高度投入工作并非是要求你成为一个机器人,没日没夜地工作。还是要注意劳逸结合,调整好生活规律,让自己每天都保持积极健康的状态,有一个健康的体魄。

此外,还要在行动上适应时间管理的要求。大学的生活是比较自由轻松的,因此有些人在经过了大学校园生活之后,变得不是那么重视时间约束。但是进入职场后就不同了,时间是用人单位管理很重视的一个因素,很多单位的奖惩制度普遍与遵守工作时间的程度挂钩。要遵守工作时间,在规定的时间内高效、保质、保量完成任务,有助于分工协作顺利进行,也有助于提升他人对你的信任。

3. 岗位适应

进入职场前,年轻人容易将事情看得简单化、理想化,其原因大多与其事先对新岗位的要求估计不足、理想不切实际有关。也与对自己没有正确的认识有关,觉得自己学的东西很多,到用人单位后绝对可以大展拳脚,出人头地。而实际情况却是发现自己所学的知识和单位的要求还有很大差距,以至于碰了壁还莫名其妙、不知所措。

大学生走上岗位后感到处处不如意、事事不顺心,很容易产生一种失落感,原因就在于没有一个明确的职业角色意识,没有真正了解自己能做什么,该往哪方面发展。实际上,每个用人单位的岗位都有独特的运行要求和工作规范,所有新入职的人员在岗位上都要从头学起。职场新人不要畏惧这种陌生的岗位适应模式,应该多向老员工学习请教。因此,毕业生入职后为尽快适应岗位要求,需要尽快掌握本职岗位业务技能,培养自己爱岗敬业的精神、整体协作意识、独立工作意识、遵章守纪意识和高质量完成任务意识。虽然在刚开始的时候你可能会做错无数事情,但只要能够吸取经验教训,多加学习,慢慢地,在同事和前辈们的帮助下,你的业务能力、整体协作意识、独立工作意识等就会逐渐养成。

此外,做任何工作都要有耐性,不要急于求成,要充分发挥自己的主观能动性,脚踏实地去做好每件事。自然而然地,你就会惊喜地发现,你的工作能力也是蛮强的。切记,不要怀疑自己不能做什么,只要别人能做的事你同样也能做,甚至是别人不能做的,你也能做。

【案例】

热爱工作,工作就会带给你惊喜

李某现就任于某电子出版社。大学的时候,他学的是管理专业,但是他一直对计算机情有独钟,对 Photoshop 也是颇有研究。刚上大学时,他就给自己的未来进行了规划,决定以后往自己喜欢的电子方面发展,大学期间他不仅加强专业学习,而且还发表并出版了一本关于计算机方面的书,毕业后他选择了去那家出版社应聘并顺利被录用。

【分析】 李某之所以能取得最后的成功,在于他在大学期间就较早地制订了自己的职业生涯规划。通过制订规划,促进他能正确地认识自己,找到自己的出发点,为之付出自己的努力,并沿着这条道路走下去。哈佛大学研究表明:只有 4% 的人能获得成功,秘诀就是及早明确职业生涯目标且始终坚持。个人职业生涯的有限性要求大学生要及时进行规划,"自信人生二百年,会当击水三千里"。

4. 业务能力适应

作为刚刚毕业的大学生,在跨出校门之前接触到的大多是书本上的知识,而且对未来充满憧憬。但是进入工作单位后却发现,仅仅依靠书本知识来应对业务是完全不够用的。人在职场的作用是创造价值,而创造价值的基本影响要素是个人的智能、能力、技能、潜能这四种技能。所以,职业人如果想在职场上发挥自己的光和热,就要根据这四种技能的特点来不断"使用自己""开发自己",将自己所掌握的灵活应用到执行单位具体的工作任务当中去。

刚入职的大学生在学历文凭和专业知识方面可能会比单位里一些前辈要过硬,但是经常会出现这样的情况:刚参加工作的学生什么都不会。原因是,在学校里的时候,比较注重的是学习理论知识,然而到了职场上,更看重的是技能的使用,业务的完成需要理论联系实际、动手能力和持续创新能力。因此,毕业生要有心理准备,不要过于理想化。

为了持续适应职场的发展要求,最有效的方法就是除了将自己在学校所学的专业知识和能力更好地应用到工作中,还要通过不断学习新知识、新技术以适应工作中的知识技能的新要求,正所谓"干到老,学到老"。世界是在不断变化着的,因此学习和提高技能是没有止境的,学习和提高技能将贯穿人整个生命的始终。比如在一些高科技企业,只有那些坚持学习、不断提高技能的人,才能在职场的激烈竞争中保持优势。我们从现实中也经常能看到,一些对自己要求不高、得过且过、不思进取的人,多少年过去后仍然没有什么进步,一遇到单位裁员,往往年纪轻轻就成了被裁对象。可见,持续有效的学习和提高技能不但是一种心态,更应该是一种常态化的工作方式,不仅能使自己的竞争力得到增强,同时,也能为用人单位的发展做出更多贡献。

5. 人际关系适应

人际关系是否和谐从社会关系的侧面反映了一个人的职业素养。与大学象牙塔里单纯的人际关系不同,踏入了职场,人际关系也相应变得复杂起来。刚走上工作岗位的大学生最容易犯的毛病是过于高傲、目中无人。而用人单位有着自己的组织文化和价值判断标准。在用人单位,任何上级领导都讨厌自己的下属居功自傲、目中无人、恃才傲物,更没有领导层能忍受自己的下属对自己指手画脚。同时,在单位里,通过努力工作展现自己的能力和协作意识,最大限度地得到上级领导和同事的认可也是必须的。职场新人的态度,既不可以过于骄傲,让人厌恶,也不适合太过谦卑,给人负担。要保持礼貌、适度、大方的处事态度,学着融入集体。因此,到了新的工作岗位后,一定要有宽广的胸怀,同时把姿态放低一点,恰当的礼貌往往会赢得大家的好感。无论对领导还是同事,都要彬彬有礼。对待年长的同事,如果他没有职务,不妨称呼"×老师"或"×师傅",这是因为他们有很多工作经验值得你学习,只有这样才能赢得职场人缘,也有利于增进集体团结合作。此外,需要注意的是,无论是与上司关系的融洽,与同事的友谊,还是与客户的私交,都要注意一项基本原则,就是不要想着利用这种关系而达到个人在职场的某种不正当目的,也不要被这种关系所利用。

6. 职业素养适应

在职场上,用人单位对新入职的大学生不仅看重其掌握多少知识和技能,还包括职业素养。所谓职业素养是指人在职场上稳定的认知、情绪、情感、意志、性格、自我意识、职业价值观方面的素养。在职场中,职业素养通常表现为人的一种综合品质,包含职业道德、职业技能、职业行为、职业作风和职业意识规范,这些素养的形成也是在职场环境的熏陶下,个体经过长期学习、逐步内化的结果。

有些同学入职时间不长,由于缺少社会磨炼,良好的职业素养还没有完全建立起来,虽然口头上也说要爱岗敬业,但心性很难平复下来,再加上工作中一遇到什么困难或受到什么委屈,自己心里更是接受不了,有的直接就撂挑子走人了。根据不完全统计,刚毕业一两年的大学生,工作稳定性非常差,一旦受到委屈或者是自己觉得不想干下去了,就直接辞职,用人单位好不容易把人培养出来,结果员工直接拍拍屁股走人了,不仅给单位造成负面影响,更是给单位的人事部门出了难题,这都是职业素养不佳的表现。

7. 职场人格适应

职场人格是指人们在职场工作中所表现出的与他人相区别的独特而稳定的思维方式和行为风格,它是人的性情、气质、能力特征的总和。职场人格适应就是使自己的人格能被用人单位所认同、接受并融为一体。职场人格适应最实用和快速的方法就是"对标学习",对象可以是你的上司、领导、优秀的同事,或是其他你觉得值得学习的对象。作为新人,用人单位的员工都应是你的前辈,他们无论是在工作作风上,还是为人处世上,都有许多值得你学习的地方。初入职场,要学会观察、模仿,无论是对待前辈,还是对待同时入职的员工,要秉承"三人行必有我师"的理念,认真学习他人身上值得学习的人格素质,看看他们是如何工作,如何与客户沟通,如何应对上司,特别是在一些极端情况下,看他们是如何应对处理问题的。

第五节 职场遇到挫折时的自我调适

一、挫折的概念

在职场上遇到失败和挫折是常见的现象。一般而言,所谓挫折是指个体在从事有目的的活动过程中,因客观或主观的原因而受到阻碍或干扰,致使其动机不能实现、需要不能满足时的情绪体验。挫折有两层含义:从客观上看,是指个体从事有目的的活动受到阻碍或干扰时的状态和情境,称为挫折情境;主观上看,是指个体遭遇挫折情境时的情绪反应,称为挫折感。挫折感实质上是当事人对干扰、障碍性刺激的一种主观感受,它固然由挫折情境所引起,但还要受当事人主观因素的影响。同样的挫折情境,由于个体主观状态不同,所引起的挫折感是不同的,有的人能较坦然地面对,情绪调整很快;有的人则受到强烈刺激,情绪和行为都有较大反应,如果得不到及时地调整,会给个人的工作和生活带来较大的负面影响。

现代社会竞争激烈,各行各业对员工的要求越来越高,因此单位员工更易在工作中遭遇挫折情境,体验挫折感。这种工作中产生的挫折情境所引起的挫折感,就是职业挫折感。员工如果经常在工作中遭遇挫折情境,被挫折感所困扰,不仅会损害员工的心理健康,还必然会对工作绩效产生不良影响,甚至造成不必要的损失。所以,大学毕业生入职后要坦然面对挫折,泰然处之,要客观地分析自己失败的原因,主动进行心理调适,消除挫折感所造成的负面影响。

二、挫折感产生的原因

毕业生初入职场产生职业挫折感主要有四个方面的原因:一是工作中的失败情境;二是毕业生本人的主观心理状态;三是毕业生所在用人单位的组织因素;四是职业价值观

因素。

工作中的失败情境,是指员工在完成工作任务过程中,因为各种原因使目标达成受阻的情境,这是造成职业挫折的外在因素,如项目竞标中落选出局,市场推销被拒绝,工作任务完成质量不达标受到上级批评。有些毕业生之所以对工作中司空见惯的失败情境会产生严重的挫折感,就是因为没有工作经验、做事粗心或能力不足,同时还缺乏面对失败的心理准备。这种情境在职场竞争日趋激烈的今天,是很常见的事情,但毕竟客观上是一种失败的情境,不可避免地会给员工造成不同程度的挫折感。

毕业生本人的主观心理状态也会产生挫折感。同样的失败情境,不同的员工体验到的挫折感是不同的,在这一点上存在着明显的个体差异。这就说明,员工职业挫折感的产生,工作中的失败情境仅仅是个客观因素,是否会产生显著的挫折感,产生多大强度的挫折感,这都取决于员工本人的主观心理状态。按维纳的成就归因理论,其中一个归因维度就是内外因素;如果员工将挫折情境进行外部归因(失败是由于客观因素或他人的原因造成的),那挫折感将大大减轻;而员工将挫折情境进行内部归因(失败是因为自己能力等原因造成的),那就将产生强烈的挫折感。

组织因素也是造成员工职业挫折感的重要因素。组织因素是指用人单位所特有的原因,如组织管理方式、组织内的人际关系、工作的性质等,造成毕业生原来的愿望落空。如用人单位过于采用权威、控制和惩罚等刚性管理方式,忽视员工的物质、精神需要,员工就容易产生不被尊重、缺乏成就感的体验,从而受到挫折。从单位组织内的人际关系看,包括上司和下属、同事之间的关系,如果过分强调责任和竞争,则上司正常的工作指导和同事取得良好成绩都可能引发员工的挫折感。工作的性质不当,如所分配的工作不适合员工的兴趣和能力,无论是大材小用还是小材大用都会给员工造成挫折感。

职业价值观决定着个人对职业的满意度。人们都是根据自己所拥有的价值观行事,同样,也在寻求那种能够满足自己职业价值观的工作。如果你能在职业生涯中找到自己的价值所在,职业就会变得更有意义,从而也会使你感觉到从事某种职业和工作是一种乐趣。如果你的职业价值观没有得到满足,原先的希望落空,工作起来就会变得乏味和枯燥,做任何事都不会产生激情,从而也会导致挫折感。

三、毕业生职业挫折感的自我调适

1. 降低对工作顺利程度的心理预期

大学生新入职时缺乏经验,在接受任务时最好主动做好失败的心理准备,以便在挫折产生时降低对自己的心理冲击。具体操作上,一方面要冷静分析工作任务可能的复杂性,降低对工作顺利程度的心理预期,不懂之处要主动学习、多请教,对工作细节不要掉以轻心,以便减少失败发生的可能性;另一方面在平时注意应对挫折能力的培养,加强自身知识结构和能力结构的改善,提升自己处理失败情境的能力,避免在遇到此类情境时因手足无措而导致扩大损失和加深挫折感。

2. 自我转换法

有些时候,因受挫折而产生不良情绪是不易控制的。这时,可以采取迂回的办法,把自己的情感和精力转移到其他活动中去。如学习一种新知识技能,参加自己感兴趣的活动,利用假日郊游,接受大自然的熏陶,找朋友聊天等,使自己没有时间沉浸在不良情绪中,以求得心理平衡,保护自己。

3. 自我适度宣泄和补偿法

毕业生自我调节对于消除职业挫折感是很重要的。毕业生对挫折感除了需要从心理上调整并客观理性对待挫折外,还可以找机会进行合理宣泄,然后以补偿或升华的手段消除挫折感所带来的负面影响。

因挫折造成焦虑和紧张时,消除不良情绪最简单的方法莫过于"宣泄"。切忌把不良情绪强压于心底。忧虑隐藏得越久,受到的伤害就越大。较妥善的办法是向朋友、老师倾诉,一吐为快,甚至也可以在亲友面前痛哭一场,求得安慰、疏导、同情。虽然古语说:"男儿有泪不轻弹",但必要时男儿有泪也无可厚非。也可以去打球、爬山、参加大运动量的活动,宣泄情绪。但是,宣泄一定要注意场合、身份、气氛,注意适度,应是无破坏性、无伤害性的。

"补偿"是指个人所追求的目标、理想信念受挫时,选择其他能够成功的活动来代替,借以弥补因失败而丧失的自尊和自信。比如在职场遇挫时,可以通过转移注意力,在自己专长上找到成就感和自信,尤其是在容易得到他人肯定和称赞的专长方面,诸如唱歌、书画、体育等。

4. 自我慰藉法

自我慰藉就是自我安慰,实质是自我辩解,给自己台阶下。人不可能事事皆顺心,处处是英雄。择业和就业中遇到困难和挫折,已尽了主观努力仍无法改变时,可说服自己适当让步,不必苛求,更不必斤斤计较,找一个自己可以接受的理由让自己保持内心的安宁,承认并接受现实,总结经验教训,重新振作起来再出发。

5. 松弛练习法

松弛练习法也叫放松练习,是一种通过练习学会在心理上和躯体上放松的方法。放松训练可帮助人们减轻或消除各种不良的身心反应,如焦虑、恐惧、紧张、心理冲突、入睡困难、血压增高、头痛等症状,且见效迅速。大学生择业中如遇类似心理反应,可在有关人员指导下尝试进行放松练习。

6. 理性情绪法

理性情绪法认为,人有理性与非理性两种信念,这种信念指引下的认识方式会左右人的情绪。人的不良情绪的产生根源来自人的非理性观念,反之亦然。要消除人的不良情绪,就要设法将人的非理性观念转化为理性观念。大学生在运用理性情绪法时,应首先分析自己有哪些消极情绪,从中分析、综合、抽象、概括出相应的非理性观念,并对其进行挑战、质疑和论辩,同时对比两种观念状态下个人的内心感受,鼓励自己向理性观念方面转化,从而有助于排除不良情绪。特别是努力改变过去出现的问题,吸取经验教训,使自己以后的工作质量更加符合社会规范和时代的要求。经过自我调节,能促进人格进一步成熟。

【**案例**】 2019年8月,武汉某大学毕业生吴某,到一家杂志社求职应聘网络编辑一职,在求职未果后,吴某采取过激行为,将该杂志社网站"黑掉",致使外界无法访问,杂志社遂报警。"专业技术水平可以,但道德素质却没跟上,而且心态也不好,现在的大学生怎么了?"大学生求职未果,竟然把网站给"黑"了,这让该杂志社的员工们感到很不解。对于张某在求职遭遇挫折后,竟然利用自己的专长"黑"掉求职单位网站,杂志社的梅先生介绍,此前也有一名毕业生想应聘该杂志的发行职位,但由于种种原因,这名毕业生没有被录用,而他不仅在网上对梅先生进行谩骂,还在找到工作后对梅先生进行嘲笑。梅先生认为,这种大学生求职未果过程中产生的"怀恨"心理,"多数情况下没有具体的实际行为,只是心里不满而已,随着社会的磨炼,心态也就平和了"。

【点评】 报复固然能解一时之气,但是最终也只能给自己带来恶劣的影响,甚至触犯国家法律,对求职而言无半点好处。在此,我们需要直面挫折。所谓瑕不掩瑜,有了几次的失败,势必会重新自我评估,增强知识储备,提高自身能力,进而消除暴躁情绪和自满心理,争取在接受下一轮挑战时能够一举成功。

综上所述,大学生能否顺利就业不仅关系到其个人,而且还是关系到其家庭、高校以及社会建设等诸多关系是否和谐。大学生应当认识到,人生是一个不断发展变化的历程,也是个人对环境不断适应的历程。此时,如果个人能够主动自觉地改变自己并适应环境,使个人与职场环境保持协调,就可以渡过难关并顺利进入下一个新的人生阶段。相反,如果个人不能调适自己以符合职场环境的要求或不能克服职场环境的某些限制,就会无法解决环境变化所引起的困难,在职业生涯发展的道路上也会出现滞留现象。滞留的时间越长,适应的困难的难度就越大,不仅会影响到自己的现在,还会影响到自己的一生。

【本章思考与研讨】

1. 为什么建议刚毕业的大学生不应该把金钱、权力和出人头地当作好工作的首要标准?

2. 你认为如何处理好从毕业生到职场人员的角色变化?

3. 进入用人单位工作后如果遇到挫折,你将如何面对和处理?

4. 大学生与职业人的主要区别有哪些?

5. 大学毕业生初入职场如何打造良好的第一印象?

6. 请谈谈如何从学生角色完成向职业人角色的转换。

7. 查阅有关案例资料,分析一下毕业生入职后经常会遇到哪些挫折,如何进行自我调适。

第十二章

大学生就业权益保护

毕业生成功就业后，从一名大学生转变为职业人，进入用人单位工作，面对的是相对陌生的新环境，除了有很多惊喜和收获外，也会面临不少涉及个人权益保护的问题。包括可以享受哪些权益，在入职时如何依法签订相关协议和劳动合同，当个人权益受到损害时应该如何维权等问题。为了维护入职后个人权益不受侵害，大学生就要学会用法律做武器，主动学习并掌握一些相关法律常识，做个维护自身权益的明白人。

第一节 大学毕业生就业后的主要权利

大学毕业生正式成为职业人后，依法享有以下不容侵犯的权益。

1. 有要求用人单位履行协议接收自己的权利

双方签订的就业协议书是国家专用于毕业生就业的正式文本，具有法律效力。双方一旦签约，就有义务严格履行协议，不得无故进行更改。用人单位必须依照协议接收毕业生，并妥善安排毕业生的工作，提供相应的工作和生活条件，以保证毕业生的正常工作。

2. 有要求用人单位按照《劳动法》的规定提供各种劳动保障的权利

毕业生到用人单位报到后应签订劳动合同，同时开始享有《劳动法》第三条所规定的权利，即"劳动者享有取得劳动报酬的权利、休息休假的权利、获得劳动安全卫生保护的权利、接受职业技能培训的权利、享受社会保险和福利的权利、提请劳动争议处理的权利以及福利规定的洽谈劳动权利"。

3. 有追究用人单位违约责任的权利

毕业生与用人单位签订就业协议，是双方遵循平等自愿、协商一致原则而达成的协议，双方均有遵守的义务。如果用人单位一方不能按照协议的内容履行，或者在执行过程打折扣，毕业生有追究用人单位违约责任的权利。

4. 有要求和拒绝签订就业协议或劳动合同的权利

用人单位以各种理由不签订就业协议或劳动合同，或者是以欺诈、胁迫的方式要求毕业生签订就业协议或劳动合同,都是一种违规行为,都是对毕业生权益的侵犯。面对这种情况,毕业生有权要求或拒绝签订劳动合同。

5. 对用人单位违约行为有求偿权

毕业生与用人单位达成就业意向后,双方需要通过签订就业协议或劳动合同的方式,对双方的责任、权利、义务等进行明确的说明,任何一方不得擅自毁约。如用人单位无故要求解约,毕业生有权要求对方严格履行就业协议或劳动合同,否则用人单位应对毕业生承担违约责任,支付违约金,毕业生有权利要求用人单位进行补偿。此外,一旦发现用人单位不履行其工资、保险与福利承诺,可以向有关劳动执法部门举报,及时解决,以免遭受更大的损失。

6. 有要求用人单位保护个人信息和隐私的权利

大学毕业生在求职过程中,不可避免会将自己的部分个人信息提供给用人单位,以供用人单位在招聘进行决策时参考。按规定,这些个人信息仅限于用人单位内部使用。大学毕业生有权要求用人单位在未经本人同意的情况下,不得将自己的个人信息随意发布和使用,用人单位也无权以招聘为名义要求毕业生提供属于个人隐私的信息。

虽然大学毕业生有以上权利,但现实中还有许多不尽如人意的地方。特别是目前我国尚没有专门针对大学生就业方面的立法,仅仅依靠《劳动法》来约束用人单位的用工行为。由于法规不完善,缺乏细节针对性,其结果可能造成某些用人单位钻法律漏洞,产生了诸多就业歧视现象。如某些用人单位以没有工作经验为由拒绝招收应届大学生,还有的单位由于考虑自然附加成本的增加而限招女大学生,此外还有身高歧视、相貌歧视等。这些拒绝招录的理由造成了部分学生的就业困难。

另外,有些地方性法规也在不同程度破坏大学生就业环境。现阶段,劳动力市场往往从维护自身利益出发,人为设置一些准入壁垒,限制劳动力的合理流动。对于大学生来说,如果劳动力市场是完善的,合理流动是有保障的,他们也就不会接受一次就业即终身就业的观念。也就是说,大学生群体是富于创造、喜欢挑战的群体,如果劳动力流动成本低,他们完全可以先就业再择业,在积累一定的工作经验的同时逐步寻找更适合自己、更有利于发展的职业岗位。然而,现实情况是我国劳动力流动成本很高,尤其从次要劳动力市场向主要劳动力市场流动时,往往会受到来自主要劳动力市场的阻挠,如一些用人单位明确表示只招收本地户口的大学毕业生等。这些单位的规定只从自身利益出发,剥夺了非本地生源大学生的平等就业机会,也造成了大学毕业生就业权益受损。

第二节　办理就业相关手续

1. 与学校和用人单位签订《就业协议书》(三方协议)

大学毕业生经用人单位面试过关并获得正式录用通知后,就可以办理入职手续了。但应届毕业生入职前还必须要与用人单位签署一份就业协议书,也称三方协议。《就业协议书》是《普通高等学校毕业生、毕业研究生就业协议书》的简称,是应届毕业生在第一次就业时必须签署的协议,由学生本人、毕业的学校、学生要去的单位三方签订,故称"三方协议",这份协议主要是为了给刚入社会的大学生进行把关,防止上当被骗的一种规定手段。此外,《就业协议书》具有法律效力,出现违约行为要赔偿,在签订劳动合同后协议书就自动失去效力。

需要注意的是,就业协议书还能解决应届毕业生户籍、档案、保险、公积金等一系列相关问题。如果毕业生没有签订就业协议书,毕业以后,要么你的档案委托学校保管,要么委托户口所在地的人才中心保管。因为户口一般不和档案分离。如果牵涉到落户,没有签就业协议书,户口就可能被打回原籍。如果不牵涉落户,那么只是你的身份由应届生变为社会人员而已。签署就业协议书的基本程序如下。

① 毕业生确定取得用人单位接收意向。

② 毕业生到所在学院领取《全国高等学校毕业生就业协议书》一式三份。

③ 毕业生与用人单位签署就业协议,并请用人单位填写清楚"全国高等学校毕业生就业协议书"上的相关内容(包括户口、档案的详细地址和邮编)。

④ 毕业生到所在学院签署就业协议。

⑤ 毕业生到就业指导中心最终签署就业协议书,高新技术企业应提交有效高新技术企业证书复印件。

⑥ 学校签署完就业协议书之后,毕业生、用人单位、学生本人各留一份就业协议;由毕业生负责把单位一方的就业协议书转交用人单位;学校的一份留在就业指导中心作为毕业生户口转移和档案递转的依据。

2. 携带报到证去用人单位报到

报到证是应届普通全日制毕业生到就业单位报到的凭证,也是毕业生参加工作时间的初始记载和凭证。毕业生须携带报到证去单位报到,完成档案和户口的转移手续。报到证分上下两联(内容相同),上联(蓝色)由校就业指导中心寄发给毕业生,下联(白色)则放入学生档案内(人事档案属国家机密,不允许个人持有。如果你的用人单位拥有档案管理资格,那么你的档案就放在单位;如果没有,那你的档案则放在人才市场类的档案保存处。若没签就业协议书,那你的档案就直接打回原籍)。

如果要迁户口,报到时还要拿上《户口迁移证》。

【案例】 朱云(化名)大学毕业后在私企工作,档案存在了人才中心。由于与老板发生劳动纠纷,老板强迫她辞职。之后,她找到一家行政单位的工作,为了办保险,她去人才中心提取档案,没想到档案已被之前的老板拿走了。朱云将事情诉诸到劳动监察部门,劳动监察部门表示他们也管不了。目前这件事情过去了四年多还没有解决。

【案例分析】 《劳动法》出台后,档案已不作为员工与企业关系的唯一标志,劳动合同才是唯一的标志,档案不在也没关系。但档案管理的规定要求档案必须跟人转移,于是强行规定档案必须随人转走。但单位要是坚持不放人调离,硬是扣留员工的档案,虽然这种做法不符合规定,员工也没有办法,劳动仲裁也不受理此类档案问题,最后使得劳动者利益受到侵害时却无法依据相关法律维护自己的正当权益,而且这还会影响到失业救济金的领取。因为不把档案转到街道,就享受不到失业救济金。

【提示】 在签订就业协议和劳动合同时,一定要协调好档案的管理问题,作为毕业生本人不要盲目到人才服务中心办理档案托管。

3. 签订入职试用合同书

入职要签订试用期的劳动合同,并且规定试用岗位的条件和要求,如果试用期满,决定正式录用,就要签订劳动合同,期限按试用期的规定签订半年、一年、三年或无固定期限。如果没有签订试用期的合同,到时单方面解除彼此存在过的事实劳动关系,用人单位要对劳动者进行赔偿。工作不满一年,要赔偿一年的工资。另外,如果签订了一年的合同,过了一年多,单位仍不与职工续签,而且辞退了职工,那么要赔偿两个月的工资。如果合同届满,双方都没有想到续签,此时如果职工提出续签要求,单位至少要与职工再签订一年的劳动合同。如劳动者不想续签,可以办理解除手续。

需要注意的是,合同期限不同,试用期也不同,试用期最多不得超过 6 个月。劳动合同期限在 6 个月以内的,试用期不得超过 15 日;劳动合同期限在 6 个月以上 1 年以内的,试用期不得超过 30 日;劳动合同期限在 1 年以上 2 年以内的,试用期不得超过 60 日;劳动合同期限在 2 年以上的,试用期不得超过 6 个月。同一用人单位与同一劳动者只能约定一次试用期。以完成一定工作任务为期限的劳动合同或者劳动合同期限不满 3 个月的,不得约定试用期。

劳动者在试用期间的工资不得低于本单位相同岗位最低档工资或者劳动合同约定工资的百分之八十,并不得低于用人单位所在地的最低工资标准。

【合同陷阱】 不法用人单位为减少工资支付,一直找借口在试用期内用人。本来说好是一周的试用期,但一周后又说你工作做得不好,试用期要延长到一个月、两个月、三个月。干到最后,要么找碴儿辞退,要么到期让求职者走人,而求职者却投诉无门。

第三节 签订劳动合同

劳动合同是劳动者与用人单位之间签订的关于权利义务的法律文书,通过劳动合同,明确双方的权利和义务,劳动者与用人单位从此确立起正式的劳动关系,劳动合同受劳动法的约束与保护,不论是毕业生还是用人单位,都应当按照约定履行。《劳动合同法》第十条规定:"建立劳动关系,应当订立书面劳动合同。"《劳动合同法》第八十二条还规定:"用人单位自用工之日起超过一个月不满一年未与劳动者订立书面劳动合同的,应当向劳动者每月支付二倍的工资。"随着新《劳动合同法》的贯彻实施,一般单位在录用大学生时都会主动签署劳动合同,达成共识后,双方约定要以书面合同条款形式明确下来以维护自身的权益,不能只有口头协议,否则会给用人单位和劳动者双方带来巨大的风险隐患。

一、劳动合同中应当具备的条款

《劳动合同法》第十七条的规定,劳动合同应具备以下条款。

① 用人单位的名称、住所和法定代表人或者主要负责人。

② 劳动者的姓名、住址和居民身份证或者其他有效身份证件号码。

③ 劳动合同期限。

④ 工作内容和工作地点。

⑤ 工作时间和休息休假。

⑥ 劳动报酬。

⑦ 社会保险。

⑧ 劳动保护、劳动条件和职业危害防护。

⑨ 劳动合同的终止条件。

⑩ 违反劳动合同的责任。

⑪ 法律、法规规定应当纳入劳动合同的其他事项。

劳动合同除前款规定的必备条款外,用人单位与劳动者可以约定试用期、培训、保密条款、补充保险和福利待遇等其他事项。比如,对于试用期、培训、保密条款、补充保险和福利待遇等,如求职者希望在劳动合同中有所体现的话,可以向用人单位提出在劳动合同中写明。

二、劳动合同的签订原则

1. 按规定签订劳动合同

《劳动合同法》的第七条至第十一条对劳动合同的签订作了如下的相应规定。

① 用人单位自用工之日起即与劳动者建立劳动关系。用人单位应当建立职工名册备查。

② 用人单位招用劳动者时,应当如实告知劳动者工作内容、工作条件、工作地点、职业危害、安全生产状况、劳动报酬,以及劳动者要求了解的其他情况;用人单位有权了解劳动者与劳动合同直接相关的基本情况,劳动者应当如实说明。

③ 用人单位招用劳动者,不得扣押劳动者的居民身份证和其他证件,不得要求劳动者提供担保或者以其他名义向劳动者收取财物。

④ 建立劳动关系,应当订立书面劳动合同。

⑤ 已建立劳动关系,未同时订立书面劳动合同的,应当自用工之日起一个月内订立书面劳动合同。

⑥ 用人单位与劳动者在用工前订立劳动合同的,劳动关系自用工之日起建立。

⑦ 用人单位未在用工的同时订立书面劳动合同,与劳动者约定的劳动报酬不明确的,新招用的劳动者的劳动报酬按照集体合同规定的标准执行;没有集体合同或者集体合同未规定的,实行同工同酬。

2. 不得违反法律、行政法规的规定

依法签订劳动合同是劳动合同产生法律约束力的前提,但是如果签订的劳动合同不合法,那么求职者的权益保护就会遇到困难。因此,求职者一定要先确认自己签订的劳动合同是否具备产生法律约束力的条件,包括:用人单位这一劳动合同主体须符合法定条

件,用人单位应当依法成立,能够依法支付工资、缴纳社会保险费、提供劳动保护条件,并能够承担相应的民事责任。双方签订的劳动合同内容(权利与义务)必须符合法律、法规和劳动政策,不得从事非法工作。此外,签订劳动合同的程序、形式必须合法,如经协商一致采用书面形式等。

3. 遵循平等自愿、协商一致的原则

合同需经劳动合同提供方及劳动者双方协商后,一般采用书面形式来签订。应届生在初次就业时签订的合同,可根据个人实际情况,比如无工作经验、岗位工作流程掌握不熟练、对所从事行业的商业机密涉及范围不清楚等事项,可在劳动合同中要求用人单位对部分条款进行适度细化。再比如,劳动合同的试用期超过规定期限的,当事人可以要求变更相应的劳动合同期限;或者要求用人单位对超过的期限,按照非试用期工资标准支付工资。按照规定,劳动合同只约定试用期,未约定劳动合同期限,当事人要求约定期限的,用人单位应当与当事人协商。双方意见不一致的,则应按劳动合同期限与试用期对应相关的规定确定劳动合同期限。求职者可以要求用人单位对岗位工作的内容和提供的劳动条件适度细化,包括工作具体任务、工作标准、岗位劳保用品、办公用品、工具等,对于试用期、培训、保守商业机密、补充保险和福利待遇以及求职者希望在劳动合同中体现的内容,求职者有权提出在劳动合同中写明。

【案例】

女学生打工受骗,劳动监察部门爱莫能助

四川某高校中文系学生冯某来自四川东北部山区贫困农民家庭,通过中介机构来到位于成都市清江东路瑞光大厦的环网公司做礼仪兼职。应聘并签订《兼职协议》的当天下午,环网公司经理李某就安排冯某去做化妆品的市场调查,称"这是培训",同时要求其先交350元保证金。次日,李某看完冯某交回的市场调查表,称其中一个电话号码少了一位数字,要惩罚,马上交200元罚款,不然就不安排上班。冯某怀疑自己遇上了"招工骗子",于是要求退还保证金等费用。李某当时表示同意,但要求她必须交回《兼职协议》。收下《兼职协议》后,李某突然变脸,丢下一句"我不给你退钱又怎样呢?现在你没有任何依据能证明我收过钱"之后扬长而去。机敏的冯某趁公司其他人不注意,从李某的办公桌上把那份注明须交"保证金"和"申请费"的《兼职协议》"偷"了回来。事发后,冯某向当地劳动监察大队投诉,他们表示很同情,并当即打了电话给环网公司,但没找到经理李某。可令她不解的是,劳动监察大队有关人员告诉她:"在校大学生发生此类纠纷属于《民法》调整范畴,不属于《劳动合同法》调整范畴,因此我们无权受理你的投诉。"

【案例分析】 在该案中,冯某毕业前,仍然是学生身份,因此不具备成为劳动合同主体的资格,与单位不能建立劳动关系,因此不能受到《劳动合同法》的保护。

三、劳动合同承担违约金的规定

一般情况下,用人单位不得与劳动者约定由劳动者承担违约金,但有如下情况的除外。

情况 1：用人单位为劳动者提供专项培训费用，对其进行专业技术培训的，可以与该劳动者订立协议，约定服务期。劳动者违反服务期约定的，应当按照约定向用人单位支付违约金，违约金的数额不得超过用人单位提供的培训费用。

情况 2：对负有保密义务的劳动者，用人单位可以在劳动合同或者保密协议中与劳动者约定竞业限制条款，并约定在解除或者终止劳动合同后，在竞业限制期限内按月给予劳动者经济补偿。劳动者违反竞业限制约定的，应当按照约定向用人单位支付违约金。

【案例】

违约金不能辞意收取

2008 年 7 月小赵入职甲公司，双方签订了四年劳动合同，在签订劳动合同的同时小赵还与甲公司签订了毕业生服务期协议。根据该协议，在四年服务期内，小赵如提出辞职、调离、自费出国留学、考研、擅自离职等，均属违约，应向甲公司缴纳 2.5 万元的违约金。

2010 年 4 月，小赵考取了某高校的硕士研究生，遂向甲公司提出辞职，甲公司以双方签订了服务期协议为由，要求小赵支付违约金，小赵为顺利入学，被迫交纳违约金。研究生入学后，小赵以要求甲公司返还违约金为由提起仲裁并诉至法院。甲公司认为与小赵签订的服务期协议系双方自愿签订，且其为小赵提供了专业技术培训，不同意返还违约金，但未向法院证明其为小赵进行培训所支付的费用。最终，法院判决支持了小赵的请求。

【案例分析】 服务期约定往往带有不平等的特点，毕业生应慎签这类协议。根据规定，服务期内因参军等要求离职的，用人单位不得阻挠。用人单位索取赔偿金，须提供相应的服务或培训支出清单。

第四节 谨防就业协议书和劳动合同陷阱

一、就业协议书和劳动合同区别

有的同学误以为签订了《高校毕业生就业协议》就等于签订了《劳动合同》。事实上，《就业协议书》与《劳动合同》是有区别的，《就业协议书》是教育部统一印制的，由毕业生、用人单位及毕业生所在高校三方签订的就业协议书，是在毕业生派遣之前签订的。作为一份简单的格式文本，《就业协议书》不能直接体现诸如工作岗位、工作条件等《劳动合同》中所必备的条款，无法全面保障毕业生就业后的各项权益。

① 有效期不同：就业协议的有效期是签约日开始至毕业生到用人单位报到、被正式接收后终止；而劳动合同有效期是在用人单位正式被接收后生效，即用人单位自用工之日起即与劳动者建立的劳动关系。大学生签订就业协议书后，一定要注意与劳动合同的及时衔接。在用人单位报到后，毕业生与用人单位应按照有关法律法规和协议约定的条款，及时订立劳动合同（聘用合同），并办理有关录用手续。

② 签订身份不同：签订就业协议时的身份是学生；而签订劳动合同时的身份则是劳动者。

③ 内容不同：就业协议只是毕业生、用人单位、学校三方之间签订的就业意向，不是劳动关系的法律文件，对劳动关系没有约束力。就业协议内容主要是毕业生自身情况，不涉及报到工作后应享有的权利义务。而劳动合同的内容则包括了劳动报酬、劳动义务、工作内容、劳动纪律等，权利义务更为明确。

【案例】

"就业协议"不能代替劳动合同

2008年6月，吴某与乙公司及母校长江大学签订了《全国普通高等学校毕业生就业协议书》(即"三方协议")，但"三方协议"不含劳动合同期限、劳动者的工资标准、工作内容和工作地点等劳动合同中必备的条款。吴某多次找到乙公司要求签订劳动合同都被拒绝。多次协商未果，吴某提起劳动仲裁申请，仲裁委裁决认定乙公司应支付吴某未签订劳动合同的两倍工资差额。乙公司不服向法院起诉，法院判决支持吴某。

【案例分析】 "三方协议"是由行政机关制定的，虽由用人单位、学生和学校签署，貌似"权威"，但因其条款存在缺陷，不能维护毕业生的权益。毕业生到工作单位后，应立即要求用人单位签署劳动合同。

二、常见就业协议和劳动合同陷阱

1. 在签订劳动合同时做手脚

不少大学生谋求职业的愿望非常强烈，心情也十分迫切，以致面对职业选择和用人单位的百般挑剔时，只能选择委曲求全，或者因为害怕得罪用人单位而失去工作机会，或者是过于相信用人单位的种种借口，结果不敢按照《劳动法》的要求与用人单位据理力争，正式签订劳动合同。而一些用人单位正是利用大学生这一弱点，在劳动协议和合同条款上大做手脚、设陷阱，通过不签就业协议和劳动合同或签订显失公平的劳动合同，致使大学生的合法权益得不到有效保护，从而吃亏上当，付出惨重代价。

2. 先"试用"再签就业协议和劳动合同

一些无良用人单位抓住大学毕业生求职迫切的心理，在开始时有意回避与毕业生签订就业协议或劳动合同，并以很少的薪水直接"试用"大学毕业生。在试用期即将结束时便以各种理由辞退求职者，而不必承担任何法律责任。然后，再以相同方式继续招聘试用期的新人。周而复始，以此来降低企业运营成本。比如一家用人单位的招工广告是这样写道："以上人员一旦得到聘用，试用期半年，合格后双方签订十年期合同，办'三险'。"一些求职心切的大学生被"十年期合同"和提供"三险"所吸引，却忽略了一个至关重要的前提，那就是用人单位提出的"试用半年后签订合同"。殊不知，先"试用"再签合同，正是一些用人单位铺设的陷阱，一旦试用期满，便玩弄字眼，以种种理由说"试用"不合格并据此辞退被"试用"的求职者。而根据《劳动法》规定："试用期包括在劳动合同期限中"，也就是说，试用期本身就是劳动合同应有的内容，其待遇应该包括人员工资、福利、保险等员工应有的待遇。而没有劳动合同的试用期从根本上讲不是法律意义上的试用期。

3. 在就业协议和劳动合同条款上含糊其辞

有一些用人单位故意在就业协议和劳动合同条款上含糊其辞,为日后自己违约埋下伏笔。特别是在工种安排、工资待遇上,常用一些模棱两可的字眼,如"待遇从优""月工资一般在 4000 元左右"之类,让人捉摸不透,到时候一旦出现工资待遇纠纷便难以追究。甚至还有一些用人单位将合同的严肃性抛之脑后,签约后随意更改合同内容,甚至单方面毁约,造成大学生的损失。

4. 在就业协议和劳动合同中设置不合理条款

通过不合理条款导致大学生上当受骗是无良单位的另一种合同陷阱。由于就业形势比较严峻,大学生在求职过程中往往处于弱势地位,一些用人单位会提出一些明显不合理的苛刻条款,如违约金、服务期等附加条款损害求职学生的权益。对于毕业生来讲,虽然知道这些附加条款显失公平,但也不敢明确表示异议。有的单位在就业协议和合同中为自己规定的权利很多,而留给大学生的权利则很少。大学生一旦签署了这类显失公平的就业协议和劳动合同就如同给自己未来可能承受的损失埋下了伏笔,以后再寻求仲裁机构维权就会相当被动。比如一些用人单位在就业协议和合同中约定,劳动者入职时要向用人单位交纳押金、保证金等。还要求入职后交出身份证、毕业证以及一定数额的押金。新入职者对用人单位不满意要求辞职时,用人单位就以不退还抵押物要挟,使新入职者进退两难。

5. 以口头承诺代替正式劳动合同

有些用人单位招聘新人时做出的口头承诺却不写进就业协议和劳动合同,从而埋下就业协议和合同陷阱的伏笔。有些单位常常模糊工作时间、美化工作性质,同时会给大学生求职者口头承诺一些很好的福利待遇,却总找借口不将美好承诺写入就业协议和合同,等到大学生正式入职并签订劳动合同后才发现,面试时用人单位所许诺的很好的福利待遇却并未在合同中体现出来。

6. 钻空子蒙骗入职大学生钱财

有些用人单位节外生枝,利用就业协议和劳动合同无法面面俱到的空子,任意延长工作时间、增加工作量,或在月底兑付时借口业绩不合格、工作失误等来扣除大学生入职者的部分试用期薪酬;也有的单位在决定录用大学生求职者后,让求职者交纳一定的押金(通常被说成"试用期的食宿费")之后,又说要收取种种费用(比如服装费、工卡制作费、培训费、员工住宿管理费等)。等求职者交纳这些费用"正式"上班后,才发现吃住都很差,工作任务指标根本无法完成,久而久之,不得不辞职离去,同时还白白丢掉押金和种种费用。

三、签订就业协议书和劳动合同应注意的事项

1. 签订协议书和劳动合同之前须了解的有关情况

毕业生在签订协议书和劳动合同前一定要对用人单位实际情况和国家相关政策有比较清楚的了解,不要草率行事。对用人单位相关情况的了解不但要掌握用人单位的资料,

更要实地到单位考察,主要是了解清楚用人单位的主体资格、用人单位的发展趋势、招聘的岗位性质、单位的员工培养制度、待遇状况、福利项目等。此外,还需要重点了解用人单位的人事状况,了解单位是否具有应届毕业生的接收权等。

2. 毕业生在签订协议书和劳动合同时要按照正常程序进行

大学毕业生在求职、就业、签约之前,一定要时刻保持清醒的头脑,了解和掌握就业方面的法律知识和政策,做好相关法律法规的知识储备,并严格按照程序办事。毕业生要按规定的程序及时签订协议书和劳动合同,并到学校办理有关手续。毕业生持用人单位的接收函到院系领取就业协议书,先由毕业生、院系在协议书上签署意见后交用人单位,由用人单位签署意见后再交给学校,学校签字后纳入就业计划,协议书生效。有的毕业生为图省事,要求学校先签署意见,但这样做会使学校无法起到监督、公正的作用,最可能受害的将是毕业生本人。

3. 仔细、认真、如实填写协议书和劳动合同内容

在与用人单位签约时,大学毕业生在落笔前要慎重,反复仔细研究就业协议书及其补充协议中的条款,确认合理合法后再签字。对合同内容的分析重点是试用期及违约条款的约定;尽量不要在协议与合同中留下空白条款;对用人单位的口头承诺要尽可能在补充协议中予以书面注明,并明确将来签订劳动合同时对此予以确认。在签订合同时只有采取慎重态度,才能在应聘和签约时保持思路清楚和条理明晰,使自己的合法权益能得到充分的保障而不致受到侵害。大学生就业协议书的主要内容包括:用人单位和学生的基本情况;双方的意愿和约定;终止协议的条件;协议生效时间;缔约过失责任;违约责任(违约金);附加条款;双方签章;学院及学校就业中心鉴章。因此,在签署协议书时,一定要做到仔细、认真、如实填写,不要隐瞒实情。如果你报考了研究生或准备出国,应事先向用人单位说明,并在协议书中注明。以往有的毕业生向用人单位隐瞒了这些情况,事发后就遭到了违约处理。

4. 在签订协议书和劳动合同时要考虑对自身权益的保护

协议书和劳动合同具有双向约定的作用,如果有双方需要相互承诺的部分,一定要在协议书或补充协议上加以说明。明确协议书和劳动合同中有关条款的内容,约定解除协议书和劳动合同的条件和责任。就业协议中可以规定违约金的数额,根据现行劳动法中规定的上限是 12 个月工资的总和。为了避免将来出现麻烦,毕业生在签订协议书和劳动合同时须注意以下五个细节。

① 用人单位名称:要看填写的用人单位名称是否与单位的有效印鉴名称一致;填写自己的专业名称时,要与学校教务处的专业名称一致。

② 试用期:试用期是指用人单位对劳动者是否合格进行考核,劳动者对用人单位是否符合自己要求也进行考核的期限。根据劳动法的规定。试用期是包括在劳动合同期限内的,可以说是一种双向选择。劳动合同不满 3 个月的,不能设试用期;劳动合同不满 1 年的,试用期不能超过 1 个月;劳动合同期 1 年以上不满 3 年,试用期不能超过 2 个月;劳动合同期超过 3 年以上的,试用期不得超过半年,在此期间双方可随时解除合同。国家机关、高校、研究所一般采用见习期,通常为 1 年。

③ 户口：毕业生要问清用人单位是否能解决户口，如果对方承诺解决，一定要写到"三方协议"后的备注栏里。

④ 待遇：毕业生可将签约前达成的住房、保险等福利待遇在备注栏中说明，如发生纠纷，可以依法维护自己的合法权利。主要包括：

工资：要注意分清税前税后薪酬，一年发多少个月或年底是否有加薪等；

奖金：要了解业务提成、奖金发放原则，有的单位会有期权奖励、股权奖励等；

补贴：要弄清单位是否有通讯、住房、伙食等各种补贴；

福利：了解清楚单位有哪些生活福利、带薪假期、子女福利等；

股票：了解公司是否可以让员工购买股票，是否可以让职工持股，尤其是即将上市的公司；

"五险一金"：要注意单位的缴费基数，是否远远低于你的实际工资。

⑤ 发展机会：要问清自己的具体职务岗位、工作内容、工作要求等，还要明确用人单位的培训体系如何，员工晋升渠道和空间如何，以及加班和出差情况，最后综合衡量自己未来在这家单位的发展机会和空间。

【案例】 小吴是某高校 2010 届毕业生，早早就与甲公司达成了就业意向并按其要求，于 2009 年 12 月开始参与公司日常工作。2010 年 7 月，小吴与甲公司签订劳动合同，在填写入职时间上，小吴与甲公司发生了争执。小吴认为自己从 2009 年 12 月就开始上班，参与加班，因此与甲公司的劳动关系应该从 2009 年 12 月就开始建立。甲公司则认为小吴当时只是实习，不能视为建立劳动关系。最终，法院判决认定，小吴和甲公司的劳动关系自 2010 年 7 月开始建立。

【案例分析】 不少单位都要求毕业生提前到岗参加工作，但实习不等同于试用期或建立正式劳动关系，实习待遇与入职后的待遇也不相同。对用人单位要求提前参与公司工作，毕业生须谨慎应对。

5. 一定要注意条款的合理性

目前高校毕业生使用的就业协议书是由教育部统一印制的，由于地区不同、用人单位之间存在着差异和各自情况的不同，协议书中不可能规定得很全面、详细，许多内容要靠毕业生与用人单位约定。但是，毕业生在与用人单位进行约定的时候要注意：约定的条件是否合理；约定的条款毕业生本人能否承受（例如违约问题，有的用人单位为了惩罚违约的毕业生，约定的违约金数额过高，使学生难以承受）；毕业生与用人单位约定的备注条款，必须有毕业生和用人单位双方的签字，否则当发生争议时，备注条款很难发生作用。

6. 慎重签订就业协议书

毕业生就业协议书是毕业生就业主管部门制订就业方案的主要依据，要求其手续必须完备。毕业生在与用人单位签订就业协议书前，要认真阅读协议书中的全部条款，特别是要清楚用人单位提出的附加条款，并了解清楚条款的内容和含义，同时还要学会运用条款和掌握签订就业协议书的步骤。特别要了解用人单位有无独立的用人权，以及用人单位的上级主管单位和部门是谁。如果用人单位没有独立的用人权，除了用人单位盖章外，还必须有其上级主管部门的公章。否则,由于用人单位的上级主管单位或主管部门不认可,就不能纳入就业方案,所签协议书不能生效。

【案例】

盲目签约,签订不合理条款而上当

王利(化名)由于急于找到工作,没来得及仔细推敲合同里的条款,结果不但失去了这份工作,还支付了一笔违约金。据其称,他与公司签劳动合同时还未毕业,但公司要求其进入试用期。在4个月的试用期里他卖力工作,却只能得到300多元的"试用期工资"。同年5月,他以为工作已经敲定,打算回学校修完剩下的一些课程,9月再回到公司正式上班。但当他向公司请假时,公司却以合同中"工作前两年不得连续请假一周以上"的条款为由,认定王利违约,索要违约金。王利只好交了2000元的违约金。

【提示】 签订协议时一定要谨慎,要认真阅读协议中的每一项条款,反复斟酌,拿不准的要向有关法律机构咨询后再作决定。

7. 掌握必要的相关法律知识

劳动部门提醒,大学生求职者在签订劳动合同之前,最好应该认真学习和了解一些劳动法律和法规方面的知识。例如,合同双方当事人的权利与义务,劳动合同的订立、履行、变更、终止和解除、法律责任等规定,这样一旦日后用人单位违反相关法律法规的规定,求职者才可以更好地利用法律武器来维护自己的合法权益。

比如,劳动合同的试用期超过相关规定期限的,当事人可以要求变更相应的劳动合同期限;或者要求用人单位对超过的期限,按照非试用期工资标准支付工资。按照规定,劳动合同只约定试用期,未约定劳动合同期限,当事人要求约定期限的,用人单位应当与当事人协商。双方意见不一致的,则应按劳动合同期限与试用期对应相关的规定确定劳动合同期限。

【案例1】

工资遭拖欠可索赔

万某原系丙公司销售员,在该公司工作至2019年8月25日。双方签订最后一份劳动合同期限为2017年1月1日至2020年12月31日。2019年8月24日,万某向丙公司寄送解除劳动合同通知书,以公司拖欠工资及奖金为由要求解除劳动合同,丙公司称收到该通知书,但认为万某的理由不能成立。双方均不愿续存劳动关系。万某以要求丙公司支付解除劳动合同的补偿金为由提起仲裁并诉至法院。法院经审理支持万某的诉讼请求。

【案例分析】 很多毕业生不了解劳动法规的规定,认为主动辞职就不能再索要赔偿,故而放弃索赔。辞职提出索赔的前提应是确定自己无责任,导致离职的原因在用人单位一方,这种情形下才可能获得赔偿。本案例中用人单位拖欠工资及奖金,导致员工辞职,因此可获得赔偿。

第五节　试用期解除劳动合同的条件

不少大学生会遇到这种情况,当试用期结束时,用人单位却以某种理由解除了与自己签订的劳动合同。遇到这种情形可以参考《劳动合同法》的有关规定,看看自己的问题是否属于其中所列出的不符合录用的条件。根据《劳动合同法》第三十九条第(一)项的规定,劳动者在试用期间被证明不符合录用条件的,用人单位有权解除劳动合同。因此,用人单位试用期解除合同不能随意为之,必须符合法律规定的条件。否则,则属于违法解除劳动合同,须支付经济赔偿金。具体而言,试用期解除劳动合同须符合以下条件。

1. 用人单位有合法且具体明确的录用条件

用人单位要对"录用条件"事先进行明确界定。录用条件一定要合法、明确、具体、具有可操作性。

① 切忌出现违反法律强制性规定的录用条件,如乙肝歧视,对女性设定婚育方面的条件。

② 切忌"一刀切"以及将录用条件空泛化、抽象化,比如说符合岗位要求,就不能仅仅说符合岗位要求,而应该把岗位要求是什么,怎么衡量是否符合岗位要求确定下来。

③ "录用条件"应该是共性和个性的结合。所谓"共性"即大部分用人单位和岗位的员工都应该具备的基本条件。比如诚实守信,在应聘的时候如实告知自己的与工作相关的信息,包括自己的教育背景、身体状况、工作经历等。所谓"个性"即每个用人单位、每个岗位或者职位都有自己的特殊要求。有的有学历的要求,要求获得相应证书,有的有技术的要求,比如能符合用人单位招聘时对岗位职责的描述等。"录用条件"的共性可以通过规章制度进行明确。"录用条件"的个性可以通过招聘公告、劳动合同等和规章制度结合起来进行明确。

2. 录用说明书要事先公示或告知

公示,简单说来,就是用人单位要让本单位员工知道单位的录用条件;从法律角度来说,就是用人单位有证据证明在本单位工作的员工已经知道了本单位的录用条件。那么如何进行公示呢？方法有以下几种。

① 招聘员工时,用人单位向其明示录用条件,并要求求职人员签字确认。

② 劳动关系建立以前,用人单位通过发送聘用函的方式向已被录用的员工明示录用条件,并要求其签字确认。

③ 在劳动合同中明确约定录用条件或不符合录用条件的情形。

④ 规章制度中对录用条件进行详细约定,并将该规章制度在劳动合同签订前进行公示,比如作为劳动合同的附件。

3. 不符合录用条件须有证据证明

用人单位如果认为劳动者不符合录用条件并提出解除劳动合同的,有举证义务。即用人单位决定不录用必须得建立在公正、客观的基础之上,必须证明其已将录用条件明确告知了劳动者,并根据录用条件对劳动者进行了考核;有相应证据证明劳动者不能达到录用条件;已将考核结果告知了劳动者;将劳动者不符合录用条件、与其解除劳动合同的决定送达了劳动者等。由于劳动法对用人单位解除劳动合同做出了严格的责任规定,因此单位人力资源管理部门必须严格依法办事,把工作做细,尽量做到滴水不漏。证据的取得和确定离不开完善和严格贯彻考核制度,在考核过程中,有硬性指标的,可作量化的考核,无法量化考核的可进行考评,做出评语。

4. 因不符合录用条件而解除劳动合同须在试用期内完成

用人单位必须在试用期内就对劳动者进行录用条件考核,并在试用期结束前做出留用或解除的决定并送达劳动者。实践当中,有的用人单位在试用期结束后才对员工进行考核或者在试用期结束后才将解除决定送达。这种做法,等于自弃权利。即使用人单位有充分的证据证明员工不符合录用条件,也不能再以此为由辞退员工了。

【提示】 一些用人单位打着"高薪"的诱人旗号,在大学生入职试用期间,或任意延长工作时间、增加工作量,或在月底兑付时借口业绩不合格、工作失误来扣除部分薪酬,结果坑害了大学毕业生。因此,大学生入职后一定要了解清楚劳动合同法的相关规定,以便维护自己的权益。

第六节 用人单位单方面解除劳动合同需要承担的法律责任

大学生求职者有时候会因为种种原因而遭到用人单位单方面解除劳动合同的情况,如果出现这种情况,就需要搞清楚具体原因。根据《劳动合同法》的规定,劳动合同终止的补偿、赔偿要分以下情况处理。

① 劳动合同到期,用人单位提高或者维持原待遇要求续订劳动合同,而劳动者不同意的,不需要支付经济补偿。不符合前述条件的,要向劳动者支付经济补偿金。

② 劳动合同期内,劳动者有严重违反规章制度等情形的,用人单位可依法解除劳动合同,并不需要支付经济补偿金。

③ 劳动合同期内,用人单位没有根据劳动合同法的规定与劳动者解除劳动合同的,要双倍支付经济补偿金。

经济补偿按劳动者在本单位工作的年限,每满1年支付1个月工资的标准向劳动者支付。6个月以上不满1年的,按1年计算;不满6个月的,向劳动者支付半个月工资的经济补偿。

劳动者月工资高于用人单位所在直辖市、设区的市级人民政府公布的本地区上年度职工月平均工资3倍的,向其支付经济补偿的标准按职工月平均工资3倍的数额支付,向其支付经济补偿的年限最高不超过12年。这里的月工资是指劳动者在劳动合同解除或者终止前12个月的平均工资。

　　如果用人单位违反法律规定解除或者终止劳动合同，劳动者要求继续履行劳动合同的，用人单位应当继续履行；劳动者不要求继续履行劳动合同或者劳动合同已经不能继续履行的，用人单位应当依照《劳动合同法》第八十七条规定支付赔偿金（双倍经济补偿金）。

　　相关法律依据如下。

　　《劳动合同法》第三十九条

　　劳动者有下列情形之一的，用人单位可以解除劳动合同。

　　（一）在试用期间被证明不符合录用条件的。

　　（二）严重违反用人单位的规章制度的。

　　（三）严重失职，营私舞弊，给用人单位造成重大损害的。

　　（四）劳动者同时与其他用人单位建立劳动关系，对完成本单位的工作任务造成严重影响，或者经用人单位提出，拒不改正的。

　　（五）因本法第二十六条第一款第一项规定的情形致使劳动合同无效的。

　　（六）被依法追究刑事责任的。

　　用人单位依据该条解除劳动合同不需要支付经济补偿金。

　　《劳动合同法》第四十条

　　有下列情形之一的，用人单位提前三十日以书面形式通知劳动者本人或者额外支付劳动者一个月工资后，可以解除劳动合同。

　　（一）劳动者患病或者非因工负伤，在规定的医疗期满后不能从事原工作，也不能从事由用人单位另行安排的工作的。

　　（二）劳动者不能胜任工作，经过培训或者调整工作岗位，仍不能胜任工作的。

　　（三）劳动合同订立时所依据的客观情况发生重大变化，致使劳动合同无法履行，经用人单位与劳动者协商，未能就变更劳动合同内容达成协议的。

　　依据本条规定，用人单位需要提前通知或者支付代通知金解除劳动合同，否则属于违法解除劳动合同，需要按照规定赔偿。

　　综上所述，我们可以知道劳动合同到期，如果用人单位要求续订合同但是劳动者不愿意，那么，用人单位不需要支付经济补偿；反之，则需要向劳动者支付经济补偿金。在劳动合同期内劳动者有严重违反规章制度等情形的，用人单位可单方解除劳动合同且不需要支付经济补偿金；用人单位违反合同法与劳动者解除劳动合同的则需要双倍支付经济补偿金。

【案例作业】

虚假薪酬

　　有的用人单位在网上报出的薪酬信息是每月6000～10 000元，给求职大学生的一个心理感受是，好像会得到上限，至少会给一个区间值。其实经过面试后，根本不会给区间值，更不会给10 000元，通常都是只给6000元。这些单位如此做法是为了利用上限值吸引人来应聘，而用下限值去开基本工资。有的用人单位更可恨，不仅不会给到6000元，还会巧立名目打折扣。比如，会在面试结束后提出要有三个月的试用期，在试用期间，只能给80％的薪酬，还不包括"五险一金"（国家没有对公积金有硬性规定，但对五险则有规定）。最后实际得到的是4800元。而你应聘是冲着月薪10 000元来的，导致心理落差很大。

【提示】 大学生在面试之前,要对用人单位提出的最低薪酬打一个八折,如果可以接受,就去参加面试。如果不能接受,就不要去了。

研讨:如果你在求职过程遇到上述案例中的情形,你将如何应对?

【本章思考与研讨】

1. 大学毕业生就业后有哪些主要权利?

2. 如何签订就业协议书?

3. 请自己学习一下劳动合同法。

4. 就业协议书和劳动合同有哪些陷阱?如何防止自己陷入这些陷阱?

第十二章

大学生创业

面对严峻的就业形势,大学生毕业后,除了选择继续深造、求职就业外,也有不少同学准备不再依赖家长、学校,主动寻找机遇,走上创业之路。此举既可以为自己搭建事业发展的平台,又可以减轻就业压力,同时政府为了鼓励这种行为,为大学生创业出台了一系列优惠政策,提供了不少便利措施,使得创业正逐渐成为在校大学生和毕业大学生的一种职业选择方式。

第一节　创业基本概念

简单地说,创业就是自己创办企业或开店,自己为自己打工,自己做老板。小到自己开店、摆摊、做小买卖,大到创建规模较大的新企业,都可称之为创业。为有利于理解创业的概念,本教材将创业分为以下两大类。

第一类是生存型创业。生存型创业者之所以作出创业的选择,只是为维持生计。对这类创业者来说,必须依靠创业为自己的生存谋求出路,这种创业具有很大的被动性。通常,生存型创业者大多只是在重复其他人已经做过的事,既没什么创新,也没太多新知识和新技术含量,更谈不上引领新需求,广泛造福社会,只要有点资金,大多数都能干。如开个小店、做个小买卖之类的创业往往是生存型创业者自谋生路的选择。

第二类称之为事业型创业。事业型创业的本质是创建新基业或新事业。其基本内涵是:在资源有限的条件下,创业者在发现、把握或创造商机的基础上,通过创新产品或服务,依托创业团队,实施一系列恰当的商业模式,承担一定风险,将各种资源整合并加以合理利用,创造新价值并取得预期收益的过程。显然,事业型创业与生存型创业的根本区别就在于追求目标的不同,前者追求的目标是尽可能多地造福社会,实现事业梦想和基业长青;而后者则只是为解决自身的生存问题。

一般来说,事业型创业者又可分为工匠型创业者和企业家型创业者两种。工匠型创业者并不太在意追求大的创业格局,工匠型创业者对现代企业管理机制和商业经营知识了解甚少,他们往往通过工作获得金钱,但并不为钱而工作。他们代表着一种独善其身的气质,创业是其人生态度的表现,他们对自己提供的产品或服务追求完美、精益求精。而企业家型创业者往往更加志存高远,格局更大。具有企业家精神的创业者,能凭借其超凡的个人能力和商业智慧来改变一个企业的发展路径,他们有着清晰的愿景和商业经营知识,有着强烈的使命感和责任感,不畏艰险,百折不挠,对自己的能力和创业项目充满信心,不放过任何开拓创新的机会。

【案例】 乔布斯在创建苹果公司 10 年之际,被苹果公司解雇了,这件事曾给他带来近乎毁灭性的打击。但冷静下来后,他选择重新开始,创办了 NeXT 和 Pixar 两家公司。在再次创业的过程中,他充分总结自己在苹果公司失败的教训,避开之前跳过的坑,再一次成了美国著名的创业明星。12 年后,他因为卓越的能力被苹果董事会再次请回,重新担任 CEO,迎来了更大的腾飞。针对这些经历,乔布斯曾坦率地承认,如果没有被苹果炒掉,之后的成功都不会发生。他说:"被苹果公司解雇是至今为止我身上发生的最棒的事情。已有的成功的枷锁被打破,转而获得一个轻松的开始,不必对所有事情了如指掌。这使我进入了一生中最富有创造力的时期。"

【思考与研讨】

1. 乔布斯面对挫折为什么能东山再起?

2. 乔布斯身上有哪些值得学习的东西?

第二节　创建有效的商业模式

现代管理学之父彼得·德鲁克认为:"当今企业之间的竞争,不是产品之间的竞争,而是商业模式之间的竞争。"很多人往往能发明革命性的产品,却不能使市场接受其发明成果。如[美]法恩斯沃思在 1927 年就发明了电视机,但直到 1937 年,才由[俄]沙诺夫把电视机带给消费者。因为他创建了一种成功的商业模式,把电视机、电视台、节目内容等结合起来。法恩斯沃思只发明了一台设备,而沙诺夫却建立了一个新产业。可见,商业模式很重要。对创业者来说,好的商业模式是其创业不断走向成功的根本。

一、商业模式的内涵

尽管目前还没有统一的关于商业模式的定义,但人们对商业模式本质的理解基本上是一致的,那就是:商业模式的核心在于解决企业建立"做什么和怎么做"的运作体系问题。目前普遍接受的商业模式的定义是:企业利用自己掌控的资源,进行价值创造并取得经济回报的基本逻辑,即企业在一定的价值链或价值网络中如何使用资源、如何向客户提供产品/服务并获取利润的。从创业角度讲,就是通过创造新价值并从中获取盈利的一整套办法。

任何企业,不管是新创企业,还是现有企业,都需要有自己的商业模式。选择何种商业模式,是由企业的战略目标所决定的,也受企业的资源能力、产业和市场环境所影响。

如全世界最有价值的餐饮企业麦当劳，它的主打产品是汉堡，但它的汉堡基本不赚钱。因为这么大的汉堡，要用最好的牛肉、最好的面包、最好的油，超过十分钟没卖掉就得扔掉。但麦当劳靠它的汉堡吸引人气，靠可乐、薯条、玉米等赚取"小"钱；靠集中采购、降低供应链成本赚取"中"钱；靠自己买断整个土地并建造房屋，或者是长期持有，或者转租给加盟商而赚取"大"钱。

二、商业模式的构成

有效商业模式的构成通常表现在以下五个方面。

1. 企业提供的产品或服务

任何企业安身立命的根本就是其能够满足目标客户群体的某些需求，其所创造产品或服务的价值内涵必须能做到有针对地解决目标客户的痛点。作为事业型创业，其商业模式所确定的目标客户通常是大众，而不是小众。为了服务大众目标客户，就要按需求特点的不同将客户进行细分，将需求量比较大的对象作为目标客户确定下来。比如说，如果只是把某一个区域的居民作为服务对象，创业者只需建立一个小卖部或小餐馆等即可。但若将各区域乃至全国的居民作为目标客户，创业者可能就要考虑自己商业模式如何实现可复制性（如麦当劳、如家快捷酒店的连锁加盟模式）、可扩张性（如百度、携程网可在一个平台扩张多个增值服务）、可规模化经营（如微软公司软件具有非常广泛的适用性，任何使用计算机的人，几乎都离不开该公司的通用软件）等。

【案例】

麦当劳提供产品和服务中的价值内涵

麦当劳兄弟俩虽然亲自创建了麦当劳快餐，但真正将其打造成一种商业模式，形成伟大快餐品牌的人却是一个叫克罗克的人。他在接手麦当劳后，虽然仍然提供快餐食品，但目标客户已经不再是麦当劳兄弟俩过去那种仅局限在当地的居民，而是逐渐扩大到全社会大众。正是基于这一变化，克罗克为目标客户创造了广为接受的价值内涵——质量过硬、服务周到、干净整洁、物有所值。正是这个价值内涵，构成了麦当劳商业模式的核心。

2. 企业核心竞争力

企业核心竞争力是企业在经营过程中形成的不易被竞争对手效仿的、能带来超额利润的独特的能力。《哈佛商业评论》首次提出核心竞争力概念，他们认为"就短期而言，公司产品的质量和性能决定了公司的竞争力，但长期而言，起决定作用的是造就和增强公司的核心竞争力"。新创企业的核心竞争力主要体现在企业所提供的产品或服务具有能博得目标客户认同的特色，其特色与众不同，而且也不容易被复制，或者是即使容易被人复制，也可通过其他形式（如知识产权保护、市场准入等）来加以控制。要做到这一切，需要创业者对具体目标客户的消费诉求、购买习惯、核心关注点等进行认真分析。

【案例】

戴尔公司的核心竞争力

戴尔公司的核心竞争力就是改变了传统的电脑销售中分销商环节，创造了直销商业模式。通过互联网,戴尔能够掌握第一手的顾客需求和反馈信息,为顾客提供"一对一"的定制服务。围绕直销,戴尔打造了整合采购、装配、输出的高效运转链条,将电脑送到顾客手中。戴尔的直销商业模式,省略了中间商的时间和成本消耗,缩短了戴尔与客户直接交流的时间和距离,去除了中间商所赚的差价,极大降低了成本,取得了巨大的竞争优势。

3. 企业的关键性资源

企业关键性资源是指企业拥有的一些对其具体业务保持持续性竞争优势至关重要的基于能力的资源,同时这种资源又不易被替代。若企业有效地拥有这些资源,就能够在市场中获得超出平均水平的收益,包括核心能力、优秀团队、关键人才、独有资源、物质资产、知识产权、财务资源等。这些资源能够让企业有效地为客户创造并提供价值内涵,得到市场认同,并获得经济回报。创业过程中,创业者需要仔细分析和检查自己掌控和可能获得的资源情况,并对资源的整合能力进行评估。如果不具备优势资源或条件,就要尽量创造条件,设法获得这些资源。否则,尽管有着美好的差异化构想,实际上也很难实现创业目标。

【案例】

沃尔玛的创造性破坏模式

沃尔玛的价格总比别人低,但靠什么赚钱呢?为了做到"天天平价",同时又要盈利,沃尔玛必须在成本上下功夫,要最大限度地压低成本,这样才可以让消费者得到好处。问题是如何压低成本?沃尔玛的最大特点是大批量采购货物,而且是直接从厂商采购,避开批发商。

当时,一般人认为,在人口少于5万的乡镇开平价商场,是不会赢利的,所以,那时的连锁超市都集中在城市,宁可在那里互相竞争砍价,也要避开乡村。沃尔玛创始人沃尔顿先生反倒觉得乡村才有机会,因为那里竞争少,只要价格足够低,即可赢得市场。

1962年,在阿肯色州的一个小镇,沃尔顿开了第一家沃尔玛超市,以"天天平价"为基本立足点。随即,开始在其他小镇扩张。那些小地方,不仅没有竞争,而且每开一家沃尔玛超市,马上会在当地变得家喻户晓,不需要额外花钱做广告,当地人自动会来,这当然节省成本,这也是沃尔玛的另一个成功秘诀。到1969年,沃尔玛共开了18家规模相当大的分店,全部在人口少于25 000人的小镇。

既然没有批发商愿意送货到阿肯色州的乡村,1964年开始,沃尔顿只好建自己的物流库存中心。虽然这是被迫的,但意外的收获是,沃尔玛从此可以避开中间批发商,直接跟生产厂商谈价、进货了。也就是说,沃尔玛从厂商进货到自己的物流中心,然后再运到各分店。随着沃尔玛规模的上升,它的砍价能力也直线上升,这使得沃尔玛的货价水平越来越低,竞争优势越来越强。到20世纪90年代,沃尔玛三分之一的超市都选择在这种没有竞争的小镇,在那里,它有相当强的定价权。有了这种优势做后盾,沃尔玛相对于对手的竞争力就强了。

4. 价值链的完整性和有效性

随着竞争的不断加剧,企业正从独立创造价值走向合作创造价值,甚至需要多条价值链构造企业价值网。价值链的完整性和有效性体现了新创企业与关键伙伴包括供应商和合作伙伴所构成的价值创造网络处于通畅、有效的状态。价值网络之所以能够持续发展，是因为其所创造的价值大于各成员企业单独运营所创造价值的总和。

在价值网络建立的过程中，首先，要形成内部资源和外部资源的有效整合。如果一个新创企业内部条件（包括人、财、物等）都很好，如果供应商总出问题，这些都会导致新创企业的经营立刻面临困难，更不用说取得预期经济效益了。

其次，要明确目前价值链分工状况，企业自身具有什么资源能力，适合占据哪些活动，哪些环节适合交给外部利益相关者。

最后，要明确业务环节利益相关者扮演的角色，交易形式、内容、权责利及风险承担分配。比如，有一家企业也是做电子商务，其定位是只卖 3C 产品，但没有自己的物流，都是由厂家配送，此外，它也没有进行异地扩张，而是同时在全国 60 个城市通过当地厂家配送来做，这样做既帮助了这些厂家来提升价值，也帮助了利益相关者提升价值。从而有效节约了运营成本，包括节约了协调成本、监督成本、物流仓储成本、营销成本等。

5. 价值创造的具体实现形式（营利模式）

价值创造的具体实现形式也就是公司成功地把价值内涵提供给客户并获得收入的具体做法。一些常见的做法包括：生产产品、提供服务、解决问题、构建平台等。价值创造过程必然会产生成本，这些成本可能包括：生产作业、创造价值、保持客户关系、市场开拓等要支付的成本。不同的商业模式有不同的成本结构，比如：固定成本为主、可变成本为主、人员成本为主（咨询）、原材料成本为主（制造业）等。同样，价值创造会带来收入，形成收入流的情况有：出售产品、收取使用费、收取加盟费、收取出租出借费、收取许可证费、交易费、广告费等。

三、创造价值内涵

商业模式的核心在于创造价值内涵。"创造价值"意味着什么？一种解释是，通过企业的努力，利用各种资源，将新产品、服务、交易、方法、资源、技术和市场创造出来，从而对市场贡献一定的价值。在这个转换过程中，价值内涵之所以被创造出来，是因为创造了一些对客户有价值的、有用的东西。比如，沃尔玛的价值内涵就是天天低价。我们看到，沃尔玛并不注重购物环境的奢华，而是简单实用。沃尔玛更多的是通过增加网点覆盖，提高运营效率，利用大批量采购方式，节省成本，并且与价格低廉的供应商结成网络，使人们得出在沃尔玛购物要比其他超市都便宜的结论，从而吸引了大批注重价格的客户选择到沃尔玛购物。

再如，格力集团为客户提供的价值内涵是：性能＋质量。"好空调，格力造"完美地体现了格力的价值内涵。"好"意味着性能好、质量好。而格力注重的商业模式也是与之相适应的。格力专注于空调领域的做法也让这种价值内涵得到了强化。

第三节　商业模式创新

一、商业模式创新内涵

企业商业模式创新是企业为了创造卓越的客户价值并以此指导企业进行价值创造的活动。当一种商业模式运行多年之后,它的运作机制已经不再是商业机密,可以轻易地被竞争对手模仿。于是,思考和开展商业模式创新成为一种必然趋势和企业持续发展的刚需。

商业模式创新引起了广泛的重视,是与 20 世纪 90 年代中期开始计算机互联网在商业世界的普及应用密切相关。互联网使大量新的商业模式成为可能,一批基于它的新型企业应运而生,如百度、新浪、阿里巴巴、携程等,它们的商业模式明显有别于传统企业。这些基于互联网产生的新型企业的出现,对许多传统企业也产生了强烈的冲击与深远影响。如京东、淘宝、天猫等仅用短短几年就发展为国内最大的网络零售商,给传统零售企业带来严峻挑战,新型商业模式显示出强大的生命力与竞争力。无论是对准备创业的人,还是现有企业的经营者,这些都激励他们在这个经济变革时期,从根本上重新思考企业赚钱的方式,思考自己企业的商业模式创新。

【案例】

奇虎 360 商业模式创新

奇虎 360 推出了全新的商业模式,向客户提供免费杀毒软件,颠覆了过去要定期收费的传统。有人怀疑奇虎 360 既然免费,那怎么挣钱? 因为不卖杀毒软件,所以就有人认为它是骗子,一定是通过窃取用户隐私来获得收入。用户根本就想不到,它创造的是一种全新的基于浏览器的商业模式,那就是通过提供免费杀毒软件,吸引海量用户登录其浏览器并下载,从而形成超高的人气,进而吸引并链接广告、在线游戏业务和搜索业务等,以此获得规模性的收入。这一商业模式的创新以及相应产生的收入要远比原先传统网络安全厂商加起来的收入都多得多。

二、比较典型的商业模式创新

由于商业模式构成要素的具体形态表现、相互间关系及作用机制的组合几乎是无限的,因此,商业模式的创新也有无数种。目前,比较成功的有以下四种。

1. 提供免费服务

即为让用户不花钱就用上好东西。所以,免费提供服务来吸引用户,从而建立庞大用户群的最好的方法。传统观点认为,企业只为那些付钱的客户提供产品或服务,不付钱就没有权利使用产品和享受服务。但互联网却打破了这一模式,用户成了互联网公司商业模式的基础,很多互联网公司都是通过免费的形式千方百计吸引人们,增加点击量。互联网公司认为,不管有没有付钱,只要是我的用户,我就给他提供最好的产品或者服务。

比如,不管是做搜索引擎、电子邮箱、安全软件还是即时通信,互联网公司都是通过提供免费的产品和服务,吸引上亿的用户,从而形成庞大的用户群。所以,用户是互联网模式的基础。没有这种庞大的用户基础,互联网就吸引不到广告和其他加盟方,其商业模式也就根本建立不起来。所以,互联网公司强调用户至上,千方百计地吸引用户,绞尽脑汁地防止用户跑到竞争对手的阵营中去。为此,它们会挖空心思琢磨用户需求,绞尽脑汁做出用户喜欢的产品。

2. 强调用户体验

通过创造良好的用户体验,把用户牢牢地抓住。有时候,好的用户体验不需要高精尖的技术,比如苹果手机并没有什么高端的通信技术专利,但是通过在产品上追求极致的体验,创造出一流的产品,从而将用户留住。互联网技术其实也并不高深,但不同互联网公司的发展趋势却差别很大,一个重要原因就在于创造的用户体验差异很大。好的产品拥有一流的用户体验,从而吸引了庞大的用户群。差的产品用户使用一次就唯恐避之不及,这样的公司肯定会很快走向衰落。创造一流用户体验的过程,就是颠覆式创新的过程。颠覆式创新有两个含义:一个是把贵的变得便宜的,把收费的变成免费的;另一个是把笨重的变得灵活,把复杂的变得简单。像个人电脑就是用简单的架构、便携的特点颠覆了大型机和小型机市场,这就是用户体验上的颠覆式创新。

【案例】

苹果公司商业模式创新

苹果公司是另一个商业模式创新的企业,它对自己旗下的 iPod、iPhone、iPad 等产品实施了"产品＋应用服务"的全新商业模式。以 App Store 为例,App Store 的模式是一种 C2C 的模式。应用软件开发者在注册之后,可以把他们的奇思妙想编成软件,经过苹果公司审评后可以放在 App Store 上销售,客户每次付费下载后,苹果公司和软件开发者将按一定的比例获得各自的收入。App Store 的营销模式完全基于平台自身的自营销体系。这个体系把开发商和用户连接起来,一方面向用户提供了一个售卖软件的平台;另一方面向用户提供了持续的互联网的应用服务。这种商业模式的创新,使硬件和软件的销售得到了相互的促进,优秀的服务提高了产品的吸引力,产品的热卖又带动了应用服务的销售。

3. 强化自己优势

就是把自己的注意力放在核心能力的打造上,对于企业核心能力之外的部分,要么舍弃,要么外包,用比自己经营更低的成本获取相应的产品和服务。企业要擅长寻找市场的空隙,培养自己在夹缝中生存的核心竞争优势。尤其对中小企业来说,在市场上找到适合生存与发展的一块领地,通过建立核心能力设立门槛,不断扩大核心竞争能力来捍卫自己的这块领地,是企业快速成长的捷径。比如,IBM 以前的主要业务是生产硬件,并出售大型主机。但现在,IBM 虽仍然生产硬件并出售大型主机,但这块业务所占的比例已经越来越小。事实上,当 20 世纪 80 年代末 90 年代初期 IBM 逐渐被小型竞争对手在"PC革命"中追上并赶超后,IBM便已经开始了自己向"服务型企业"的转变历程。IBM把生产任务大量外包,而自己重点发展遍布全球的IT服务,尤其是针对大型企业和政府客户所提供的IT服务。近年来IBM开始向软件公司转变,并已经使公司及投资人获益。

4. 多种资源整合

资源整合可以产生强大的魔力:假如你擅长技术,你的竞争对手擅长管理,按过去的思维模式就是你一定要拼命去学习管理,争取打败竞争对手;同理,你的竞争对手也在拼命地学习技术来打败你。3年过去,你们谁也没有打败谁,因为你和对手都在不断地学习和进步。最终的结局是,你和竞争对手拼得你死我活,两败俱伤。如果换个思路,你和竞争对手联合起来,成立一家公司,你负责技术,他负责管理。那么你省下3年的时间来研究管理,他省下3年的时间来研究技术。你们一合作,管理和技术都有了,再找一个营销比较擅长的老板来合作,那么技术、管理、营销这三项全部都有了。事实证明,面对竞争激烈的市场,从对手到走到一起成为合作伙伴,整合才是壮大自身实力的最好方式。

第四节 创业形式的选择

一般来说,准备创业的人有两类:一是自己已经具备某些创业所需的独特技能,如绘画、设计、厨艺、专有技术等;二是自己并不具备特定的创业所需技能,但还是希望通过创业实现自身的价值。对前者来说只要有资金支持,找好合适的经营场所,一般很快就能走上创业之路;而后者的创业相对要复杂一些,通常可有多种选择形式。比较典型的有:特许经营、加盟连锁、收购、承包经营、白手起家、自主创业、做代理、网络创业等。这些创业形式各有千秋,关键看哪类创业最适合自己且比较容易实现成功。比如说高科技领域虽然有很多创业机会,但它只是创新与创业中的一个领域。有许多创新机会也会出现在其他领域,国外的非高科技创业成功的例子比比皆是,如沃尔玛、DELL等。

一、加盟连锁企业

加盟连锁是指主导企业把自己开发的品牌、产品、管理经验等有形和无形资产(包括商标、商号、企业形象、经营技术、经营场所等),以加盟合约的形式,授予加盟店在规定区域内的经销权或营业权。连锁加盟行业是由一些拥有较高品牌知名度或者相关行业产品专利的公司发起的连锁加盟模式,该行业在保证总公司的正常运作下吸纳众多投资者在全国各地开设门店,并且公司提供从产品研发到销售指导等一系列的支持。而加盟商通过主导企业的授权和帮助,降低经营风险,借主导企业之力,实现自身的成功。连锁加盟的最大好处是可以用最低的风险做成功的创业者。

对创业者来说,刚开始进行创业时候,连锁加盟是一个不错的选择,因其提供的是一种双赢的模式。有调查资料显示,在相同的经营领域,个人创业的成功率低于20%,而加盟连锁创业的成功率则高达80%~90%,并且大部分行业超过了90%。

由于加盟主导企业可直接利用其成熟的品牌、商业模式、连锁系统、商标、经营技术等,比起创业者独自创业,在时间、资金和精神上都减轻了不少负担,公司从商品、原料、进货渠道、销售定位各个角度出发帮创业者快速适应并熟悉整个流程。由于采取统一采购、统一配送,从而降低了进货成本,保证优质、可靠货源,这比自己去采购会有很大的优势。关于门店位置的选取、周围的消费水平调查等情况都由主导企业一手包办,旨在让创业者可以更加轻松地做一个省心的老板。此外,授权者通过输出自己成功的行业经营经验和管理模式,帮助加盟者改进管理。加盟者可以在很短的时间内,花较少的精力学习到成功的经营管理经验与知识,少走很多弯路。

为确保被特许者履行特许经营合同,特许方常常会要求加盟方交付一定的保证金,这部分费用到合同期满后,在加盟方没有违约行为、没有不清楚款项的情况下,特许方将无息退还给加盟方。

二、通过收购现成企业创业

收购现有的、正在运营的企业,也是最简单且容易成功的创业模式之一。有些大学生的家长就是做实业的,具备较雄厚的资金实力。毕业后,大学生如果能借助家庭的实力收购资质不错的现成企业不失为一个很好的创业切入点。毕竟,所收购的目标企业已经解决了企业的筹建问题,本身也正处于经营过程中,多少会具备相对完整的创业资源,还有一定的积累。作为局外人,不仅比较容易从目标企业的经营中看出该企业的优势,也可客观地观测到不少问题。特别是在收购过程中,可以认真总结目标企业成功的经验和失败的教训,从而避免自己少走弯路。比如,某餐馆转让,你在接手之前可做一番调查,了解一下该店的经营情况和问题,仔细分析转让的原因。如果该店原来经营就比较好,从惯性来讲,只要一投入资金,收购并接手经营,创业风险是比较小的,可以较低成本快速实现成功创业。

收购现成企业过程中,主要应弄清如下问题。

1. 目标企业出售的真实原因是什么

由于信息不对称,目标企业出售的真实原因往往秘而不宣,如因为法律纠纷、企业建筑即将面临拆除、竞争恶化等无法继续经营。创业者在收购现成企业时,不能只听一面之词,要通过缜密的调查进行核实。

2. 目标企业的财务状况如何

无论是收购处于困境的目标企业,还是自称生意兴隆的目标企业,创业者在收购前都应十分关注目标企业真实的财务状况,如盈利能力、销售额、利润、现金流、利润和销售额增长趋势等。这些内容一般都可通过财务报表体现出来。为此,建议创业者请专业会计师进行目标企业财务报表分析,协助搞清是否存在问题。此外,对目标企业进行财务分析时还要将财务数据与同类公司或竞争对手进行对比,从而可看出一些问题。

3. 目标企业资产状况如何

资产分为有形资产和无形资产两块,有形资产一般包括房屋、设备、设施、库存等;无形资产包括商誉、品牌、专利、专有技术、特许经营权等。

此外,还要考虑一下接手目标企业后是否具备马上开始经营的条件,如房屋是否需要修缮? 设备、设施是否需要更新? 现有设备能否满足新技术或升级的要求? 库存品是否能销售出去?

对目标企业资产状况进行深入了解,不仅是出于购买目标企业时讨价还价的需要,也是为购买后顺利经营奠定基础。表 13-1 列出了收购现成企业的利弊。

表 13-1　收购现成企业的优、缺点

优　　点	缺　　点
低风险	产品或服务有可能处于衰退的市场
较多的个人自由	发展潜力可能有限
已经产生现金流	债务或库存可能太高
已经建立起供应商和客户关系网络	产品有可能陈旧或过期
现成的产品或服务、现成的客户、现成的经营方式、现成的员工队伍和企业名称	企业主有可能隐瞒出售的真实原因:企业已经连续衰退多年
有不错的经营地点	企业在周围的声誉不好,经营位置较差

三、通过承包经营进行创业

大学生在工作几年后,积累了较丰富的工作经验和人脉资源,也可以考虑通过承包经营的方式来创业。一般来说,承包经营是指企业与承包者通过订立承包经营合同,将企业的全部或部分经营管理权在一定期限内交给承包者,由承包者对企业的全部或部分进行经营管理。在承包经营期内,由承包者承担经营风险并获取部分企业的效益。采用承包方式,是借力创业的典型形式。创业者可以借助发包企业已有的品牌优势和渠道打开市场,这将大大提高市场接受程度,减少个人创业的前期风险。在 20 世纪八九十年代,作为改革开放初期的一种改革方式,承包经营曾经在国内风靡一时,许多濒临破产的企业因承包经营而咸鱼翻身,不少有远见、有魄力的承包经营者则因此走上了自主创业之路。

承包创业之所以比较容易成功,是因为承包者通常都具有该行业比较丰富的经验,不少承包者甚至就是发包单位里的职工,对该行业的发展趋势比较了解,对所承包企业的现状和存在的问题也比较熟悉。这样,承包之后,他们就能对症下药,通过改善经营管理,使企业尽快在市场竞争中取得优势。一般来说,企业在承包前后,如厂房、员工、设备、产品等硬件设施变化不大,而承包者所能发挥的地方则在于企业的发展策略、市场方向、经营管理、产品开发等软性条件方面。因此,承包经营是一种通过改善经营管理产生效益和利润的创业方式。

一般来说,在承包创业中,承包者个人必须与发包公司订立承包经营合同,具体标明由该公司将其某一经营部的全部经营管理权在一定期限内交给承包者,由承包者对企业进行经营管理。在承包经营期内,由承包者承担经营风险并获取企业的经营收益。

创业者在签订承包经营合同时一定要谨慎,相关条款必须在一开始就要界定清楚。一般来说,承包经营合同应包括下列主要条款。

① 承包形式。承包的形式有多种,有减亏承包、盈利承包,有按比例支付承包费,也有固定承包费。可以根据具体经营状况与总公司协商确定承包形式,最好选择没有包袱、没有复杂债权债务关系和劳动关系的分公司承包。

② 承包期限。承包期限一般以 3 年左右为宜,太短无法实现目标,太长则可能受市场变化等诸多不确定因素影响承包收益。

③ 产品质量、技术改造任务及其他主要经济技术指标。这些往往是发包人所关心的,但是作为承包人也要考虑该项任务指标对承包费以及履约能力的影响。

④ 承包前的债权债务处理。这条非常重要,特别对已经经营多年的分公司而言尤其如此。最好与历史旧账割断关系,因为分公司为非独立企业法人,其债权债务可以由其总公司承担。如果做不到这一点,则须谨慎考虑,要求其如实披露其债权债务情况,并考虑债权实现的可能性。

⑤ 双方权利和义务。通常可以约定:发包的总公司有权按承包经营合同规定,对分公司的生产经营活动进行检查、监督;发包的总公司应当按承包经营合同规定维护分公司的合法权益,并在职责范围内帮助协调解决分公司生产经营中的困难。分公司享有国家法律、法规、政策和承包经营合同规定的经营管理自主权;分公司必须按承包经营合同规定完成各项任务等。在签订合同时,应根据具体情况对上述内容进行细化。

⑥ 违约责任。由于发包的总公司没有履行合同,影响承包经营合同完成时,发包的总公司应当承担违约责任;同样的,承包人完不成承包经营合同任务时,也应当承担违约责任。违约责任约定应当具体明确,具有可操作性,以免违约时扯皮。

由于承包创业只能打着别人的品牌做事,承包经营得再出色,也只能是别人的品牌,自己无法拥有自己的品牌。因此,创业者在完成必要的原始积累和获得经营管理经验后应当考虑创立自己的企业,打拼真正属于自己的新天地。也就是说,承包经营只是创业初期可以选择的一种有效方式,创业者切不可常停留于此,而应该寻求进一步的创业升级方式。

四、通过购买特许经营权创业

特许经营权是指特许者将自己所拥有的商标、商号、产品、专利和专有技术、经营模式等以特许经营合同的形式授予被特许者使用,被特许者按合同规定,在特许者统一的业务模式下从事经营活动,并向特许者支付相应的费用。特许经营与加盟连锁的主要区别是:加盟连锁强调加盟方利用自己的营业点,由主导公司在统一的整体规划和布局下集中管理分工合作,通过扩大规模获得更高的效益,它的本质属性是在商业流通领域中同业店铺之间为取得规模经济效益而实行横向联合的一种组织形式;而特许经营的本质属性是一个独立的民事主体(特许人)向多个独立的民事主体的纵向授权,且其核心是特许人知识产权的许可使用。

特许经营权一般有两种形式：一种是针对产品/商标/服务的特许经营权；另一种是针对经营模式的特许经营权。特许经营是双赢的选择，对于出售特许经营权的优质企业来说，通过获得特许经营费而得到快速成长，并且可以通过特许经营权的出售来扩大和强化自己的品牌。对于新创业者来说，如果能找到具有优秀品牌和良好经营方式的企业，而这家优质企业又正好希望以较合理的价格出售特许经营权，那么，只要交一笔特许经营费就可以利用优质企业的品牌开盘经营了。也就是说，创业者通过这种方法，就能在一个相对便宜而快速成长的产业内开办自己的企业，不仅可采用优质公司的品牌和经营方式获益，而且风险小，见效快。

在特许经营实施过程中，优质企业往往通过培训、广告等形式来帮助被特许授权方，比如麦当劳特许经营就是这一模式的典型。根据特许经营协议，麦当劳会把如何经营的每个细节都传授给特许授权方，如炸薯条用多少时间、制作程序、制作工序是怎样的，以及如何接待顾客等。

特许者除了为被特许者提供帮助外，为保证特许经营实现预期效果，通常，还会就一系列事项与被特许者签订一份合同，特别是要求被特许者满足一定条件，如：有基本运营资金投入做保障；从特许者处购买相关原料和设备；保证能取得一定绩效；按时支付特许权使用费和收益提成等。因此，创业者在购买特许经营权前，需要仔细研究相关信息，特别是要考虑好以下问题。

① 购买特许经营权是否优于购买一家现成的企业？

② 你想从特许方获得什么？你愿意为该工作投入多少努力？

③ 如果获得特许经营权后经营不善，甚至亏损，你是否还愿意承担风险并支付特许经营权使用费？

④ 你是否有能力并愿意严格遵守特许方的各项规定？

如下，表 13-2 列出了购买特许经营权的利弊。

表 13-2　购买特许经营权的优、缺点

优　　点	缺　　点
开办风险较低	企业决策力受到限制
开办成本透明	特许费用使新创企业利润减少
产品或服务有较好的市场	不能再引进其他供应商产品
经过实践证明的营销方案	对特许人的依赖性较强
特许人的培训保证	特许人一旦失去市场，你也就失去了市场

五、通过做代理商开始创业

代理商是代其他企业打理生意，而不是买断企业的产品。是厂家给予代理方一定佣金额度的一种商业行为。代理商所代理货物的所有权仍属于厂家，代理商并不拥有商品的所有权。因为代理商不是售卖自己的产品,而是代其他企业转手卖出去,所以"代理商"一般是只赚取企业代理佣金(提成),而不是通过买断制造商的产品或服务,通过经营获得商业利润,因此,代理是一种既无风险又能获利的方式。

代理商主要分为总代理、区域与分品牌代理等。代理商的建立,可以分担厂商的风险,使厂商与代理商共同拉动市场从而降低厂商的经营风险。在代理商的层次上,除设立总代外,代理商还可以根据厂商的渠道模式,下设一级代理或区域代理并同时与终端销售商合作。这样,代理商从简单的分销转换成具有管理职能的渠道维护者,除业务管理外,代理商同时具备品牌管理、促销管理、服务对接、财务管理等各项职能。

通过做某产品/服务的代理商进行创业时,创业者不要只盯着代理厂家的产品,最好是要充分利用厂家的产品,为用户提供相关增值服务。比如,华为在最初两年主要是代理销售香港的 HAX 交换机,同时,为客户提供设备调试、安装、维护等增值服务。经过两年的摸爬滚打,不仅公司财务状况有了好转,也为华为快速进入新的发展轨道奠定了基础。

六、白手起家自主创业

如果创业者自己能设计出独特的产品/服务,那么,自主创建一家新企业往往是非常好的选择。比如你有一个意向中的创新产品或服务,你觉得产品和服务将会有较大市场,你也有能力把这个产品和服务做好。那么,你就可以做好规划、进行市场调研,在把所有相关的要素摸清楚以后,就可以考虑创建团队、办照、选址、开办企业了。然后,利用这一平台推出自己的创新产品或服务去满足社会或市场的特定需求,从而获得回报并实现个人价值。

白手起家最难的是赚取第一桶金,完成原始资本积累。由于创业者所从事的是商业活动,钱是他们的成绩单和里程碑,因此,赚取第一桶金非常重要,但也很困难。它将初次证明你的创业是有市场的,说明企业的业务模式和运营系统已经经过市场检验,开始迈向成功了,由此也会让你建立起信心。但创业者也应该清醒地认识到:在缺乏充足资本支撑的情况下,企业的进一步发展要比只是赚第一桶金难得多,因为这要求企业在方方面面都做得非常优秀。

第五节　新创企业的发展

将企业做大做强,是新创企业在发展进程中面临的重要课题。根据企业的成长周期理论,一个组织的成长大体上可分为四个阶段:初创期、成长期、稳定期和衰退期。

一、新创企业初创期的经营管理

对于事业型创业者来讲,当公司已经脱离了最初的创业阶段,具备了足够的实力和强大的创收与赢利能力,甚至在很多领域处于领先或领导地位时,就应该向更高、更远的方向努力,向更大的格局发展,不断创新产品或服务。而在企业的不同成长阶段,其所适合的管理风格也不尽相同。

对于初步创业者来说,第一阶段的首要任务就是开拓产品市场,实现企业盈利,完成资本积累。有了市场,企业才能有营收。但在我国,大多数的初创企业在这个阶段就会死掉。因为此时,创业者自身缺乏经验积累,很难制定出明确的目标及创业重点。企业创建初期的通病都是太相信奇迹,总是指望突然间能创造出一个非常好的产品,然后赚大钱,而轻视企业从小到大、由弱到强的发展规律,轻视制度建设,轻视员工的创造力。尽管企业的短命有种种原因,甚至不乏宏观上的政策风险、国内外竞争压力等,但从企业本身考虑,最重要的一条就是缺乏应时而变、引导潮流的发展战略。

一个刚刚创立的企业无疑要考虑如何生存的问题,也就是如何赢得时间和市场的问题。在创业初期,由于各种资源非常有限,这时应谨慎选择那些能够被市场接受、能带来短期回报的产品或服务。比如,对已经具有一定市场认可度的产品进行改良或优化,使其能更好地满足用户需求,通常就成为最现实的选择。但是,这一阶段企业存在规模小、尚未定型、低速发展、缺乏目标与标准等现实问题。因此,此阶段成功的关键是创造真正符合市场需要的产品和服务,确保产品和服务能满足市场的需求。这就要求新创企业的创业者应该重视拥有核心竞争能力,而且这种能力必须通过不断创新,在顺应市场的变化过程中逐渐壮大。

企业一旦建立并开始运营,创业者的重点就要转移到经营企业上面了,创业者就要开始管理者的角色转变。经营企业主要有三项任务:一是企业的日常运营管理;二是员工管理;三是促进企业成长。在企业的日常运营管理方面,创业者主要做的事情包括:作出决策,制定行动方案,分析企业的内部环境和外部环境,考核并评估执行情况,以及审时度势及时调整。在员工管理方面,创业者主要应做的事是筛选和录用员工,鉴定、培训和激励员工,处理各种矛盾,尽量做到人尽其才,以及做一个有影响力的领导者。在促进企业成长方面,创业者主要做的事情是:制定适当的成长策略,处理危机,寻求企业增长方式,不断明确和提升企业的价值,提升自己的竞争力。

在这一阶段,一项重要任务就是尽快建立健全良好的商业模式。优质的商业模式是创业团队的智慧结晶,更是创业实践的高度浓缩。初步创业阶段,尤其是第一次创业者,最好是站在巨人肩膀上(如加盟、后台支持等)去实施自己的创业计划。因为这个"巨人"在创业实践过程中历经市场锤炼已形成了一套成熟的、经得起考验的商业模式,从而降低创业风险,实现稳健而快速的创业发展。

这一阶段的另一个重要任务是价值创造。价值创造是指企业生产、供应满足目标客户需要的产品或服务的一系列业务活动及其成本结构。价值创造模式创新的最典型企业是迪士尼公司。迪士尼整体收入中,源头是迪士尼的动画制作,除了票房,通过发行、销售拷贝和录像带,迪士尼赚到了第一轮收入。接着是通过遍布世界各地的迪士尼主题乐园,吸引大量游客游玩消费带来的创收,构成其第二轮收入。最后是品牌产品和连锁经营。迪士尼在美国本土和全球各地授权建立了大量的迪士尼专卖商店,通过销售各种玩具、食品、礼品等品牌产品赚进第三轮收入。其相关消费品主要包括迪士尼动画形象专有权的使用与出让、品牌产品的生产和销售以及相关书刊、音乐乃至游戏产品的出版发行等。

初创期的第三项重要任务就是尽快创建竞争优势。新创企业一般是通过三种方式来创建竞争优势的，即成本领先、产品差异化和重点集中策略。以成本领先策略为例，主要是尽量降低企业的各项成本。在企业开始运转阶段，有如下一些可以降低成本的方法。

① 与其他公司共用办公室或经营场所。

② 下班后使用其他公司的设备、车间、场地，这样可以降低运营成本。

③ 尽可能采购二手办公和生产设备，特别是在别人经营不善或破产时。

④ 使用兼职专业人员，如工程师、技术员打字员等。从而可避开一些必须支付的费用和税款。

⑤ 开始时尽量使用兼职推销员或代理机构销售产品，而不是聘用全职销售人员队伍。

⑥ 将产品外包到其他企业生产。这样做可以避免许多麻烦，关系比较简单，通过合同的方式明确双方的权利义务。

⑦ 充分利用设备供应商。设备供应商希望能出售自己的产品，因此为使新创企业购买所需要的设备，常常会提出延期偿付的形式。

⑧ 向供应商融资。指的是企业合理制定应收账款政策，通过充分利用供应商应付账款的付款期，来达到利用供应商资金进行周转的目的。

在企业的管理方面，由于新创企业还处于萌芽状况，未来的发展态势并不明朗，企业对员工的有形吸引力不高，因此，创业者应当采取以亲和型为主的管理风格，将更多的精力集中在与员工建立良好关系，培养家庭般的组织氛围，加强组织的无形吸引力。此外，由于新创企业整体经验的缺乏，创业者应当鼓励员工采取灵活自主的开拓行为，进行多方面尝试，以探索出组织未来的发展方向。

二、新创企业成长期的经营管理

经过了初创期的磨合与摸索，新创企业通常会逐渐找到适合自己的核心产品或服务，企业也开始进入成长期。在这个阶段，企业虽具有一定的营业额和规模，也有了较规范的管理层。但是很多管理的事务还需要老板的参与，经营权和所有权还没有分开，这时也可能会碰到管理危机和发展瓶颈。如果经营有方，企业的发展方向就能基本确定，标准也能逐渐建立起来。创业者在这一阶段的主要任务就是实现业务的扩大化和规模化。因此，企业的管理者应当采取以教导型为主的管理风格，给予员工长期的工作目标及相应标准，并增强对新员工的培养力度，使之能快速适应企业发展的需要。

随着组织成长步入加速期，这时，企业的产品和服务进一步获得足够的市场认可度，甚至可能吸引到 VC 或银行的大笔投资，企业规模急速扩张，新员工数量剧增，未来发展态势良好。这一阶段，新创企业通常会引起主流社会的关注，可能还会在竞争领域呼风唤雨，甚至可能会淘汰竞争对手，成为行业领军或龙头企业。但人性的趋利本性和市场的逐利本能往往容易使企业把"做大"的深远考虑暂时搁置或压抑，从而让企业变得近视，过于看重短期利益，如快速成长超过了极限，急剧扩张带出企业组织存在的缺陷，管理体系跟不上,以及过度的市场投机心理、频繁的人员流动、过高的广告营销费用、非理性的投资决策等,都可能随时击倒企业。

在此阶段,新创企业应该逐渐完善相关管理制度,确保企业稳步发展,主要包括以下几个方面。

1. 确定管理幅度

即在一个组织结构中,确定管理人员所能直接管理或控制的下属数量。管理幅度决定着组织要设置多少层次,配备多少管理人员。在其他条件相同时,管理幅度越宽,组织效率越高。但如果控制跨度过宽,也可能会降低组织的有效性。管理幅度过小,也会产生问题。一方面会导致管理层次增多,管理成本会大大增加;另一方面会使组织的垂直沟通更加复杂。

2. 适当集权和分权

即明确权力(主要是决策权)在领导和下属之间的分配格局,它反映了某种类型的领导体制和组织体制。集权式组织的优点主要有:一是易于协调各职能间的决策;二是有利于对沟通进行规范;三是能与企业的目标达成一致;四是危急情况下能实现快速决策;五是有助于实现规模经济。集权式组织的缺点主要有:一是高管层可能不会重视个别部门的不同要求;二是由于决策时需要通过集权职能的所有层级向上汇报,因此决策时间过长;三是对级别较低的管理者而言,其职业发展有限。

3. 实行正规化管理

指组织中的工作实行标准化的程度。如果一种工作的正规化程度较高,就意味着做这项工作的人对工作内容、工作时间、工作手段没有太大的自主权。在高度正规化的组织中,有明确的工作说明书,有繁杂的组织规章制度,对于工作过程有详尽的规定。工作标准化程度越高,员工决定自己工作方式的权力就越小。工作标准化减少了员工选择工作行为的可能性,甚至可能使员工无须考虑其他行为选择。

4. 落实管理的部门化

指根据组织中管理人员为完成规定的任务有权管辖而建立的特定部门。一旦通过工作专门化完成任务细分之后,就需要按照类别对它们进行分组以便使共同的工作可以进行协调。部门化通过把专业技术、工作接近的人分配到同一个部门中,来实现规模经济。部门化管理也可根据地域来进行部门划分。

三、新创企业发展进入稳定期的经营管理

经历了前几轮大风大浪,能生存下来的企业已经是久经沙场的高手了。到这个时候,做大做强已经成为企业稳定持久发展的本能渴求,有实力去吞并小公司或者引入大量投资实现规模扩张。在新创企业具备了规模稳定、方向稳定、发展稳定等特征后,组织将进入一个相对稳定的时期,不稳定的因素减少了,由多年经验积累而形成的业务规则与业务标准已自成体系,同时企业规模经过前期的成长,到达了前所未有的程度,员工的数量远远地超出了企业管理者衰落有效控制的范围。此阶段的主要任务是持续创新,多数企业

在进入这阶段后就逐渐走向衰落就是因为没有将创新坚持下去。

这时的企业管理者应当采取以权威型为主的管理风格,依据企业的发展方向,在企业中建立自上而下的标准体系,并向员工解释企业采取方针标准背后的原因以谋求员工的认同,在员工心目中树立权威,利用自身的无形影响力去引导员工。通过正规化的管理,提升企业发展规模,企业的经营权和所有权分离。董事会负责战略决策和设定企业经营目标,管理层负责把目标达成。在这个阶段,企业管理者应该将一部分股份分给核心员工,否则可能会出现财聚人散的现象,而核心员工的离开则可能直接导致新的竞争对手产生。有了正规化的管理,通过精细化的管理来降低企业的运营成本,提高企业利润。在这个阶段,老板应该善于寻找新的业务和利润增长点。企业的战略定成败,系统决定规模,细节决定企业的利润。

在此阶段,可能还会出现公司发展停滞不前的状况,如决策的形成过于缓慢,失去发展的良好时机;组织中沟通不良导致难以协调和人事纠纷;组织的机能不能得到正常的发挥,人员情绪低落,贪图安逸;工作效率低,人浮于事严重,素质不足以适应形势变化;组织缺少创新,奖惩不分明,内部纪律涣散,没有新的或较好的管理机制出现,甚至出现任人唯亲,违反财经纪律,生产部门安全问题多,废品多等问题。这些都说明企业出现了问题,必须要引起警惕并及时进行组织变革。组织变革可以大致分成以下三类。

1. 适应性变革

是指引入已经经过试点的比较熟悉的管理实践,属于复杂性程度较低,确定性较高的变革,适应性变革对员工的影响较少,潜在的阻力较小。

2. 创新性变革

是指引入全新的管理实践,例如,实施"弹性工时制"或股份制,往往具有较高的复杂性和不确定性,因而容易引起员工的思想波动和担忧。

3. 激进性变革

是指实行大规模、高压力的变革和管理实践,包含高度的复杂性和不确定性,变革的代价可能很大。

四、创业企业进入衰退期的经营管理

企业进入衰退期的特征就是出现了业务规模萎缩、业绩下滑等现象。衰退期的主要特征是产品老化,这个时候产品的销售量是下降的,企业的利润也很低甚至是负的,它的购买者也只是少数的保持者,市场竞争在这个时候也减弱了。此时,组织的成长环境开始恶化,组织业务进入萎缩衰退状况,企业急需变革。企业员工由于已经意识到危机的到来,因而人心惶惶,极大地影响了组织的凝聚力。在这一阶段,对大多数企业来说,应当机立断,弃旧图新,及时实现产品的更新换代。企业的管理者应当采取以民主型为主的管理风格,让员工充分地了解企业的发展态势,并征求员工的意见,让员工参与企业的决策,激发员工的主人翁精神,发挥群策群力的效应,并鼓励员工对以往的陈规旧习进行改革,从而避免较大的动荡与损失,并从中谋取生路,以备东山再起。

如果企业在进入衰退期时能及时建立起一种机制,形成公司与员工合伙推动新事业开发的模式,母公司提供新事业开发所需要的资源与网络关系,支持员工实践创新创业愿景,让有能力的人才借助原来单位的力量,发挥自己的作用,不仅可以使公司尽快走出衰退期,而且也有利于保持公司基业长青。显然,这才是一种双赢的选择。

【案例】 一项研究显示,美国硅谷初期创业的半导体公司,约有八成创始人曾任职于 AT&T 公司。其中单是由贝尔实验室科学家肖克利博士所领导的团队成员,就在硅谷创立了三十多家新公司。AT&T 公司则因为步入成长瓶颈,所推动的几次重大新事业开发与并购案,均以失败落幕,损失超过数百亿美元。公司的发展逐渐进入衰退期,以至如今这个公司已经不存在了。在企业进入衰退期时,很多优秀员工纷纷离职,而就是这些从 AT&T 离职的员工,先后创立了遍布全球的新公司,以致成了引领美国高科技产业发展的主要动力。

【思考】 为什么 AT&T 公司无法充分利用员工的创业资源?为何要让如此宝贵的内部创新与创业精神流失?

【提示】 员工之所以离职创业,必定是因为在企业内部无法实现其事业理想,无法获得所需要的资源支持,当然也包括欠缺一套相应的激励机制。企业如果不能与具有伟大抱负的员工分享创新与创业的利益,那么他们必然会离职创业,最后反而会增加企业在市场上的竞争对手。

第六节 撰写商业计划书(BP)

商业计划书是确保新创公司良性运行的基础性工作,它不但是创业的蓝图,同时也是创业者向外筹资的重要依据和窗口。通过它与外界沟通,有助于将人才和资金吸引到你的新建企业中。商业计划书也是一种内部控制机制,利用这一机制,可以检查企业实际经营的情况并及时纠偏。商业计划书应该是定期更新的计划。此外,它还是企业实现愿景目标的战略规划和实施方式。由此可见,成功拟写一份商业计划书,是所有创业者所面临的极大挑战。

在创业初期,为获得投资者的资金支持,或者是在某些场合进行项目路演推介时,创业者通常都被要求递交一份简明扼要的商业计划书,重点描述企业在未来所要开展的业务。注意:最好由创业者亲自撰写商业计划书。由于创业者对创业项目了然于胸,且知道商业计划书中的主要内容,因此,在与投资人商讨特定内容时就不会显得不知所云了。

如果投资者对你的创业项目初步感兴趣,通常会让你把商业计划书再做进一步具体化和完善处理,以便投资机构的决策委员会就是否对项目投资做分析和决策。因此,在正式商业计划书撰写上,需要下更多的功夫。一般来说,商业计划书由以下几部分组成(如表 13-3 所示)。

表 13-3　商业计划书模板

序号 主要内容 架构	描述重点	撰写要求	运营计划内容
1　概述	一般包括以下内容：公司介绍；主要产品和业务范围；市场概貌；营销策略；销售计划；生产管理计划；管理者及其组织；财务计划；资金需求状况等	必须要回答下列问题： ① 企业所处的行业，企业经营的性质和范围； ② 企业主要产品的内容； ③ 企业的市场在哪里，谁是企业的顾客，他们有哪些需求； ④ 价值内涵：核心能力、优势资源、差异化基础 ⑤ 企业的合伙人、投资人是谁； ⑥ 企业竞争对手是谁，竞争对手对企业的发展有何影响	不需要
2　背景介绍	产品原有情况介绍、商机的描述，市场潜力介绍等	本部分很重要。需要详细说明	包括未来的整合
3　团队介绍	团队成员素质的描述。为什么能形成团队？提出组织的框架结构。明确负责人	本部分内容要方便阅读。一些投资人会首先阅读这部分内容	岗位描述和组织架构都需要详细介绍
4　产品描述	什么样的产品？功能是什么？产品在哪方面优于竞争对手，特有的功能？产品族，客户利益	这部分是实质性的。一定要认真写好这部分内容，如果可能的话，最好加上一些图示	包括此内容
5　产权界定	在融资之前明确产权、股票期权、认股权证、其他承付款项的描述	包括此内容	包括此内容，而且还有给员工的股票和期权的分配标准
6　市场描述	目前市场的成长、价格趋势、对你产品的需求等的文件证明材料，包括重要客户、营业代表、代理机构等的名字	用图表说明。包括业界领袖、有影响力的咨询公司、行业协会和政府机构等的验证说明	包括支持性统计数据和市场细分情况的内容
7　市场策略	详细的市场销售渠道、每年的销售成本、销售人员。独特的促销活动，货物配送等，列出时间表和阶段性要求	要有对基本营销活动成本掌控的信息作一些描述的内容	包括预算和时间安排的全部详细内容
8　运营规划	如何形成学习曲线；如何使销售更经济；关键的卖方；制造和采购决策点；设备；详细的成本清单	投资人倾向假定你会做好一切事	写出全部细节内容，时间上的详细安排，单位成本，说明假定条件
9　研究与开发	目标，成本和进度安排	强调开发。投资人不愿意为研究提供资金支持	确保你可以证明理由正当，包括细节内容

主要内容 序号	架构	描述重点	撰写要求	运营计划内容
10	职工规模	雇用的时间表,所需要的技能,获得的可能性和用工成本	简要介绍。投资人通常乐于假定员工能被雇用	细节内容要合理。尽量做出图形表示组织两年后发展的预期
11	融资策略	需要什么样的资金?什么时候需要?目的是什么?长期和短期融资。对每一项都要进行合理的叙述。什么时候,为什么要上市?租赁策略	对现金流的情况最为期待,还要提供最佳/预期/最差情形模式的惯例描述。一定要经注册会计师阅过	需要详细内容,包括6个月内每个月的现金流。需要图形格式和数字
12	应变计划	列出大概的两个或三个可能出现危机的应对计划	详细写但不是必须的	尽可能写出详细内容
13	总结	给投资人带来的收益。指明主要风险	用一页纸。如何将风险降到最低?相对其他项目而言,为什么这项投资是值得的?	最基本的有关风险方面的内容

附录

A	支持体系、市场分析数据、独立的研究等	如果可能的话,总结一下数据,重新做一下全面研究	包括全部支持的内容
B	核心成员的主要介绍	保持言简意赅	不必须
C	核心成员发表过的文章	为了外部咨询人员的利益,如果可行,可加上这一内容	不必须
D	竞争对手及其产品系列表。相关产品的估计销售额	对建议的简要评价	包括所有细节,加上对计划和人物的情况报告

特别需要注意的是,尽量把商业计划书写得有吸引力。注意不要将商业计划书写得如同雾里看花,让读者不知所云。如在描述产品和市场时,要避免使用言过其实的形容词。计划书不要弄得特别复杂;一定要言简意赅,如果需要用到图示、绘图和格式装饰,可以考虑花钱找专业人士来做。设计好漂亮的封面,产品照片最好用网目版印刷纸,不要用光面纸,以方便有的读者使用复印机拷贝照片。

在最后定稿和印刷之前,让一些文化水平较高或有过投资经验的朋友将创业计划书预审一遍,征求他们对外观、内容和商业模式的建议和评价,从而,确保商业计划书符合规范要求。

【本章研讨与分析】

1. 生存型创业与事业型创业的区别是什么？
2. 大学生创业的优势是什么？
3. 如何理解商业模式？
4. 谈谈你对商业模式创新的理解。
5. 请你试着撰写一份商业计划书。

参 考 文 献

［1］　陈鑫林,等.大学生职业发展规划与就业指导［M］.北京：北京师范大学出版社,2012.

［2］　周志远.大学生职业生涯发展规划与就业指导［M］.北京：科学出版社,2011.

［3］　杨炜苗.社会资本投资创办独立学院风险管理研究［M］.北京：清华大学出版社,2017.

［4］　刘建珍,等.大学生职业发展与就业创业指导［M］.天津：南开大学出版社,2018.

［5］　苏文平,等.大学生职业生涯规划与发展［M］.北京：中国人民大学出版社,2019.

［6］　杨炜苗.大学生创新创业——企业家型创业者的培养［M］.北京：中国传媒大学出版社,2018.

［7］　肖行定.大学生职业生涯规划与就业指导［M］.武汉：华中科技大学出版社,2010.

［8］　张伟.大学生职业发展与就业指导［M］.济南：山东人民出版社,2010.

［9］　杨炜苗.大学生安全教育导论［M］.北京：清华大学出版社,2019.

［10］　王志凤.大学生职业生涯规划与发展：第2版.［M］.北京：高等教育出版社,2016.

［11］　崔建华.大学生职业生涯发展规划与辅导［M］.福建：厦门大学出版社,2013.

［12］　瞿丽闵,等.生涯发展与职业规划——大学生自我成长路径探索［M］.辽宁：大连理工大学出版社,2018.